Sogensha
History Books
創元世界史ライブラリー

修道院の歴史

聖アントニオスからイエズス会まで

杉崎泰一郎 著

創元社

はじめに

現代に生きる修道院

喧噪を離れた場に住み、規則に従って祈りや奉仕にいそしむ生活は、もちろんキリスト教世界のみに見られるものではない。わが国でも、僧侶たちが勤めを行う寺院がふるくから各地に建てられ、現在でも多くが活動を続けている。

雪が降り続く日に身じろぎもせず修行を続ける永平寺の僧の姿に映画『大いなる沈黙へ』で有名になったシャルトルーズ修道士たちが、春を待つ季節に二月堂に籠って声明《しょうみょう》を和する東大寺の練行衆の姿にブルゴーニュの巨大な聖堂で聖歌をひたすら唱えるクリュニー修道士たちが、猛暑日にも法衣をまとって鎌倉の街中に建つ托鉢《たくはつ》僧の姿にアッシジの丘で托鉢と説教にいそしむフランチェスコが、重なって見えてくる。彼らは洋の東西を問わず、内面の探求を行いながら雑踏のなかで生きる人々のために日々の生活を営んできた。

本書で扱う主として西ヨーロッパの修道院は、祈りの生活を営みつつ社会へ向かう動きが強くなってゆく傾向があり、修道士が聖職者として社会や文化に直接働きかける流れがあった。したがって巷《ちまた》の人々は修道士の祈りや教えだけではなく、現代にいたるまでさまざまな分野でその恩恵を受けてきた。

たとえばベルギーを訪れると、アフリヘムあるいはオルヴァルという銘柄のビールをよく目にする。アフリヘムのほうは肉の煮込み料理にも使われるようで、料理のメニューでも見かける。これらは同名の修道院で修道士たちが日課である労働のなかで生産しているものである。フランスのラ・グランド・シャルトルーズでは、ハーブを混ぜたシャルトルーズという名の秘伝のリキュールを生産している。お菓子作りにも使われることもあり、その名は仏和辞典にも掲載されているように日本でも知られている。有名なシャンパン「ドン・ペリ」も修道士ドン・ペリニョンが生み出した銘柄といわれる。またブルゴーニュのクロー・ド・ヴジョのように、フランスの著名な葡萄畑の多くは修道院に由来するところが多い。修道生活と酒造というのは似つかわしくないようにも思われるが、キリスト教の儀式（聖餐）では葡萄酒を飲むし、六世期に書かれたベネディクトゥスの『戒律』では、酩酊を注意する項目はあるものの、修道士に食事の際の飲酒を許可している。

修道院が学問や教育において多大な功績を果たしてきたことは想像に難くない。近代に発展したイエズス会やサレジオ会はもとより、中世に起源をもつドミニコ会やフランシスコ会の修道院は、世界各地で学校を運営し、多くの研究者を輩出している。小説や映画で有名になった『薔薇の名前』で知られるように、修道院は書物の作成と保管においても、きわめて重要な役割を果たしてきた。印刷技術が実用化される前の時代では、聖書や教父の著作をはじめ、キケロやヴェルギリウスなどローマの古典を正しく継承して次代に伝えることが彼らの役割であった。いまでもスイスのザンクト・ガレン修道院などには、美しい書体や装飾で満ちた写本や文書が保存されていて、芸術作品としての評価も高い。観光地として人気のあるモン・サン・ミシェル修道院も、多くの巡礼者が訪れる名刹であるとともに、ふるくから豊かな蔵書を誇り、現在その多くは近くのアヴランシュの市立図書館に収められている。

なお現代の日本でも修道女（シスター）が、学校、病院、奉仕の場で活動しているのがよくみられる。多くの映画や文学でその舞台とされてきたように、修道院の草創期から男子修道院と女子修道院が存在していて、後者の活動は時代が下るにつれて活発になってゆく。

歴史のなかで現れたさまざまな修道院のかたち――本書の流れ

本書では修道院の歴史を、西ヨーロッパすなわちローマ・カトリック世界を中心に、近代のイエズス会の活動までを時代を追って述べてゆく。修道院の起源については、キリストと弟子たちが営んだ生活や、それ以前のユダヤ教の共同体に求める研究もあるが、一般的にはアントニオスに代表される三世紀末ころエジプトの荒れ野に隠遁して厳しい生活を営んだ人々を始祖とすることが多い。

第1章では、修道士の始祖とされるアントニオスがエジプトに隠遁してから、ローマ帝国によるキリスト教公認を経て、東地中海世界で修道院が発達し、やがて西ヨーロッパに伝播した経緯を扱う。

続く第2章では、西ローマ帝国の滅亡とゲルマン諸国家の成立という大きな時代のうねり、すなわち五世紀から八世紀の「古代中世移行期」に、修道院が東方とは違う独自の進化を遂げたことを扱う。なかでも、のちに西ヨーロッパ全体にひろまるベネディクトゥスの『戒律』を大きく取り上げる。それは修道士たちが修道院長のもと修道院内にとどまって、祈り、労働、食事などを共同で行う生活を定め、極端な苦行を禁止するとともに、社会や環境の違いに応じた改編を許容するものであった。

ローマの制度や文化が、帝国滅亡によって断絶することなく、フランク王国をはじめとするゲルマン諸国家に受け継がれたように、修道院もキリスト教とともに次代の担い手に伝えられ、中世の社会と文化を育んでいった。第3章では、八世紀になってカロリング朝フランク王国が西ヨーロッパで勢力を拡大するとともに教会との連携を強め、カール大帝のもとで「キリスト教帝国」が成立し、修道院も国家の政策のもとで社会に定着したことを扱う。ベネディクトゥスの『戒律』は統一規則と指定され、一二世紀くらいまでは西ヨーロッパのほぼすべての修道院がこの『戒律』をベースとする生活を営むようになる。

第4章で扱うクリュニー修道院は、カロリング的な修道院の進化形で、近隣の領主や諸侯から寄進を受けて、代わりに祈禱を行うことで発展していった。その傘下の修道院は、全盛期の一二世紀には一〇〇〇に及ぶともいわれ、本院であるクリュニーを中心にゆるやかな連合体をなした。その生活はベネディクトゥス『戒律』の遵守をベースとしながらも、典礼に重点が置かれるなど独自なものになったため、「慣習律」とよばれる細かい規定が何度も作成された。西ヨーロッパの修道院は一一世紀ころから、『戒律』を軸にしながらも次第に多様な進化を遂げてゆく。

一一世紀の終わりから一二世紀にかけて、十字軍の出発、王権の拡大、都市の発達など新たな時代が胎動するのに連動して、ベネディクトゥスの『戒律』を使用する各地の修道院のなかに、改革派ともいうべき修道士が現れた。それまでの修道士は黒い修道服をまとっていたのに対し、第5章で扱うシトー、第6章で扱うシャルトルーズなど改革派の修道士は白い衣をまとい、使徒たちの営んだ生活や『戒律』の精神に回帰する運動を起こした。この運動は「使徒的生活の希求」とも呼ばれ、教皇によるグレゴリウス改革とともに進展した。そして拠点修道院を本部として、同じ理想に従う各地の修道院（支院）との連携を密にして、強固な統一が形成された。これは修道会（ordo）と呼ばれ、全修道院長が本院に集まって総長のもとで定期的に総会を開き、独自な会則を作成し、本院から定期的な巡察が各地の修道院を回って監査する組織となった。

またこの時期に、ベネディクトゥスの『戒律』の枠に入らない修道士が現れ、修道院に定住せず社会に出てゆき、修道士と聖職者の垣根を越える働きをするようになる。第7章では社会で活発に活動した修道院を取り上げる。一つはアルブリッセルのロベールに代表される遍歴説教者で、彼らはベネディクトゥスの『戒律』が忌避した遍歴活動を敢えてするとともに、本来聖職者に付託されていた信徒への説教を行い、修道士の聖職者化をさらに進めた。

いっぽうでこれと逆ベクトルの動き、すなわち聖職者の修道士化も進み、これは律修参事会改革という形で現れた。司教座の聖職者が共同生活する習慣はすでにカロリング期に顕著であったが、一一世紀にグレゴリウス改革を推進する教皇が使徒的生活の精神のもとに参事会改革を率先し、この動きが修道院的なコンセプトで本格化する。またこの十字軍の時期に騎士道と修道士の理想を合わせた騎士修道会が成立した。これは巡礼の救護や病人の介護を行う社会活動や慈善活動の拡大を背景に、正当な暴力行使について教会が一定の見解を出したことも考えるべきであろう。騎士修道会はテンプル騎士修道会、ヨハネ騎士修道会、テュートン（ドイツ）騎士修道会など、いわば国際的な組織から地域的な組織まで、規模、会則、活動もさまざまであった。騎士修道会の研究は近年たいへんに盛んになってきていて、十字軍遠征先の活動よりも、本国での修道院経営が注目されている。

騎士修道会に少し遅れて出現し、新たな時代の担い手となったのがフランシスコ会やドミニコ会に代表される托鉢修道会であり、これを第8章で扱う。前者の起源は信徒に近い隠修士《いんしゅうし》の遍歴活動に、後者の起源は聖職者が修道士化した律修参事会改革に属する。彼らは都市に建てられた修道院を中心に社会的な活動と聖職者的な務めに向かっていった。とりわけアッシジのフランチェスコの活動は、絵画や映画を通してわが国でもよく知られていて、その劇的な改心や斬新な活動理念を貫いて時代を切り開いてゆくさまが、時代の寵児として描かれる。一か所に定住するベネディクトゥスの『戒律』と違って移動を可能とし、都市や俗人のなかに積極的に入っていったのは、まさしく時代の変化に適合したものであった。

なお修道女の活動についても研究が増えていて、一二世紀から一三世紀にかけて修道女が増え、男女の修道士の共同作業が進んだことが注目されている。とくに托鉢修道会では初期の段階から修道女を積極的に受け入れて、慈善活動などでともに働いていた。騎士修道会では女子の受け入れに会派ごとの差異が大きかったが、施療院などでは共同作業が実現していたことが確認されている。どの修道院でも、次第に男女の活動や居住が別になっていったようだが、さらなる研究が期待される。

第9章では、中世に開花した多様な修道院生活が、ルネサンスと宗教改革すなわち近代に向かう時代の変わり目にあって、どのように対応したのかを、近代を先取りするような托鉢修道会と、ベネディクトゥスの『戒律』に基づくシャルトルーズの例を挙げて検証する。また宗教改革が起きた一六世紀前半に誕生し、近代の代表的な修道会として全世界的に活動したイエズス会を紹介する。修道士と聖職者、観想生活と活動生活を一致させたイエズス会の理念は、中世の西ヨーロッパの修道制の一つの到達点であり、世界宣教と学校教育によって、近現代の社会に大きな影響を与えた。

修道院は一つには俗世から離れて共同生活のなかに神を希求する場で、『薔薇の名前』で描かれたような知の迷宮であり、『大いなる沈黙へ』で映像化された桃源郷であり、選ばれた者が住むユートピアともいえる。修道院の歴史を探求することは、開かずの扉の奥にある謎の部屋に足を踏み入れる緊張感に満ちている。また一方で修道院は社会とまったく隔絶する場ではなく、訪れる貧者や巡礼を温かく迎え、人々に物心両面の豊かな実りをもたらし、それぞれの時代の求めに応じてさまざまな形をとってきたのである。修道院の歴史を紐解くことは、それを取り巻く世界の歴史や思想の歩みを、別の角度から理解することといっても過言ではない。

目次

装丁　濱崎実幸

修道院の歴史——聖アントニオスからイエズス会まで

第1章　修道院のおこりと西欧への伝播

修道院の長い歴史のなかで、修道士たちはその起源と理想の姿を、聖書に描かれた使徒たちや四世紀前後のエジプトや中東の隠修士《いんしゅうし》たちの生活に求め、これを模範としてきた。新約聖書の『使徒言行録』第四章三五節で描かれたキリストの弟子たち（使徒たち）が私有物を放棄して営んだ共同生活は、のちの修道院規則や修道士たちの著作で、しばしば修道院生活の起源として引用された。このほかにもキリストの言葉やパウロの書簡などに、財産の放棄、独身生活、世俗から離れることを肯定する文言がある。

「世の事にかかわっている人は、かかわりのない人のようにすべきです」（『コリントの信徒への手紙』一第七章三一）、「結婚しない人のほうがもっとよいのです…わたしの考えによれば、そのままでいるほうがずっと幸福です」（『コリントの信徒への手紙』一第七章三八―四〇）、「行って持ち物を売り払い、貧しい人々に施しなさい。それから私に従いなさい」（『マタイによる福音書』第一九章二一）。

ユスティノス

これらがすべての人に日常の禁欲生活を推奨するものか、修道院の生活に関わるものか、単純に断定することは難しい。むしろ二、三世紀の初期キリスト教会の歩みのなかで、それを取り巻くユダヤ、ヘレニズム、ローマの伝統と社会の動きとの関連のなかで、キリスト教修道院が成立していったものと思われる。

初期キリスト教が成立する時期に、同じ地域で展開したユダヤ教や地中海世界で流行したヘレニズム哲学の禁欲的な思想と運動が、キリスト教修道院の成立に影響したと考える説もある。たとえば二世紀にパレスチナに生まれたユスティノスのように、ストア派、ピュタゴラス派、プラトン主義などの哲学に接したのちにキリスト教に改宗し、遍歴説教者としての生活を経てローマで殉教した人物が現れる。彼は多くの著作を残し、のちにキリスト教の教父の一人に加えられた。

二世紀から三世紀にかけて、ユスティノスのように郷里を遠く離れて活動した遍歴説教者たちや、生涯独身を貫く人々などが数多く教会内に現れたが、これをそのまま修道士とは言い難い。世俗社会だけではなく、教会の信徒の集まりからも離れた場所、すなわち修道院に暮らす修道士が現れたという記録は、三世紀後半から四世紀にかけてのエジプトのナイル河畔のアントニオスなどのものが最初と考えられている。なお「修道士」を意味するギリシア語のモナコスという言葉が最初に史料に確認されるのは、三二四年に書かれたパピルスとされていて、修道士の始祖とされるアントニオスが活動した時期と整合している。

1　最初の修道士アントニオスと弟子たちの集まり

『アントニオス伝』

アントニオスの生涯については、彼と親交のあったアレクサンドリアの司教アタナシオスが伝記に詳しく記したことによって、後世に伝えられることとなった。アタナシオスは三位一体をめぐるアリウス派との論争に立ち、そのラテン名に由来する「アタナシウス派」は日本でもよく知られている。『アントニオス伝』はキリスト教公認後の教会を代表するアタナシオスによって記されたということもあって、広く長く読み継がれることになったため、最初期の修道士のなかでアントニオスの名が後世に残り、模範とされたのである。

聖アントニオス㊧と聖パウロス（マティアス・グリューネヴァルト画『イーゼンハイム祭壇画』より）

たとえば一二世紀フランスのシトー会修道士でクレルヴォーの修道院長ベルナールは、書簡『ギヨーム修道院長への弁明』の中でアントニオスの時代の最初期の修道士たちを讃え、その生活について次のように述べている。「修道制が始まった初期の頃には、修道士がこれほどまでにだらけてしまうことを誰が思い描くことができただろう。われわれはアントニオスの時代に生きていた修道士たちとどれほど違っていることだろう。彼らは愛するがゆえにしばしば互いを訪ね、魂のパンを求め、互いにもてなした。彼らは肉体の食事を完全に忘れ、しばしば一日中空腹のうちに過ごしていたが、心は空っぽではなかった」。（杉崎泰一郎訳、『中世思想原典集成』第一〇巻所収、本書第5章参照）

『アントニオス伝』はエジプトや中東をはじめ、当時のローマ帝国の東部分で使われていたギリシア語で記されたが、早くも四世紀にはローマなど西部分で使われていたラテン語に訳されて、これが中世の西欧の修道士たちに読み継がれた。こうしてアントニオスは東西ヨーロッパで修道士の祖として讃えられることとなったのである。中世の多くの修道院図書館にはアンティオキアのエヴァグリオスによるラテン語版『アントニオス伝』の写本が収められているが、アタナシオスによるギリシア語版も一六五点が写されたことがわかっており、同書が重視されていたことがわかる。

アタナシオスがこれを執筆したのは通説では三五七年のことで、三五六年にアントニオスが没した直後のことであった。アントニオスのように死後聖人として崇敬された人物の伝記は聖人伝と呼ばれ、古代から中世にかけて数多く書かれたので、本書でもこの種の史料をたびたび使用することになる。序文でアタナシオスは、読者や聴衆に向けて執筆目的を次のように記している。

「あなたがた（アントニオスに学ぼうとする人々）は、聖いアントニオスの言行を知りたい、すなわちどのようにして神への奉仕に励む生活を始めたのか、そのような修行前はどのような人だったのか、どのような最期を迎えたのか、彼について語られることは真実なのか知りたいし、それを聞いて彼の熱意に鼓舞され、彼に似た者になるまで進歩したいと願って、あなた方は私に質問の雨を浴びせるので、快く、喜んであなた方の要請に応えることにした」。（小高毅訳、『中世思想原典集成』第一巻所

収。以下同じ）

つまりアタナシオスは、アントニオスの生涯を模範として学ぼうとする修道士たちの要請に応えて、この伝記を書いたものと思われ、それは伝記であると同時に修道生活のマニュアルだったともいえよう。アタナシオスの執筆時期がアリウス派との論争が影響した亡命期にあたっていることから、反アリウス派だったアントニオスの生涯を紹介するという目的もあったことだろう。

アントニオスの隠遁

それではこの伝記を読みながらアントニオスの生涯を振り返ってみることとしよう。アントニオスは二五〇年頃にエジプト中部ナイル河畔の町コマで、キリスト教徒の高貴な家系の両親から生まれた。一八歳か二〇歳のときに両親が亡くなり、家と妹の面倒をみることになった。半年後に「行って持ち物を売り払い、貧しい人々に施しなさい。それから私に従いなさい」というマタイによる福音書の朗読（第一九章二一）を聞いてインスピレーションを受け、両親から相続した土地や財産を町の人や貧しい人に与え、妹に生活費を残して「信仰あつい童貞女たち」のもとに預け、「孤独のうちに生活し、キリスト教信仰の修行に励んでいた老人」に従って町の郊外で修行を始めた。先に述べたように、エジプトにはすでに多くの人たちが庵を結んで修行を営んでいた。アントニオスは先達たちの薫陶を受けながら隠遁し、その後も彼らと親交を結んで、断食や徹夜などの厳しい修行、不断の祈り、読書にいそしむ姿を学んで一人で修行を続けたとされる。修行を邪魔しようとする悪魔の攻撃や誘惑を受けたことも書かれていて、これは福音書や多くの聖人伝に記されているモティーフであるが、アントニオスのそれは、のちに絵画で頻繁に描かれるほど有名なものとなった。

ヒエロニムス・ボス画『聖アントニオスの誘惑』（1495～1515年）

隠遁して約二〇年後に、アントニオスはいわば公生活を始める。「病に苦しむ人々が大勢癒しを求めて彼のもとを訪ね、他方彼の修行に倣おうとする人々が大勢押しかけた……病に打ちひしがれていた大勢の人を、主はアントニオスを介して癒された。また悪霊に憑かれた人々も癒され、浄められた。さらに主はアントニオスに語るための恵みをも与えられたので、悲しみに沈んでいる人々を慰め、争っている人を和解させ、この世にある何ものをもキリストの愛より優先させてはならないと、すべての人に語った」。

アントニオスはこのあとも隠遁を続けながら民衆に対して病気の治療、説教、紛争の調停などを行い、修行生活を学ぶ者たちに指導を行ったことが記されている。「治療者」としての姿は、福音書のキリストやユダヤ苦行者の系譜を引き継いで、中世の修道士たちに受け継がれてゆく。また同じ道を続こうとする修行者たちは、アントニオスを父（アッバ）とよび、それぞれ独居形態の生活を送りつつ、説教を聞いたり指導を受けたりするためにアントニオスのもとに頻繁に集まった。彼らの修道院は、独居庵に住む修道士すなわち隠修士の集まりだったのである。

その後もアントニオスは清貧、祈り、詩編歌唱、徹夜、亜麻の苦行衣の着用を欠かさず、手仕事を行ったことが書かれているので、おそらく彼に従う者たちも同様な生活を行い、伝記を読む者もこれを手本としたことだろう。

学問についてはアントニオスはことのほか賢明であったが、初等教育も受けていなかったにもかかわらず、この国の誰一人として知らないような多くのことを独力で理解し、知っていたのだった」とあるように、現代でいう学歴や学位とは縁遠かったようである。「聖書に記された言葉が一言でも不毛の地にこぼれ落ちることのないよう、聖書の朗読に精神を集中していたので、すべての言葉を記憶しており、記憶が写本の代わりを満たすほどだった」。アントニオスは、無学（文字を知らないこと）を軽蔑する異教の哲学者たちの罵詈《ばり》に対して「精神が健全であり、本来的なあり方をしているかぎり、文字を必要とするものではない」と言っている。これは世俗的な意味での学問探求や知識の蓄積よりも、修行を積むことを重視したものと思われる。のちに西欧中世の修道院においてみられた、学問を修道生活の一環と考える姿勢を先取りしているようである。

ディオクレティアヌス帝とマクシミヌス帝のキリスト教迫害に際しては殉教を望み、キリスト教徒を励ましたが、殉教の機会はなかったと記されている。「迫害が静まり、思い出すも祝された司教ペトロスが信仰の証をなし、殉教を遂げるとアントニオスは再び静寂な庵に戻り、そこで日々、良心による証をなしつつ、信仰の戦いに挑んでいた。実に、以前にもまして熱心かつ強力に修行に励んでいた。たえず断食し、内側はごわごわした袋地、外側は獣皮の衣服をまとっていた。生涯の終わりまでこれを守り通した」。

迫害機会が失われた結果、むしろ修道士としての厳しい日々の修行に向かった姿が描かれているが、修道生活が殉教願望に代わってゆく風潮を示しているとも思われる。アントニオスは異端に対しても毅然とした態度で臨み、伝記では「メレティオスの分派」（迫害時の棄教者にきわめて厳格な姿勢

エジプトのアントニオス修道院

を取った司教メレティオスの一派）と交わりを持たず、マニ教徒や他の異端者とは教会に戻る説得をする以外は言葉を交わすことがなかったことが書かれている。とくにアリウス派に対する厳しい姿勢が書かれているのは、先に述べたアタナシオスの反アリウスの立場としての執筆姿勢が反映しているのかもしれない。

伝記の終わり近くに、キリスト教を公認したコンスタンティヌス帝とその子息たちの耳にアントニオスに関する噂が届き、「父親に送るように手紙を書き送り、彼からの返書をほしいと願った」。これに対してアントニオスは修道士の前で「皇帝がたがわれらに手紙を下さったからと言って、どうして驚くことがあろう。彼らとて人間にすぎない」と言って、動じなかったさまが記される。ついで手紙を読み聞かせ、皇帝たちがキリスト教を信仰していることを讃え、現世の事柄よりも将来の裁きに心をとめ、キリストのみが永遠の王であるという内容の返書を口述で書き取らせて皇帝に送った。

最初期のキリスト教修道士たちの隠遁した場所がエジプトであった理由については、かつては迫害を逃れて砂漠に隠遁したという説が唱えられていた。たしかにアントニオスが活動したのは、四世紀初頭のディオクレティアヌス帝によるいわゆる「大迫害」の時期とも重なっているが、むしろ近年ではエジプトで共同生活を行ったユダヤ教の苦行者たちとの関連が重視されるようになってきている。さらにさかのぼって、キリストの弟子（使徒たち）の共同体とユダヤ教の禁欲的なエッセネ派、テラペウタイ派の共同体が同じ土壌を共有していて、そこからキリスト教修道院が生まれたと考えることもできるだろう。

加えて、三世紀の後半のいわゆる「後期迫害時代」になってキリスト教修道院が現れるのは、迫害を受けてきたキリスト教徒のあいだで、殉教によって即時に天国に上がる願望よりも、日ごろの信仰生活を「日々の殉教」として重視する動きが出てきたためという説が強くなっている。アレクサンドリアのクレメンス、カルタゴのキプリアヌス、オリゲネスなどの思想家たちは日々の信仰生活を重視する立場をとり、キリスト教公認以降は、殉教機会が閉ざされたことがその論拠として示されている。

2　共住生活の成立

パコミオスの共住生活修道院

コンスタンティヌス帝がキリスト教を公認した少しあとの三二〇年ころ、アントニオスが活動していたエジプトの地で、パコミオスが多くの修道士と共住する形の生活を始めた。パコミオスは二九〇年頃に上エジプトに生まれ、兵役中に隣人愛に目覚め、三〇八年から三一三年の間にキリスト教の洗礼を受けたとされる。そしてアントニオスが弟子と営んだような独居型の修道生活を営んだのちに、上エジプトのナイル河畔テーバイ近くのタベネンシで多くの修道士とともに住む生活を始めた。彼は三四七年に亡くなるまでに九つの男子修道院と二つの女子修道院を建てた。パコミオスによる成文規則の原典は残念ながら散逸してしまったが、コプト語で書かれた断片やギリシア語の抜粋は現存していて、それによれば、それぞれの修道院には二〇人ほどが住み、典礼、食事、労働を共同で行い、服装も統一し、修道院長が指導と管理運営を行っていたらしい。パコミオスの修道院は、修道院長と会則のもとで修道士たちが共住生活する形式の始まりとされ、アクイレイアのルフィヌスによるラテン語訳で西欧に伝えられた。

バシレイオスによる修道規則の編纂と東方の共住生活修道院

共住生活型修道院の体系的な規則を残したのは、カイサレイアのバシレイオスである。彼は三三〇年頃に小アジア半島にあるカッパドキアの都市カイサレイアで、裕福なキリスト教徒の家庭に長男として生まれた。殉教者の娘である母からキリスト教教育を受け、法律家で修辞学者である父から自由学芸《リベラル・アーツ》を学び、成長するとコンスタンティノープル、アテネに遊学した。このときの学友だったナジアンゾスのグレゴリオスと弟のニュッサのグレゴリオスとともに、バシレイオスはカッパドキアの三教父と讃えられ、数多くの著作を残している。

バシレイオスは学問を修める一方で、若いときから修道院生活への希求を抱き、アテネ滞在を終えた二五歳ころに洗礼を受け、二年ほどエジプト、パレスチナ、メソポタミアの各地を回って名高い修道士たちを訪ね、修行生活の見聞を広めた。帰郷すると彼は森の中に隠遁し、祈り、農業作業、学問にはげむ生活を始め、多くの修道士が指導を仰ぎに集まった。ほどなく友人のナジアンゾスのグレゴリオスも加わって、修道規則の編纂を始め、『修道士大規定』『修道士小規定』が出来上がった。バシレイオス自身はカイサレイア司教エウセビオスに乞われて、三六四年に修道院を去って司祭としてカイサレイアの教会で働くことになり、三七〇年に同司教が没すると後任の司教となって同地の教会を指導することになった。彼は高位聖職者となったのちも、三七九年に没するまで修道士らしい暮らしを続け、貧しい人のための病院や宿泊所を建てた。

バシレイオスが各地の修道院を訪ね歩いた当時、アントニオスが営んだような独居生活やパコミオスが営んだような共住生活などさまざまな形式があったと思われるが、バシレイオスは共住生活を推奨する形式と考えて、独自にこれを体系化して規則にまとめ上げた。バシレイオスの規則は東方のキリスト教世界（のちのギリシア正教会や各スラヴ系の正教会）の修道院では、現在にいたるまでほぼ統一規則のように守られていて、文字通り東方の修道制の集大成であり、基本法ともいうべき規則である。やがて修道院が西方に建てられるようになると、ベネディクトゥスの『戒律』をはじめ、このような共住生活型が主流となる。『修道士大規定』『修道士小規定』ともに、修道士の質問に回答する問答形式で書かれており、前者は五五項目の長い問答で、後者は簡潔な三一三項目の問答で構成されている。詳しい前者の問答から、バシレイオスがどのような修道院生活を定めたのか、言い換えるなら修道士にどのような生活と理想を示したのか、読み解いてみよう。

カイサレイアのバシレイオス

カイサレイア司教エウセビオス

『修道士大規定』の内容

(1) 隠遁生活のすすめ

バシレイオスはまず、主の命令の序列を説いた第一問で神への愛と隣人愛を最も大切なものとし、第二問から第四問にかけてこれを詳しく説明している。続く第五問で「私たちの心があちこちにさまよい続けているなら、私たちは、神への愛自体についての命令も、隣人に関する命令も、他のいかなる命令も守ることはできない」（桑原直己訳、『中世思想原典集成』第二巻所収。以下同じ）と述べ、魂の散漫を避けるために第六問で隠遁生活を推奨する。そして第七問で、隠遁生活は共住で行うことが望ましいことを、理由を挙げながら次のようにわかりやすく説明する。

「まず第一に、物質的に必要なものに関して私たちのうち誰も自足している人はなく、私たちは必要な物を供給するためにお互いを必要としあっていることが挙げられる。……また第二の点として、独居生活においては、彼を咎め、穏やかに同情をもって正してくれる人がいないので、各人は自分の欠点に容易に気が付かないだろう。……加えて私たち全員は、召命への一つの希望において一致し、キリストを頭と戴く一つの体である。……もし人柄を正すためには聖書の教えだけで十分であるという者がいるなら、彼は実際に大工仕事をしないで大工の技術を学ぶ者、鍛冶の技術を教わったが習ったことを実行に移さない者に似ている」。

(2) 修道院の生活

修道院の生活においては、私有財産だけでなく「肉親関係の絆、人間的友情、そして福音の厳守に反する生活習慣を捨てる」（第八問）とし、外部世界との隔絶について厳しく定める。そして修道院長に対する従順を強く求め、その命令には「死にいたるまでの服従と従順を示すべきである」（第二八問）とし、修道士には不平の口外や傲慢な態度で働くことを諫める（第二九問）。

いっぽう修道院長には地位のゆえに高慢になることを禁じ（第三〇問）、過ちを犯した場合には年長者によって注意されることとし（第二七問）、共同体内の信頼関係とバランスを保つ配慮をしている。また第五〇問で「上長は自分が感情的になっているときに、罪を犯した人に懲戒を加えるべきではない。なぜなら、怒りと憤慨をもって兄弟を咎めることは、その人を罪から解放することにならず、過ちに上長自身を巻き込むことになってしまうからである」と記すのは、共同体の現場をよく知る立場からの教訓とも読み取れる。

(3) 時課と労働

日々の生活について、第三七問で「働く者が食べ物を受けるのは当然である」と福音書を引用して労働の意義を確認し、加えてそれは忍耐を養い、隣人に与える愛を育むものと述べる。そして祈りと労働をバランスよく行うことが望ましいとし、労働のあいだに唱える祈りのほかに、早朝、午前、正午、午後、夜、真夜中など、それぞれ定時に捧げるべき適切な祈りを定めた。これはのちに西欧で「時課」と呼ばれる定時の祈りの、最も古い規定と考えられている。食事（第一九問）、衣服（第二二問）、ふるまい（第二一問）について、修道士にふさわしい節制を説いているが、極端な禁欲を避ける配慮も示している。

(4) 定住の勧め

第三九問で、「一つの場所にとどまることは、相互の啓発のためにも毎日の日課を厳格に守るためにも、はるかにふさわし

フラ・アンジェリコ画『テーベの修道院』（1430〜35年）

く有益だからである」と述べ、定住を勧めている。いっぽうこの部分では、「兄弟たちは、各人が彼自身の労苦で得たものを携えて、定められた市場へ集団で旅行すべきである」とし、第四四章では、各人がは修道院長が修道士の旅行を許可することについて定めている。

(5) 節制

第一七問の「笑いも抑制されねばならないか」という部分では、「快楽によって全然興奮しないか、あるいは少なくともそれを表に現さず、すべての有害な享楽に対して節制し、これに負けないように身を持する人は、完全に節制ある人である。このような人は、同時にすべての罪からも自由であることは明らかである」と述べ、「大きな声を立てて笑ったり、こらえきれずに体をゆすったりすることは、よく整えられた魂の表れではない」と笑いの抑制を勧めている。その後半部分で「肉付きの良さと健康そうな肌の色が競技選手の特徴として示されるように、痩せたからだと節度の実践が生み出す青白さはキリスト者を、キリストの命令に関する真の競技者として示している」と、厳しい節制とその結果をわかりやすく説明する姿勢は、この規則の特徴ともいえよう。

バシレイオス自身は司教の要請によって修道院を出て、教会全体を監督する役職に後半生を捧げたが、それは脱俗的な修道院と社会のなかで生きる教会との橋渡しにもなったに違いない。それまでの修道院は、世俗の生活だけでなく教会の活動からも離れて、超人的な力を持った修道士が僻地で暮らし、信徒からの施しを得て奇跡を期待されることが多かった。バシレイオスは修道院を教会組織のなかに組み入れる道を開いたのである。四五一年のカルケドン公会議では、各地の司教に修道院の建立と監督権が認められることとなった。次節で述べる西方に伝播した修道院は、バシレイオスが目指したような体制の中の組織という性格を色濃く持つことになる。

3　修道制の西方への伝播

ヒエロニムスの橋渡し

ヒエロニムスは、ヘブライ語やギリシア語で書かれた聖書を、西方で使われていたラテン語に翻訳したことでも知られる。彼は多くの著作や書簡を残してローマ・カトリック教会ではラテン教父の一人に数えられ、修道院を建てて草創期の東方の修道制を西方に伝える役割を果たした。後世にヒエロニムスは数多く絵画で描かれたが、その姿は書斎で執筆する学者、枢機卿の衣をまとった高位聖職者としての姿、さらにレオナルド・ダ・ヴィンチの作品で有名な中東の砂漠で厳しい苦行者の姿などさまざまで、彼がまさしく八面六臂の働きをしたことを物語っている。修道院生活をはじめとして彼が東方から伝えたさまざまなものは、民族移動と西ローマ帝国崩壊の混乱のなかで西方に定着してゆき、やがて西欧中世のキリスト教世界の礎となったのである。

ヒエロニムス（ドメニコ・ギルランダイオ画、15世紀後半）

ヒエロニムスは三四七年にダルマティア地方（現在のクロアチアのアドリア海沿い）に生まれ、ローマで学問を修めた後、おそらく官僚としての栄達のためにトリーアに行き、そこで世俗を捨てる決心をしたらしい。三七一年にヒエロニムスはエルサレムに巡礼すべく東方に旅立ち、コンスタンティノープル経由でエルサレムに向かう途中、アンティオキアについたところで病になり、治癒後も長く同地にとどまることになった。ラテン語地域出身の彼は、そこでギリシア語やヘブライ語の学習や聖書研究に向かい、荒野の修道院での修行生活も経験した。

三八二年にローマで東西教会間の意見調和の会議が開かれることになり、ヒエロニムスは語学力や知識を買われて東方の司教たちに随行してこれに赴いた。西方の人々にもヒエロニムスの力量は高く評価され、教皇ダマスス一世と親交をむすんで、ローマにそのまま三年間滞在した。彼は末期に入っていた西ローマ帝国の社会や聖職者の腐敗を強く批判し、とくに貴族の敬虔で教養ある女性のグループの支持を受けた。この女性たちのなかには、三八四年にヒエロニムスがローマを去った折に同行し、三八五年に彼がエルサレム近郊ベツレヘムに立てた修道院に入った者もあった。彼は男子修道院と女子修道院を建て、四二〇年に没するまでそこで修行、教育、執筆にいそしんだ。

ヒエロニムスによる共住生活の勧め

ヒエロニムスは翻訳をはじめ、さまざまな活動を通して多くを西方に伝えた。彼が修道院を建てたのは主として東方であったが、ローマ滞在中などに西方の人々に直接指導したと思われる。三八四年に貴族の女性エウストキウムに宛ててラテン語で書かれた『書簡二二』は、そのころ教皇ダマスス一世が推進していた修道院生活を推奨する一環であり、文面は個人宛てであるが、写されて広く伝えられたと思われる。そこからはヒエロニムスがどのように東方の修道院を見て、西方に伝えようとしていたのかを垣間見ることができる。以下にこの書簡の内容を詳しく見てみよう。

ヒエロニムスは当時のエジプトで活動している修道士には三つの生活様式があり、すなわち大勢で共住する者、独りで住む者、少人数で都市に住む者がいる、と述べる。そしてそのうち、第一のかたち、すなわち上長に従って、時間割をきちんと決め、組織的に運営する共住生活を勧め、第三のかたちを独善的で強欲として批判する。ついで詳しく共住修道士たちの模範的な生活を描写する。

まず「彼らの許での第一の盟約は上位の者に従うことであり、上位の者が命じたことは何でも行うことです。彼らは一〇〇人の組と一〇〇人の組とによって分割されます」（荒井洋一訳、『中世思想原典集成』第四巻所収。以下同じ）とあるように、バシレイオスが定めたような上長の命に服する原則があり、大人数の修道士をグループ分けしていたこと、加えて十人長（decanus）と呼ばれるグループ長が配置されていたことがわかる。

ライオンの足に刺さった棘を抜くヒエロニムス（ベッツォ・ゴッツォリ画、1452年）

書簡によれば、労働もこの単位で分業されて、会計係など役職者が置かれて、修道院運営が組織的に行われていた。「十人長の手に渡されたものは会計係のもとに運ばれます。会計係自身もまた月ごとに、共同体の父に対して、大きな畏れとともに会計報告をします。食事ができあがったときの味見も会計係によってなされます」。労働のほかに、祈りや読者なども規則的に営まれていた。「主日には、ただ祈りと読書とに彼らは専念します。祈りと読書とは、日々の仕事が完了した後では、同じ仕方でなされています。毎日、聖書について、何かが学ばれています」。

沈黙のうちに食事をする様子と、厳しい節制について次のように詳しく説明する。「それぞれの十人組はその父とともに食卓へと赴きます。そこでは各々のものは一週間ごとに交代して奉仕します。食事中、いかなる騒音もありませんし、誰一人食べながら話すものもおりません。パンが食されれ、塩と油で調理された豆と野菜が食されています。葡萄酒はただ老人だけが受け取ります。老人たちと年少の者たちのためには、しばしば昼食がもてなされます……その後、彼らはいっせいに立ち上がり、聖歌を口ずさみながら、彼らの区画へと帰ってゆきます」。

なおアントニオスのような独居修道士については、「共住修道士たちから別れて、パンと塩のみを携えて、荒野へと向かう人々です。このような生き方の創設者は隠修士パウロスであり、有名にした人はアントニオスですが、もっとさかのぼるなら洗礼者ヨハネが最初の人でした」と述べて、詳しい説明は別の機会に回すとしている。

このヒエロニムスの書簡は、当時の修道院が実際に活動している様子を伝えてくれる貴重な証言である。この書簡の宛先エウストキウムとその母で貴族の寡婦パウラは、同じく貴族の寡婦マルケラをリーダーとする敬虔な貴族の女性サークルの一員だった。リーダーのマルケラは二五年前に夫を失ってからはあえて再婚せず、敬虔な生活と読書にいそしみ、先に紹介した『アントニオス伝』を読むなどして、東方の修道士たちに関心を持っていた。家を会合の場としていた彼女は、ヒエロニムスをそこに招き、聖書の講義、語学の指導を依頼し、やがてエウストキウムはヒエロニムスに従ってベツレヘムの修道院に入ることになる。エジプトのパコミオスも女子修道院を建てており、やがてガリアでも男女の修道院が建てられてゆくが、そこでも王侯貴族の女性たちが中心的な役割を果たした。

ヨハネス・カッシアヌスとレランス修道院

この時期に東方の修道院生活を西方に伝えたのはヒエロニムスだけではない。大きな役割を果たしたもう一人の人物として、ヨハネス・カッシアヌスが挙げられる。彼は三六〇年ころにスキュティア（現在のハンガリー）の裕福な家庭に生まれ、若いころに古典教育を受けて育った。その後、三八〇年ころ友人とともにベツレヘムの修道院に入り、数年後にエジプトでいくつかの修道院で修行している。三九九年にコンスタンティノープルに移ったのち、ローマで司祭に叙階され、四一五年ころにマルセイユで男女併存修道院を建てた。修道士（男子）が住んだサン・ヴィクトール修道院は、やがて中世の南フランスを代表する修道院になり、現存する建造物と地下聖堂は、古代末期から現代にいたる同修道院の長い歴史を伝えている。

ヨハネス・カッシアヌス

マルセイユのサン・ヴィクトール修道院

カッシアヌスは四三〇年ころに没するまでマルセイユにとどまり、エジプトで体験した修道院生活を記した多くの著書を残し、これを伝えた。ゲルマン民族の侵入で混乱が始まっていた西ローマ帝国すなわち西方ラテン世界では、各地に修道院が数多く建てられつつあったが、カッシアヌスは著書『共住修道制規約および八つの罪源の矯正について』で西方の共住修道院の欠陥を指摘し、実践的な手ほどきを記した。修道士の抱く理念を記した『霊的談話集』は、六世紀に書かれたベネディクトゥス

現在のレランス修道院

の『戒律』がこれを朗読するよう定めたことから、西欧の多くの修道士に読み継がれることとなった。カッシアヌスはこの第二部を、同時期に南仏プロヴァンス沖のレランス諸島に修道院を創立したホノラトゥス（フランス語では聖オノラ）に献呈した。

このレランス修道院は現在まで存続していて、ワインの生産地としても観光地としても知られ、その歴史についての研究も盛んに行われている。カッシアヌスは東方の厳しい戒律をそのまま導入するのではなく、同修道院を「初心者の学校」と規定して、エジプトの「上級学校」を真似することなく生活慣習や風土に適合した修道制を推奨した。六六一年にベネディクトゥスの『戒律』が導入されるまで使用されていた同修道院の戒律は現存しないが、散在する庵に住む修道士が典礼のたびに集合するという形式の共住生活が営まれ、図書館が建てられて学問にもいそしんでいたと思われる。これはドイツの古代中世移行期を専門とする歴史研究者F・プリンツによって「古ガリア修道制」と呼ばれた。

同修道院の修道士の数は五世紀の中ごろで一〇〇名近くに及んだといわれ、これは当時のガリアでは最大規模の修道院の一つと考えられている。その理由の一つとして、ガリア東北部へのゲルマン民族の侵入によって、ガリア南部に逃げてきたローマ人貴族たちが修道院に入ったことが考えられてきた。修道士の全員がこのような亡命者ではなかったにせよ、多くのセナトール貴族出身者がレランス修道院に入ったことは事実で、彼らは修道士になる者、学問を修めて短期間で帰る者、より厳しい修行をして島内で独居修道士になる者など、さまざまだったと考えられている。

レランス修道院は修行の場であるとともに、古典教育などローマ社会で通用する学問の場でもあり、多くの人材が輩出した。創立者ホノラトゥスがアルル司教となったように、ローヌ川を中心とするガリアの有力な司教として転出した者も多い。

アルルのカエサリウス

レランス修道院出身の高位聖職者のなかで、修道院を建てた者は少なくない。概して当時のガリアでは、司教が修道院や教会の創建のイニシャティヴをとっていた。なかでもアルル司教を務めたカエサリウスは、説教家として名を馳せるなど司教の務めを果たす一方で、修道士と修道女のための戒律を執筆して、レランスで育まれた西方の修道制をガリアに広め、定着させるために多大な貢献をした。

アルルのカエサリウス

カエサリウスは、四六九年もしくは四七〇年にガリア東部のブルクント（いまのブルゴーニュ）に生まれ、四九〇年ころからレランス修道院の修道士となった。それは西ローマ帝国が滅亡して間もないころで、西ヨーロッパはゲルマン諸国の乱立時代に入っていた。健康を害したカエサリウスはアルルで療養して、同地の修道院長となったのち、五〇二年にアルルの司教となった。彼が記した『修道士のための戒律』は序に続いて二六項目（ほとんどが短文）で構成されているもので、その序文に記されているように、この戒律はカエサリウスの甥のテリディウス修道院長によっていくつかの修道院にもたらされた。

『修道女のための戒律』はカエサリウスが五一二年にアルルに建て、妹のカエサリアが修道院長をつとめていた女子修道院のために書かれたもので、五三四年に最終的な改訂版ができあがって同修道院に送られた。これは修道士のための戒律よりも詳細なもので四三章（七三項目）からなり、西方の女子修道院の制度的な礎となった。最後の第四三章は四七項から七三項を含む長いもので、四八項から六五項は戒律の要約、六六項から七一項は聖務、食事、読書などについての細かい規定、七二項と七三項は結びと司教たちの署名である。同章六六項は「ここにあなた方がどのように詩編詠唱をなすべきかという秩序についてもまた、大部分をレランス修道院の規則に従って、この書物に書き入れるべきである」と述べたあと、具体的な指示が記されている（又野聡子訳、『中世思想原典集成』第四巻所収）。ここで修道女たちに定められているのは、修道院長に従って一か所に定住し、定時に祈り、労働、読書、食事などを共同で行い、沈黙や清貧などの掟を守って生活するという、これまで育まれてきた共住修道院の生活である。副院長のほか、必要に応じて食糧係、門番などの役職を必要に応じておくことが定められ、組織的な修道院運営が意図されている。

王妃ラデグンディスの修道院

この『修道女のための戒律』を使用した同時代の名高い女子修道院として、メロヴィング朝フランク王国の王妃ラデグンディス（ラドゴンド）がポワティエに建てたサント・クロワ修道院が挙げられる。ラデグンディスは、フランク王国初代の王クローヴィスの子クロタリウス王の妃であり、三

○歳になった五五〇年代にポワティエに修道院を建てて隠遁した。西ローマ帝国滅亡後の西ヨーロッパ世界で、ローマ・カトリックに改宗したフランクの王族が修道制を受け継ぐ初期の例ともいえる。ラデグンディスは早い段階からこの戒律を用いていたとされるが、五七〇年ころに自らアルルに赴いた際に、この戒律を正式に採用したといわれる。このことは同時代に書かれたトゥール司教グレゴリウスの『歴史一〇巻』（第九巻四〇章）にも記されている。

それより少し前にラデグンディスは東ローマ皇帝ユスティヌスに対し、祖国の平和のためにキリストの十字架と言い伝えられる聖十字架を送るようコンスタンティノープルへ使者を派遣している。その結果、ラデグンディスのもとに聖十字架の破片の入った十字架のほか、使徒や殉教者の聖遺物、豪華な装飾の福音書が贈られ、これらは修道院に収められた。これ以降彼女の修道院は「サント・クロワ」（聖なる十字架）修道院と呼ばれるようになった。中世の修道院は、戒律に従う厳しい生活を送る場であるとともに、聖遺物や宝物としての書物など神聖なものを収める場となり、地域の中心や巡礼地としても社会で重きを置かれるようになってゆく。当時のガリアの修道院は、都市壁外の墓地に埋葬されていた聖人の墓を核として建てられ、聖人礼拝とともに発展したものも多かった。

ラドゴンドの墓所があるサント・ラドゴンド教会（ポワティエ）

トゥールのグレゴリウスによれば、ラデグンディスの修道院にはローマ人やフランク人の貴族の娘たちが住み、ラデグンディスの臨終に二〇〇人の修道女が集まったという。この数はいくらか誇張があると思われるが、メロヴィング朝フランク王国では、王侯貴族の女性が女子修道院を建て、修道女の道を選択したことは事実で、ラデグンディスのほかにクローヴィス妃クロティルディスをはじめ、死後聖人に列せられた王家の女性が多いことは特筆すべきであろう。

なおレランス修道院が建てられる前の四世紀後半に、トゥールのマルティヌス（トゥールのサン・マルタン）がポワティエ近郊に建てたリグジェ修道院とトゥール近郊に建てたマルムティエ修道院は、まさにガリア修道制の先駆けであるが、レランスほど永続的な影響を広範囲に及ぼすことはなかった。

4 アウグスティヌスと修道院

修道院の創建と修道規則の執筆

『告白』や『神の国』を執筆したことで有名なアウグスティヌスは、西欧の修道院の礎を作った一人でもあり、古代ローマ世界で培われたキリスト教遺産を民族移動期に実らせて次代に伝えた一人ともいえる。アウグスティヌスは三五四年に北アフリカのローマ属州ヌミディア（現在のアルジェリア）の小都市タガステに生まれた。カルタゴで修辞学を修めたのち、ローマを経てミラノに行き、司教アンブロシウスの影響を受けてキリスト教の洗礼を受けた。自らの半生を綴った『告白』では、修道制の始祖アントニオスのことや修道院生活のことをミラノで知り、隠遁生活への一歩を踏み出したと語っている。数年のミラノ滞在ののちにアフリカに戻る途上、ローマで執筆した『カトリック教会の道徳』には、ミラノやローマで見た俗世を去って祈りと読書の共住生活を送る人々への理解と賛美が記され、このような人々が東方やエジプトで増えていることが広く知られているとも記録している。

アウグスティヌスは故郷のタガステに戻ると、劇的な改心を経て母や友人とともに節制と祈りの共同生活を始めた。三九一年にヒッポの町の司祭になると、そこに最初の修道院を建て、三九五年に司教に着座すると、二番目の修道院を建てた。修道規則を書いたのは、司教着座の時期と考えられている。

この『アウグスティヌスの修道規則』と呼ばれる規則は一一世紀以降西欧で広く使われるようになり（第7章参照）、先に紹介したバシレイオスの規則、次に紹介するベネディクトゥスの戒律、一三世紀のフランチェスコの会則とともに四大規則の一つに数えられることもある。その歴史的な意義はきわめて大きいので、ここで紹介しておきたい。

アウグスティヌス（ボッティチェリ画、1480〜81年）

それは確定した一つの規則でなく、テクストは現在にいたるまで九種類が知られていて、その著者や作成時期については一六世紀以来長い議論がある。いまではそれらは『共同生活の規則』『修道院の秩序』『神の僕《しもべ》のための規則もしくは掟』『修道女の規則』の四種類に収斂され、うちアウグスティヌスが書いたと思われるのは『神の僕のための規則もしくは掟』と『修道女の規則』とする研究者が多い。

『神の僕のための規則もしくは掟』は、これまで紹介した修道院の規則や、次章で説明するベネディクトゥスの『戒律』に比べると簡潔な記述で規定が緩やかなこともあり、のちに修道士でない聖職者が共同生活をする際に、この規則が用いられるようになった。修道院生活の規定については、基本的に他の修道院と共通するものが多い。冒頭の第一章で、修道院生活の目的を協調して住むことと明記し、ついで私有財産を放棄して食事や衣服を分配すると定める。次いで定められた時刻に祈りに励むこととするが、時刻や唱えるべき詩編については詳しく定めない。そして食事や飲み物の節制について述べ、一日一回の食事の際は朗読を聞きながら静粛を守るものとし、肉を断つこととするが、病人には配慮を認めた。また食事、衣服、図書を管理する係を置くことが定められ、書物の貸し出しについては時間を決めることとされている。ここでも読書が日常的に行われていたことが理解される。外出については制限を定めながらも禁止しておらず、必要な場合には複数で外出することを認め、公衆浴場に行くことも認めている。

アウグスティヌスの著作『修道士の労働』

本章で紹介してきた修道制草創期のさまざまな修道規則と同様に、『アウグスティヌスの修道規則』も修道士の労働を重視している。加えて彼は修道士の労働を推奨する著作を残している。このいきさつについてアウグスティヌスみずからが晩年に執筆した『再考録』第二巻四七章（宮谷宣史訳、『アウグスティヌス著作集』第二七巻所収。以下同じ）で次のように記している。

当時のカルタゴには福音書の記述を根拠に労働せず、施しで生計を立てる修道士たちがおり、それを支持する人々と反対する人々のあいだに不和が起こっていて、これを憂いたカルタゴ司教アウレリウスがアウグスティヌスに執筆を依頼した。修道士の労働に重きをおいていたアウグスティヌスはこれを受けて、三三章からなる本書において、労働を忌避する修道士の聖書解釈の誤りを指摘し、自らの主張を記した。本書の成立年代については諸説あり、だいたい四〇〇年から四〇六年のあいだと思われる。

アウグスティヌスの『修道士の労働』は序と結の間に三部構成の本論がある形式で、第一章二節から第二二章二六節までは、パウロの『テサロニケ人の信徒への手紙二』第三章一〇節「働きたくない者は食べてはならない」の解釈を中心に議論が進められる。労働を忌避して聖書を恣意的に解釈する修道士たちに対しては、宣教と労働を両立させたパウロを模範として、修道士が祈り、詩編詠唱、読書に生きることは肉体労働を営みながらでも可能であり、前者を理由に後者を忌避してはならないと主張した。続く第二三章から第三〇章では、『マタイによる福音書』第六章二五節以下の、鳥は種もまかず刈り入れもせず倉に納めもしないが神はこれを養ってくれるというキリストの説教を、労働は不要であると解釈するのは間違いであると説く。そして修道士の労働は、世俗のそれとは違って共同体のためのものであるとする。

アウグスティヌスたちの論敵だった労働しない修道士たちとはどのような人々だったのだろうか。本書第二八章三六節には「彼らは委託なしに、定まった住所なく、根無し草の放浪者のように、いろいろな地方を回っています。あるものは殉教者たちの、いわゆる殉教者たちの遺物を売っています。他のものは、（聖句の入った）小箱を大きくしたり、（自分の衣服の）房を長くしています。また他のものは彼らが聞いたところの両親や親せきについて、彼らはどこそこに住んでいるが、私は彼らを訪ねる途中であると嘘を並べます。そしてこれらの人はみな彼らの都合にいい貧しさのための寄付を求め、またその偽善的な聖さに対する代償を要求します」。

これは本章で紹介したバシレイオスの規則やヒエロニムスの書簡、次章で述べるベネディクトゥスの戒律で、望ましくない例として記されている放浪修道士のように思われ、東西の各地にみられたのかもしれない。最後の第三一章と第三二章では、カルタゴを彷徨《さまよ》い歩いていた、このような修道士に対する批判を行ったうえで、彼らによる説教活動のキリスト教徒への影響が大きいことを憂い、危機感をあらわにしている。

古代の社会では、閑暇（otium）な生活を営んで自由な精神活動を営むことが理想とされ、そうでない状態を労苦（negotium）と呼んで、労働に束縛されて自由でないものとして低くみなしていた。アウグスティヌスはこの両立を宣言したが、当時は閑暇のうちに暮らすことを願う動きもなお強かったことが、この著作から読み取ることができる。ただ結果としてこれは、祈り働く生活を求めたベネディクトゥスの『戒律』に結実し、西欧中世社会の独自の価値観を生み出してゆくと言ってよいだろう。

キリスト教修道院の歴史は、主としてローマ帝国の東部分で始まった。キリスト教公認直後にエジプトでアントニオスが営んだ独居型の修道院とパコミオスが営んだ共住型の修道院が栄え、やがてバシレイオスによって組織的な修道院生活を定めた規則が編纂された。ついでヒエロニムスたちによって西方にも修道院が建てられるようになった。そこでは共住生活が主流となり、東方よりも学問、労働、教育などの活動を通して社会との結びつきが濃いものとなっていった。おりしも西ローマ帝国の滅亡とゲルマン諸国家などの混乱期が訪れ、修道院は単なる隠遁所ではなく、社会的文化的な役割を負うことになってゆく。

次章では、この動乱期に成立して、やがて西欧の修道院生活の基本法となるベネディクトゥスの『戒律』とその定着について詳しく考察してみたい。

第2章　ベネディクトゥスの『戒律』の成立と西欧への定着

ヌルシアのベネディクトゥスが、ローマ南のモンテ・カッシーノに修道院を建てて、『戒律』を執筆したのは六世紀の前半と考えられている。第1章で紹介したように、東方で誕生した修道制はすでに西方に伝えられていて、ゲルマン民族の侵入と西ローマ帝国の滅亡という社会混乱のなか、多くの修道院が建てられた。そのころ統一した生活規範はなく、第1章で述べたような成文規則のいずれかが採択されるか、場合によっては複数の規則を混交して使用することもあったようである。ベネディクトゥスは当時営まれていたさまざまな修道院生活に学びつつ自分の修道院を運営し、『戒律』を執筆したと考えられている。

「祈りかつ働け」のモットーや、極端な節制を諌める「分別」の精神で知られる『戒律』は、急速に全西欧に広まったのではなく、七世紀ころから徐々に西欧各地の修道院で使われてゆき、ほかの規則と併用されることをも多かったと考えられている。

本章では修道院の歴史にとどまらず、広く西欧の社会経済や文化を理解するうえで、修道士たちが守っていた『戒律』とその成り立ちについて、くわしく振り返っておきたい。

1　ヌルシアのベネディクトゥスの生涯

教皇グレゴリウス一世による伝記

ヌルシアのベネディクトゥス（フラ・アンジェリコ画、1437〜46年頃）

ベネディクトゥスは、西ローマ帝国滅亡直後の四八〇年ころにローマ北東の小都市ヌルシアに生まれ、五二九年ころにモンテ・カッシーノに弟子たちと修道院を建て、『戒律』を執筆した。亡くなったのは五四七年から五六〇年のあいだと考えられている。その生涯については、一世代あとに活動した教皇グレゴリウス一世が執筆した『対話』第二巻「尊敬すべき修道院長ベネディクトゥスの生涯と奇跡」によって知られるところとなった。これは第1章で紹介した『アントニオス伝』と同じく聖人伝というジャンルに属し、正確に人物の行いを記すというよりは、教訓や宣伝などの執筆意図のもとに描かれた物語であり、執筆者グレゴリウス一世の事情に留意する必要がある。いずれにせよ、ベネディクトゥスの生涯を伝える同時代の史料は、この伝記と『戒律』のみである。

グレゴリウスが、ベネディクトゥスの伝記を含む四巻一五〇章に及ぶ『対話』を執筆したのは五九三年から五九四年のことと考えられていて、教皇在任の初期にあたっている。第一巻から第三巻は五〇人のイタリアの聖人の生涯を記述し、第四巻は魂の不死を論じている。うち第二巻はベネディクトゥス一人の生涯が書かれ、第一巻は一二人、第三巻は三七人が扱われていることから、ベネディクトゥスに重きがおかれていたことが理解される。

グレゴリウスは執筆目的について第一巻の序で述べている。グレゴリウスが教皇としての忙しい日々を送りながら修道士として過ごした時のことを追慕し、イタリアに生きた聖なる人々と自分のみじめな境遇を助祭ペトルスに語ったところ、ペトルスが聖人たちの物語を語るように求め、話が進んでゆくという対話形式をとっている。当時のイタリアは、東ゴート族やランゴバルト族などゲルマン人の侵入と支配に続き、東ローマ帝国のユスティニアヌス大帝による版図の拡大と戦争に巻き込まれていた。グレゴリウスは聖なる人々の生涯を綴ることで、困難な時代に生きる人々へのメッセージとし、多くの奇跡物語によって聖人の権威のみでなく癒しをもたらそうとしたのであろう。

グレゴリウスはベネディクトゥスと面識はなかったが、伝記の序で記しているように、ベネディクトゥスの四人の弟子から情報の提供を受けて、執筆を進めた。ベネディクトゥスの成長期については、ヌルシアの上流階級の出身であること、幼少から円熟した心を持っていたこと、自由学芸を学ぶためにローマに送られたことなどが、序でごく簡単に触れているのみである。回心については、次のように簡潔で抽象的だが、示唆に富んだ書き方をしている。「多くの者が悪徳による破滅の道を歩んでいるのを知り、世俗の入り口に入りかけたところで踵を返した。その知識から何かを得たとしても、やがては自分も底なしの淵に沈んでしまうことを恐れたのである。そこで学業を捨て、父の家と財産とを放棄し、ただ神にのみ喜ばれることを願い、聖なる修道生活を求めた。それゆえ退いて知ある無知者、知恵のある無学者となった」（『対話』矢内義顕訳、『中世思想原典集成』第五巻所収。以下同じ）。

ここで、ベネディクトゥスが「家や財産」だけでなく、「学業」を捨てたことに注目したい。これは修道院の始祖アントニオスの伝記に記された学問に対する態度と通じるものがある。ベネディクトゥスが学んだ頃、ゲルマン人の東ゴート族が宮廷をラヴェンナに移してイタリア半島を支配していたが、ローマには古代の遺産があった。異教時代の神殿、コロッセウムなどの娯楽施設などの建造物のほか、古典教育の学校も数多く、そこで若者たちは文法や修辞学など古典の学問と、法律を学び、官界での栄達を望んでいたといわれる。ベネディクトゥスはこのような世俗の学問と快楽に決別し、異教的な要素が残るローマでの修学をとりやめたのかもしれない。

ただ第1章で触れたように、多くの修道院では読書が祈りや労働とともに日課となっていて、後述するようにベネディクトゥスも『戒律』でこれを修道士の務めの一つとしている。これまで紹介したバシレイオス、ヒエロニムス、アウグスティヌスなどは修道院の創立者であるとともに学識豊かな偉大な思想家であり、続く中世の修道院からは多くの学識者が輩出する。現代のジャン・ルクレール師が述べるように、神への探求と知の探求の「緊張と和解」は、その後も『戒律』を守る修道院において続いてゆくのである。

スビアコへの隠遁

ベネディクトゥスはまずローマ近郊（東に五〇キロ）のエフィデという小都市に、乳母とともに移り、聖ペテロ教会で暮らした。ほどなく彼は一人で、そこから北にさらに五キロほど離れてスビア

スビアコの洞窟で暮らすベネディクトゥス

コという荒地に隠遁し、洞窟の中で三年のあいだ孤独の修行を続けた。そのあいだ近くの修道院に住んでいたロマヌスという名の修道士が、ベネディクトゥスに物心両面の援助を行った。やがてベネディクトゥスの名は知れ渡ることになり、多くの人が訪ねるようになった。伝記作者グレゴリウスは、このあいだにベネディクトゥスが悪魔の誘惑や攻撃をたびたび受けたことを記している。

　おりしも「遠くないところ」の修道院（コスマ・エ・ダミアニ修道院と伝えられる）から、亡くなった修道院長の後任の依頼があり、これを引き受けた。「この修道院でベネディクトゥスは、規律正しい生活が守られるように注意し、とりわけ不正な行いによって修道生活の道から左右にそれることを誰にも許さなかった」とあるように、厳しい指導を行った。しかし修道士たちの反発が強く、殺害未遂にまで発展したため、ベネディクトゥスは院長職を辞して洞窟に戻ることになる。それでも多くの人々から指導を乞われて一二の修道院を建て、それぞれに一二人の修道士が居住した。また自らの許《もと》にも数名の修道士をとどめた。

　グレゴリウスはベネディクトゥスの指導と修道院生活について、具体的な説明はしていないが、弟子たちに起こしたいくつかの奇跡物語を記している。そこから推察できるのは、ベネディクトゥスが孤独の修行から一転して共住生活の指導に熱意を注いだこと、そこでは詩編の祈りと労働が営まれ、修練士（見習い）たちへの教育が行われていたことである。

モンテ・カッシーノ修道院の創立

ベネディクトゥスはスビアコの地で三〇年近く過ごしたと思われるが、同地を去ることになったきっかけについて、『伝記』は近隣の司祭による妬みと毒殺未遂を語っている。この人物について「近くの教会にフロレンティウスという名の司祭がいた。この人物は、われわれの助祭フロレンティウスの祖父にあたる人である」と明記されていて、後者はグレゴリウスの書簡から五九二年にナポリ司教に任じられたことが確認できる。この司祭は「多くの人がよりすぐれた生活にぞくぞくと召されてゆくのを見て」ベネディクトゥスの名声に嫉妬し、毒入りのパンを渡した。ベネディクトゥスがこれを見破ると、今度は七人の裸の娘を修道院に送りこんだ。弱い弟子が誘惑されるのを恐れたベネディクトゥスは、「少数の修道士をともない、ほかの住み場所を求めて出て行った」。

現在のモンテ・カッシーノ修道院

この司祭は修道士ではなく、地域の信徒を指導や儀式を行う聖職者だったと思われ、中世でたびたび見られるようになる修道院と在地の教会のあいだの軋轢《あつれき》が生じたのかもしれない。あるいはベネディクトゥスが、理想とする共住修道院にふさわしい場所を求めてのころだったとも考えられる。彼がローマの南一〇〇キロのカッシーノの山の上に修道院を建てたのは、五二九年頃のことと思われ、異教の神殿と祭祀が残っていたこの地に聖マルティヌスと聖ヨハネに捧げる礼拝堂を建てた。この修道院はランゴバルト人やイスラーム教徒による破壊、地震による被害などを被ったが、そのたびに再建された。第二次世界大戦では連合軍の空襲や激しい戦いによって、一帯が焦土と化したが、戦後再建されて現在にいたっている。

ベネディクトゥスが建てた修道院について、『伝記』は詳しく語っていないが、次節で紹介する『戒律』からその建物や生活を推察することができる。また南西に四〇キロ離れた町テラチナの近郊に修道院創建と弟子派遣の依頼を受けて、院長と副院長を任命し、「後日、あなた方のところに行き、礼拝堂、修友の食堂、客室、またそのほか必要なものについて、どこに建てるべきかを話そう」と約束したと伝記はいう。必要な施設と人員を備えた支院が建てられていったことがわかる。『伝記』は、「神の人（ベネディクトゥス）が数多くの奇跡によってこの世で光り輝いていただけではなく、その教えた言葉によっても少なからず光彩を放っていたことを伏せておこうとは思わない。すなわち彼は『修道士のための戒律』を著した。これは分別という点で秀でており、叙述も明快である」と述べて、すでにこの戒律の特質を評価している。

2 『戒律』の成立と内容

構成

ベネディクトゥスがモンテ・カッシーノ修道院で『戒律』を執筆したのは、五三〇年以降と考えられている。ベネディクトゥスがモンテ・カッシーノ修道院で亡くなった年には諸説あるが、多くの研究者が採用している五四七年頃と考えると、『戒律』は晩年期に書かれたということになる。彼は、長いあいだ培った指導の経験や、既存のさまざまな修道院規則に基づいて『戒律』を執筆したと思われる。バシレイオスの規則など初期の東方の修道院生活や、同時期のカッシアヌスの著作やカシオドルスの規則などを参照したとみられる。とくに多くを負うのは『戒律』より少し前に五世紀末から六世紀初頭にローマで成立した『師の戒律』と呼ばれる規則である。『戒律』の四分の一がその引用で、四分の二にその強い影響があるとされている。

先に記した『伝記』の評価にみられるように、『戒律』の過度の修行をもとめない柔軟な精神、明快な文章や体系だった構成は、ベネディクトゥスの積み上げた集大成といってよい。『戒律』のエピローグにあたる第七三章で、彼は『戒律』の執筆意図について、いくばくかのモラルと修道院生活の初歩を示すことであると述べる。ついで「修道院生活の完成へ急ぐ者たちのためには聖なる父たちの教えがある」として、聖書のほかに聖人伝、既存の修道院規則を薦め、いわば本書の位置づけを明確にしている。いくつかの規定では、修道院長が地理的な条件の違いや、季節の違いを配慮することが認められていて、多くの修道院で用いられることを想定して、柔軟な対応を前提としていたことがわかる。『戒律』が、二世紀ほどのちにローマ・カトリック世界の修道院で統一規則と定められ、そののち長く用いられていったのも、このような特質によるものと思われる。それでは『戒律』を詳しく紐解いてみよう。

構成は、序に続く七三章からなる。序では修道院の設立趣旨が語られ、ベネディクトゥスは、主につかえる学校として修道院を建て、そこでは厳しすぎることや難しすぎることを課すことはないと宣言する。

修道士の心得と修道院長

本文冒頭の第一章では修道士を四種類に、すなわち『戒律』に従う共住修道士、より高度な段階に達した隠修士、指導者をもたない独修者、定住しない放浪者に区別する。そして後二者を忌避すべき種類として、共住修道士について以下の条項を定めると述べる。続く第二章と第三章では、修道院長が修道院を管理し、修道士を指導するにあたっての心得が定められる。重要案件については集会を開いて修道院長が修道士に説明する義務を負う一方、修道士は戒律と修道院長に従うことが定められる。修道院長が強い権限を持つのはほかの規則と同じだが、『戒律』は修道院長が修道士を全員集めて意見を聞いたうえで判断するように定め、その理由を「主は若い者により良いことを示すことがしばしばある」としているところに特徴がある。また修道院長の任命については、第六四章で修道士の共同体が選出するように定めるが、『師の戒律』ではこのような規定はない。

第四章から第七章では善行、従順、沈黙、謙遜など、修道士たちにとっての心得が列挙される。修道院長に対する従順と謙遜だけではなく、修道士間や出会うすべての人に対しても心だけでなく振る舞いにおいて謙虚であることが求められる。日常生活は最も貧しい最低のもので満足し、与えられた作業には自らを役立たずと念じて謙虚に向かい、困難に際しては耐え忍ばなくてはならない。我意や肉欲を避け、大食や惰眠をせず貧しい者や病人を助ける。そして卑俗な行動、無益な話をせず、軽々しく笑わない。沈黙については「口数が多ければ罪を避けえない」（『箴言』第一〇章一九）「愚か者は大声で笑う」（『シラ書』第二一章二〇）など聖書の章句を用いて、くりかえし強調される。そしてこのような段階を経てゆく先に、「恐れを締め出す」（『ヨハネの手紙一』第四章八）完全な神の愛に到達できるとする。修道院生活で求められ、学ばれるのは、知識や技術よりも、遜《へりくだ》りや貧しさであり、修道士としてどのように振る舞うかがここで記される。

祈り

第八章から第二〇章は聖務日課、すなわち聖堂で定時に修道士たちが集まって行う典礼についての規定である。のちに『戒律』が「祈りかつ働け」という標語で有名になったように、ベネディクトゥスは修道院で行う典礼を重視して、一日のスケジュールと年間のサイクルを定め、それぞれの折に唱える祈り（詩編の章句）を指定している。『師の戒律』には典礼が日課として規定されておらず、『戒律』の独自性といってよく、のちの西欧の修道院の生活、精神、建築の源流をここにみる。

典礼は一一月一日から復活祭までの冬の季節と、復活祭から始まる夏の季節に分けられ、さらに日曜祝日と週日のそれが特別に定められる。日課は当時の時間の数え方によって定められ、これは日の出に始まり日没に終わる一日を一二等分する方法である。それによると秋分の日と春分の日に一時間が六〇分となり、あとは季節に応じてズレが生じる。週日には暁課《ぎょうか》、朝課、一時課、三時課、六時課、九時課、晩課、終課が定められ、聖堂に集まって、定められた詩編の章句を唱えた。第一六章に、詩編の章句「日にわたしはあなたを七度賛美する」（第一一九章一六四）「夜中に起きてあなたを賛美する」（第一一九章六二）を、聖務日課を上記のように一日八回行う理由として引用している。

修道院の一日は夜中に行う晩課で始まる。この一日の初めの聖務は大切なものとされ、最も多くの紙幅を割いて規定が記されている。第八章に冬季は夜の第八時（午前二時から二時四〇分）に起床して行い、夜明けに朝課を行うまでを学びの時間にあてるとしている。まず三度「主よ、わたしの唇を開いてください、この口はあなたの賛美を歌います」（詩編第五一章一七）を歌い、そのあと詩編の複数個所を唱えたのち、修道院長は祝福を与えて全員着席する。ついで聖書や聖書註解書を朗読し、詩編の複数個所を唱えたのち、「主よ憐れみたまえ」を唱えて終了する。なお夜が短い夏季は書物の朗読は省かれるが、詩編の歌唱は一二以下になってはならなかった。ただし日曜日は夏季と冬季は同じように行われ、週日より早く起床して、先述の詩編歌唱や朗読に加えて、預言書、新約聖書、福音書の朗読や詠唱が行われる。聖人の祝日と復活祭など荘厳祝祭日も日曜日と同じように行われる。

やがて中世に聖人礼拝が盛んになると、聖人伝を集めた大部の書物が作成されるようになり、朝課や一時課でも朗読されるようになった。なお第四七章で聖務日課の時刻を知らせるのを修道院長の務めとしているが、修道院長がどのように時間を知り、告げるのかは明記されていない。同時期の『師の戒律』では、修道士は雄鶏の鳴き声で起床するとしているが、時間の計測には水時計などを使用したとも考えられる。やがては修道院の聖務日課を知らせる鐘が周辺地域にも時を知らせるようになったと思われるが、『戒律』に鐘の規定はない。ほかの史料からは戸を叩いたり、アレルヤ唱で時を知らせた修道院があったことがわかる。

修道院の管理・運営

第二一章から第三八章は修道院の管理・運営に関わる部分で、役務修道士、当番、物品支給と私有物、病人と老人子供、寝室などについて規定されている。ほかの修道院規則と同様に第三三章で財産の私有が「悪徳」として禁じられ、「修道士は自らの体と意志も自分の思い通りにしてはならない」とする。そして第三四章で使徒たちの共同体では必要に応じて分配した（『使徒言行録』第四章三五）という有名な記述に照らして、支給に際して修道士おのおのの必要に応じた差異があるとし、配慮に対する不平があってはならないとする。これは『アウグスティヌスの修道規則』と整合するが（第一章）、ベネディクトゥスが多くを参照した『師の戒律』にはみられない。

役務修道士について、ここでは修道院内の十人ごとのグループの責任者（デカヌス＝十人長）と総務長（ケラリウス＝貯蔵庫係の意）が置かれる（第二一章、第三一章）。後者は修道院の物質面の管理や来客の応対などを務める要職で、「共同体から知的で、円熟し、節度があり、大食漢でなく、尊大でなく、荒ぶらず、人を侮辱せず、のろまでなく、浪費せず、神を畏れ、全共同体にとって父のような人を選ばなくてはならない」とされる。修道院長の指示に従って修道院のすべての木々や所有物を祭壇上の聖具のように扱い、病人、子供、来客、貧者に配慮する。忙しさを考慮してか、共同体が大きい場合には助手がつく規定を定めている。また修道院の器具、衣服、その他のものについての出し入れの管理については、複数の者が出納管理に任命されたが、修道院長は物品の一覧表を保存して管理を統括した（第三二章）。中世の修道院では、貴重品である祭具、書物、聖遺物の一覧表が数多く作成され、現在でも多くが残っていて、修道院の様子を伝える大切な史料となっている。

第二三章から第三〇章までは、罰を与える規定である。違反行為は具体的に明示されず、不従順、傲慢な態度や不平不満など、何らかの点で『戒律』や上司にそむく行為を取った場合、まずは二度ひそかに諌めるものとされる。それら一連の行為は『戒律』の冒頭で定めた謙遜の掟に背くものであり、共同生活を守るための障害とみなされたのであろう。ひそかに諌められても改めない場合には修道士全員の前で叱責され、それでも改善されなければ罰が与えられる。罰の重さを理解する者には破門の処罰がなされ、理解していない者には体罰が行われる。

破門には段階があり、軽い場合には共同の食卓から外され、重い場合には聖務からも外される。破門した者に接することは厳しく禁止されるが、修道院長は「病める霊魂の司牧にあたる」べく、「迷う羊」を救う配慮を行うことが定められる。この院長についての規定は『師の戒律』にはなく、ベネディクトゥスの配慮をうかがわせる。この処分を受けても改めない場合には鞭打ちになり、それでも改めない場合は「群れ全体が感染しないために」修道院から追放される。ただし、改めて戻ってきた場合にはこれを受け入れるとし、この措置は三度まで許される。

なお第四三章から第四六章では、具体的な過失の事例を挙げてその措置を規定している。すなわち聖務日課や食事に遅刻した場合は、償いが終わるまで一人外れた席につき、聖務日課のあいだ歌唱や朗読で間違いを犯した場合にも皆のまえで償いを行った。厨房、貯蔵室、神への奉仕、パン焼き場、菜園、そのほかさまざまな作業中に過失を犯したり、物品を破損や紛失したりした場合にも公に償いを果たすこととされ、過失を秘匿して発覚した場合には、より重い罰が与えられた。償いが何を指すのかは明示されていないが、古田暁氏はこれを地に平伏することと考えている。

ベネディクトゥスは、過ちを犯した修道士に単に罰を与える規定を定めるのではなく、自らがそれに気づいて告白し、共同体全体に対する責任を自覚するように促している。これらの規定の最後に、「魂に関する罪で、原因が秘されている」場合には、修道院長もしくは霊的に長けているものにのみ告白するものとし、彼らは暴露や公表をせずに他人の傷を治すことができると理由づけしている。プライバシーに配慮する優れた規定とも考えられるし、のちの罪を秘密裏に司祭に告白する秘跡にもつながる規定のようにも考えられる。いずれにせよ、共同体的な生活を重視した規定に思われる『戒律』であるが、個人の内面にも配慮する柔軟性が見て取れる。

飲食／服装

第三八章から第四一章は食事の時間や量についての規定である。一年間の典礼暦に応じて、一日の食事は二回摂るときと一回のときがあった。一回の食事で出されるのは調理したもの二品と果実もしくは野菜、加えてパンが一日一リブラ（三〇〇グラム前後）出された。

パンは『師の戒律』と比べると倍の分量であり、ルカによる福音を引用して食べ過ぎを諌めている。四足獣の肉は「非常に衰弱した病人を除いて」禁止され、第三六章の病人についての規定でも同種の記述があり、健康が回復した病人には「慣例に従い肉をすべて絶つ」と念を押している。東方の修道士は菜食を主としていたが、同時期の『師の戒律』では肉は禁止されていない。ベネディクトゥスの規定では、四足獣でない鳥や魚の肉の摂取は禁止されていないが、のちにこの規定はさまざまに解釈された。また食事の分量については、労働が厳しかった場合などには修道院長の裁量で、これを増やすことが認められている。

修道士たちの食事風景（イル・ソドマ画『聖ベネディクトの生涯』1505〜8年頃より）

飲み物については、葡萄酒の摂取が一日一ヘミナ（約四分の一リットル）認められ、これも土地の状況、労働、天候など必要に応じて修道院長の裁量で増量が認められた。また神から酒なしで辛抱できる力を与えられている修道士は特別な報いがあるとし、飲みすぎや酩酊を諌めている。さらに当時編纂されたと思われる『砂漠の師父の言葉』から「葡萄酒はすべての修道士にふさわしくない」の警句を引用しつつも、「われらの時代の修道士にこれを納得させることは無理なので、わずかな量を飲むこととしよう」と現実的にも見える文言を認《したた》めている。

ちなみに衣服については第五五章に簡潔な規定があり、修道士たちは東方での修道院制度発祥以来の粗末な長衣とフードをまとい、サンダルを履き、古くなったものは貧者への施しのために保管された。ここでも修道院が所在する地の気候に配慮することが許されている。また寝具についても定め、財産を私有することのないように必要なものを修道院長が各修道士に分配するように記している。すなわち衣類と履物のほかに小刀、ペン、針、手拭、筆記板などである。

労働

労働について定めた第四八章は、聖務日課と同じく一日のタイムスケジュールを設定し、これを一年間のサイクルにあてはめた。ベネディクトゥスが労働に積極的な価値を見出し、そこにローマ社会からの脱却をみる解釈は古くからなされているが、労働の時間を詳細に規定したことも修道院の歴史で画期的なこととされる。ただベネディクトゥスは単純に労働そのものの価値を認めたというよりも、あくまでも修行の課程ととらえていたことも見過ごしてはならない。同章の冒頭に「怠慢は魂の敵である。それゆえに一定の時を修道士は手仕事に従事しなくてはならず、一定の時を聖なる読書に向けなくてはならない」とあるように、労働の意義を認めつつも、第一義的には考えていない。

この第四八章では聖務日課、労働、読書、食事のおおまかな時間割を夏季と冬季に分けて定めているが、労働の夏と冬の切替期を一〇月一日と復活祭とし、四旬節には特別の過ごし方を決めている。飲食の規定と同様に、地域の特別な事情や修道士の弱さによって差異が生じる可能性を含んでいる。

ベネディクト会修道士による収穫の風景（ジョン・ロバート・ハーバート画『働くことは祈ること』1862年より）

読書と書物

ベネディクトゥスは読書や学習を修道院生活の大事な要素と考えていて、先に引用した第四八章の冒頭で労働（手仕事）と並んで読書を行うものとし、一日の生活のなかで読書にあてられた時間も、労働と同じく夏季と冬季に分けて定めている。少し前に書かれたと思われる『師の戒律』は肉体作業と霊的作業としているが、ベネデ

表　『戒律』に従って生活する修道院の時間割
現代フランスのソレーム（Solesmes）修道院の例

5時	起床
5時30分	晩課
	（朝食）
7時30分	讃歌
	読書、祈り、労働
10時	三時課　ミサ
11時15分	労働
13時	六時課
	昼食
	九時課
14時	自由時間
14時50分	労働
17時	晩課
	集会
19時30分	夕食
20時30分	終課
	就寝

イクトゥスは手仕事と読書という表現を用いている。

現在の研究では、『戒律』が定める一日の労働時間は六時間半〜七時間、読書は三時間程度と考えられている。決められた読書時間のほかにも、冬季は夜間に行われる晩課のあとの時間を「詩編や朗読について学ぶ必要のあるものは学習にあてる」、夏季は昼食後に「寝床で沈黙のうちに休息するが、一人で読書したいものは、他に邪魔にならないように読む」として、修道士の裁量を認めている。冬季の食後の時間を「読書と詩編にあてる」とあるように、読書は近現代のような学問探求や知識習得を目的としたものというよりは、典礼の詩編歌唱や朗読の鍛錬という要素も大きかった。夏季の昼食後の規定で、休息している者の邪魔にならないように読書するというのは、音読を示唆しているものと思われる。

四旬節、すなわち復活祭を前にした四〇日の神聖な期間では、朝から第三時の終わりまでを読書の時間とし、そのあと第一〇時まで労働することとした。主の受難と復活を前に祈りにふけるのでなく、ベネディクトゥスはあえて読書と労働に向かうように定めている。そしてこの期間中に各修道士は図書室から書物を一冊借りて読み通すという規定を設けている。復活祭前の大切な時期に読書を重んじているのは注目される。これは『戒律』の規定のなかで図書館の存在を示す唯一の箇所でもある。

『戒律』を守る修道院には、各修道士に行き渡るだけの本がなくてはならず、そのほかに典礼で使用する本が必要であった。かなり多くの蔵書があったはずであり、本の作成と管理も重要な勤めであった。『戒律』には本の筆写や保管についての特別な規定はないが、それが日常的に行われていたことを示す箇所が散見される。修道院長が修道士に配分する物品について述べた第五五章に「小刀、ペン、針、筆記板」が含まれており、第三三章の私有材を禁止した箇所では逆の言い方であるが「書物、筆記板、ペンのみでなく一切のものを私有してはならない」と定めている。なお書物を示す言葉には「冊子(codex)」が使われていて、古代ローマで多く使われていたパピルスの巻物から、羊皮紙の冊子体に変わりつつあったことが推察される。大勢で読むのに適する巻物よりも、個人で狭い場所でも読める冊子体が修道院にはふさわしかったのかもしれない。羊皮紙はパピルスよりも重く高価だが、長期保存に適していて、削って再利用も可能であった。

外部との関わり

『戒律』は第一章で修道士が放浪することを何よりも忌避し、修道院での定住を大前提としている。第六六章でも修道士が修道院の外を歩き回ることを霊魂のために益がないとし、修道院がすべて必要な施設を備えるように建てられることを定めている。修道院の入口には知恵ある老修道士が門衛として配置され、部屋があてがわれて訪れる者への応対が任せられた。第五三章は来客についての規定で、まず訪れるすべての者をキリストとして受け入れるとし、とくに「信仰における兄弟」

（修道士か聖職者）と巡礼者にはふさわしい敬意が払われた。ただ来客のための厨房や客室は修道士のものとは別にされ、修道士は指示されない限り来客に接することは許されなかった。

続く第五四章では、修道士は修道院長の許可なしで、たとえ両親からでも手紙や進物を受け取ることが禁止された。第六七章で、修道士は旅に派遣される場合には、帰院後に外で見聞したことを語ってはならないことが規定される。『戒律』に先行する修道院規則には修道士の単独での外出を禁じるものが多く、本章も「外出する修道士たちについて」と複数形で記している。

新人の受け入れについては第五八章と第五九章でくわしく規定されている。入門志願者が訪れた場合は安易にこれを受け入れることをせず、四〜五日待って中に入れ、さらに数日宿舎にとどまらせる。そのあと修練士の建物に移し、年長の修道士のもとで二か月の観察期間を経て『戒律』を読み聞かせて決意を確認する。さらに修練所で六か月滞在したのち再び『戒律』を読み聞かせ、さらに四か月後に同じ試練をへたうえで修道院に受け入れる。その際に新人は聖堂で修道士たちを前にして、定住、修道院の生活、服従を誓う。そして聖遺物が収められている聖人と列席している修道院長に宛てて誓願書を書き、これを祭壇に置く。聖人と聖遺物への礼拝は迫害時代にすでに行われ、中世をとおして拡大してゆく。

修道院長は修道院の責任者であるが、修道院の真の主は守護聖人と考えられ、修道院宛ての文書の多くは聖人宛てで書かれた。なお誓願書は自筆するものと念が押され、文字が書けない場合は代理人が書くものとされた。読書の規定をみるかぎり、修道士は読み書きできることが前提とされるはずだが、ベネディクトゥスは入門段階ではこれを義務付けていない。このあと入門者は修道服をまとう。第五九章に子供の入門についての規定が記され、一五歳以下を指すと思われる。この場合は誓願を両親が行い、子供に私有財産を与えないことも誓う。『戒律』の複数個所に子供に関する別規定が設けられているように、中世の修道院では多くの子供が修道院で暮らし、成人して正式な修道士になる場合と還俗する場合があった。近隣の領主の子弟が入門する際には、修道院への多大な寄進を伴うことが多く、著名な修道院長のなかには幼少時に入門したものも少なくない。

第五七章では、特殊技能を身につけている修道士が、修道院長の許可のもとで通常の作業から外れて技能を生かして製品を造ることを認めている。製品は外部に販売することが許されるが、貪欲にならないように値段は世俗の価格より低めにし、販売に携わるものが不正を働かないように警告している。修道院で生産したものを販売する習慣は、バシレイオスの規則や『師の戒律』などそれまでの規則にも認められる。

3『戒律』の伝播——混淆戒律の時代

教皇グレゴリウス一世と修道院

『戒律』の存在について最初に言及した証言は、六世紀末に教皇グレゴリウス一世が執筆した『対話』の記述で、『戒律』は編纂されて半世紀ほどで一定の評価を受けていたことがうかがえる。モンテ・カッシーノ修道院は五八〇年前後にランゴバルト族の破壊を受け、修道士たちが一時的にローマに避難し、『戒律』の原本はラテラノの修道院に保管された。グレゴリウス一世がこれを直接読んだ可能性はある。

五九〇年から六〇四年のあいだ教皇の地位にあったグレゴリウスは、西ローマ帝国が滅亡してゲ

グレゴリウス1世（ホセ・デ・リベーラー画、1614年頃）

ルマン民族の諸国家が成立した時期に、教会の監督者として混乱期を乗り切るだけでなく、ゲルマン人のキリスト教化を進め、多くの著作を執筆し、中世の教会の礎を固めた。ローマの資産家の家に生まれたグレゴリウスは、父の死後シチリアに六つの修道院を建て、ローマの両親の邸宅を修道院に改造し、みずからもそこで一年間生活した。やがて彼は当時の教皇に見出されて聖職者の叙階を受けて修道院を離れ、在コンスタンティノープルの教皇使節など高位聖職を経て、教皇座に就いた。

グレゴリウス一世は別の著作の中で、教会の構成員を信徒、聖職者、修道士に分けているが、そのころ実際に修道院で修行生活を行う者と、教会の司祭や司牧宣教活動を行う聖職者の区別は曖昧で、グレゴリウス一世のように修道院を出て教会の職務に就く者もあり、修道士が聖職者の資格（司祭の叙階）を得て修道院で生活することも増えてゆく。グレゴリウス一世がゲルマン人にキリスト教を広めるために修道士を派遣したように、西ヨーロッパでは修道院が修行の場だけでなく、宣教や教育の中心にもなったのである。

混淆戒律の時代

六二〇年ころにアルビ近郊（ガリア＝現在のフランス南西部）のアルタリパ修道院の院長が書いた書

簡には、彼らが『戒律』に従って生活していたことが記されていて、オータン、サン・ヴァンドリーユなど七世紀のガリア各地の修道院にも、『戒律』の使用を記した史料が残されている。当時メロヴィング朝フランク王国が多くを支配していたガリアでは、多くの修道院が建てられて、そこで『戒律』は確実に広まっていったことが分かる。

ただ第1章でも触れたように、さまざまな規則が使用されていて、『戒律』はその一つに過ぎなかった。当時、修道院の成文規則は修道院長にとっての手引きのようなもので、修道院長の言葉がいわば最高法規であって、成文規則は修道院長が適宜使用するということが多かった。一つの修道院が複数の規則を使用する場合もあれば、複数の規則から一つの戒律を創作する場合もあった。東方のパコミオスやバシレイオス、ローマのカッシアヌスやガリアのレランス修道院の規則が使用されていたようであるが、七世紀になるとベネディクトゥスの『戒律』とコルンバヌスの規則が結びついた形で使用されることが増えていった。

コルンバヌスの規則とは、アイルランド出身の修道士コルンバヌスが書いた（異説あり）『修道士たちの戒律』『共住修道戒律』『贖罪規定書』で、五九〇年代にガリア東部ブルクントのリュクスイユ修道院で使用された。俗にいう「アイルランド修道院」は、コルンバヌスのようなアイルランド出身の修道士が、故郷を遠く離れた地をみずからの贖罪と布教のために遍歴し、ガリアの各地に建てたものである。独自な典礼暦や生活習慣のために教会と対立したことからも、ベネディクトゥスの修道院と相いれない特異なイメージが持たれることもあるが、実際のところコルンバヌスはベネディクトゥスの『戒律』を良く知っていたようで、その規則にも『戒律』と一致する部分が認められる。いずれにせよ七世紀のガリアの多くの修道院では、個人の修養という色彩の濃いコルンバヌスの規則と共住生活を規定したベネディクトゥスの『戒律』を併用する効果をねらったのか、両規則の混淆がみられた。『戒律』はコルンバヌスの規則とともに広まっていったのである。

ローマ人の高貴な家柄に生まれたベネディクトゥスは、西ローマ帝国の滅亡とゲルマン人の侵入という混乱期に修道院を建て、弟子たちと暮らした。それは祖国の危機を目の前にした逃避生活では決してなかったことが、彼が執筆した『戒律』の文言から伝わってくる。ベネディクトゥスは、若い時の挫折経験から得たこと、聖書や教父の書物に学んだこと、そしてアントニオス以来積み上げられてきたキリスト教修道院の生活や規則を、ともに生きる仲間たちや後に続く者たちのために練り上げて体系化し、文章化したのである。彼は人間の弱さとともに法の弱点をも知りぬいていて、リーダーの指導の下で構成員が一つの目的のもとに互いに助け合うという、血の通った共同体を築き上げた。やがて西ヨーロッパがカール大帝のもとでふたたび安定を取り戻した時、この人間性と社会性に満ちた『戒律』は、フランク王国の統一規範として採択されることになる。

第3章　『戒律』の定着と中世修道院文化の萌芽

フランク王国の宮宰ピピンは、七五一年にメロヴィング朝最後の王キルデリク三世を廃して王位につき、カロリング朝を創始した。クローヴィスの末裔であるメロヴィング家が長く支配していた王朝はここに終わりを告げた。ピピンは新たな王朝の王位を正当化するために宗教的な権威に頼み、メロヴィング朝の時代よりも教会との連携を強めた。ソワソンでの即位式は、大司教ボニファティウスによって行われ、旧約聖書の記述にならって塗油の儀礼を導入し、この王朝がキリスト教王権であることを示した。これ以来、西ヨーロッパの王の即位儀礼では塗油などの宗教的儀礼が定着し、俗権がキリスト教的性格とキリスト教による正当性を帯びることになった。

王となったピピンは七五四年から五五年にかけて、イタリア半島の多くを支配してローマ教皇を圧迫していたランゴバルト王国に遠征し、これを屈服させて占領地の一部を教皇に寄進するなど、ローマ教皇との関係も密にしていった。遠征の前年に教皇ステファヌスはフランクの地を訪れてピピンに改めて塗油を行い、パリ近郊のサン・ドニ修道院でその冬を過ごしたことから、教皇からピピンへの歩み寄りも積極的だったと思われる。

ピピンのあとを継いだカールは、強い政治力と軍事力でフランク王国を拡大するとともに、祭壇と玉座の提携を進めた。八〇〇年のクリスマスの典礼で、教皇レオ三世はカールに皇帝の冠を授け、西ローマ帝国の皇帝が三世紀半ぶりに復活することになった。これは東のビザンツ皇帝と教会に対抗して、教皇と皇帝を頂点とする西のローマ・カトリック世界の自立宣言とも考えられる。いずれにせよ西ヨーロッパ世界では、フランク人が古代ローマから多くのものを受け継ぎながら、教会と協力して独自な社会や文化を築く新しい時代、すなわち中世が始まろうとしていた。本章では、この時期に修道院が果たした役割を扱う。

1　カロリング朝フランク王国の教会政策

カール大帝による修道院改革

カール大帝は、祭壇と玉座の提携をさらに強め、半世紀に及ぶ在位期間で教会に関する政策に取り組み、修道院を保護するとともに、修道士についての定めを数多く出した。七七九年に発布した本格的な勅令である『ヘルスタルの勅令』では、すべての修道士がベネディクトゥスの『戒律』に従うことを定め、七九四年に招集したフランクフルト教会会議では、修道院長が『戒律』に従って修道士たちと共に生活するよう命じている。

カール大帝はローマ教皇とも密接な関係を持ち、ローマを生涯四度訪れているが、七八七年の二

カール大帝と教皇ハドリアヌス1世

アーヘン宮廷礼拝堂

度目のローマ滞在の折にモンテ・カッシーノ修道院にまで足を延ばし、『戒律』の原本を閲覧して写本の作成を命じてこれをアーヘンに所蔵したといわれる。これはベネディクトが定めた規定を、正確な写本を基に誤りなく遵守させようとしたためであろう。

同時期にカール大帝は修道士の筆写の誤りや言葉の誤りについて、厳しくこれを改める命を何度か出している。二度目のローマ行きの少し前、七八四年か七八五年に発した『学問振興に関する書簡』では、多くの修道院から送られてくる文書が教養のない言葉で書かれていることを憂い、修道士の学習不足と筆写するときの軽率さを指摘している。そして修道士に対して学問を奨励し、「教会の兵士にふさわしく、内的に敬虔であり、外的に学識を有し、正しく生きることにおいて品行方正であり、上手に話すことにおいて学識者であることを望む」（大谷啓治訳、『中世思想原典集成』第六巻所収）と述べた。

修道院は学問の場であり、正しい言葉すなわちラテン語を誤りなく話し、筆写する場であることが求められた。それから十五年ほどのちの八〇〇年ころに発せられた『一般書簡』では、「以前に

マインツ大司教オドガー㊨に著作を献呈するラバーヌス・マウルス㊧とアルクイン、831年頃

サン・マルタン聖堂

筆写生の無学のために歪められていた新約、旧約のすべての書は、万事われわれの神の助けによって正確に訂正した」とあり、これは先の書簡に記された政策が進んだことを示唆する。カール大帝の腹心だったアルクインは、彼が修道院長を務めていたトゥールのサン・マルタン修道院で聖書の校訂を行ったことが知られている。この時期に、「カロリング小文字体」と呼ばれる、早く正確に筆写するのにふさわしい文字の形が普及し、修道院は知識の正確な伝達の場となっていった。

アーヘンの宮廷を中心とするこのような文化運動は「カロリング・ルネサンス」と呼ばれるが、その担い手は王侯、修道院、司教であった。その理念やめざすところは、七八九年に出された『一般訓令』によく示されている。すなわち、カール大帝はキリスト教に基づいた国づくりをめざし、そのために教育を重視する。そのためすべての修道院と司教座聖堂で詩編、速記法、歌唱、計算、文法を子供たちに教えることを命じている。そして宗教的な書物を正確に写すこととし、福音書、詩編、ミサ典書の写本を正確に写すために熟練した者が従事することをこの勅令で定めたのであった。

アーヘンの宮廷にも学校が作られ、そこで学んだ者が各地の司教座やパリ近郊のサン・ドニ修道院、ラインの古刹ロルシュ修道院、ロワール河畔のフリュリー修道院など有力な修道院で活躍した。アルクインは、自らが修道院長を務めるサン・マルタン修道院で人材育成に尽力した。そこで学んだ一人ラバーヌス・マウルスは故郷ヘッセンのフルダに戻って同地の修道院学校長となり、彼のもとでフルダ修道院は学問活動や写本作成の中心地に発展した。カロリング期最高の詩人とも呼ばれるワラフリート・ストラボは彼の弟子のひとりで、彼はやがてライヒェナウ修道院長となり、カール大帝の孫のカール禿頭王の師となった。

このように宮廷を中心として展開する修道院のネットワークを苗床として、カロリング・ルネサンスは開花した。

ルートヴィヒ敬虔帝とアニアーヌのベネディクトゥスによる修道院改革

カール大帝の後を継いだルートヴィヒ敬虔帝も、教会と密接な関係を持って国を治めた。アニアーヌのベネディクトゥスを登用して八一六年と八一七年にアーヘンで教会会議を開催して、教会政策を進めた。八一七年の教会会議のあと布告した勅令は、『修道勅令』と呼ばれるように、国内の修道院で修道士が生活するうえで守るべき詳細な条項が定められていて、そこからは帝の政策のみならず、当時の修道院の現状と社会的な役割を読み取ることができる。

アニアーヌのベネディクトゥスはフランク宮廷貴族の出身で、ディジョンで修道士となり、七八二年に南仏モンプリエ近郊のアニアーヌの領地に修道院を建て、その修道院長を務めていた人物である。彼は古代東方のパコミオスやバシレイオスの厳しい規則に従う生活を試みた末に、ベネディクトゥスの『戒律』を導入して修道院の運営に成功し、王国の西部と北部を中心に広く『戒律』の遵守をめざす修道院改革を進めた。出自も修道理念もカール大帝に近かったアニアーヌのベネディクトゥスは、即位前のルートヴィヒ敬虔帝からすでにフランク王国の修道院政策の遂行を任され、いくつかの修道院で実際に規律の粛正にもあたっていた。『修道勅令』は、フランク宮廷を後ろ盾として進めていたアニアーヌのベネディクトゥスの改革を、全修道院に徹底させるべく皇帝の名で発布した集大成と考えられる。

勅令の前文には、アーヘンの聖堂に修道院長と修道士たちが集まり「彼らは以下に続くこれら諸条項を共同の審議と共通の意志とをもって、修道士らによって不犯に尊奉されるべきものと定めた」（今野国雄『西欧中世の社会と教会』一部改。以下同じ）と記されている。今野氏によると、この会議にはカプア近郊のヴィンケンティウス修道院、ディジョン近郊のフラヴィニー修道院、リモージュ近郊のソリニャック修道院、リエージュとアーヘンに近いスタヴロ修道院、ノワールムーティエ島のフィルベルトゥス修道院、ヴェルダン南のマース川沿いのミカエル修道院など有力な修道院長が参列していたと考えられている。

『修道勅令』の規定

『修道勅令』は前文に続いて八二条（八三条とする写本もある）の条項が続く。各条項は一、二行の簡潔な文章からなり、手引書のような厚みを持つ『戒律』とはちがって、法規定のような形式をとっている。冒頭の第一条から第三条では、ベネディクトゥスの『戒律』の遵守を徹底するように呼びかけている。まず出席した修道院長らに対して、修道院に帰還後まず『戒律』を明瞭に読み上げ、理解し、修道士と共に実践することを命じている。さらに修道士たちはできるなら『戒律』を暗記するものとしている。すべての修道院に『戒律』に従わせる強い意図が示されるとともに、カール大帝のときから『戒律』の遵守が繰り返されていることから、『戒律』の遵守は実際には十分徹底していなかった可能性が示唆され、文面からは文言が誤って理解されていた実態も考えられる。いずれにせよ同勅令は、西ヨーロッパの修道院に『戒律』の定着を促進させることになった。

これら条項の多くは、『戒律』の大まかな部分をさらに細かく規定したものや、当時の修道院の実情に合わせて追加したものなどであり、九世紀初頭の修道院生活について教えてくれるものも少なくない。

中世に行われた瀉血の様子

第四条以下の十数条は、健康や食事をはじめ修道士の日常生活に関する補足規定が多い。『修道勅令』第七条では浴室の使用はプリオル（役務修道士）の裁量によるとして判断責任の所在を明確にするとともに、各修道院で状況に応じて裁量できる含みを示している。『戒律』第三六章では、入浴は必要あるたびに許可するが、健康な者とくに若い者への許可は稀にするとしている。また『戒律』には髭剃りに関する規定がないが、『修道勅令』第六条でこれを基本的に十五日に一度としている。

同じように『戒律』に規定のない瀉血《しゃけつ》についても、『修道勅令』は第一一条で随時許可するとし、特別な食物や飲み物が与えられるものとしている。瀉血とは医療上の目的で血液を出すことで、ヨーロッパでは古代から近代まで行われていて、中世の修道院では定期的に行われることが多く、規定も次第に詳細になってゆく。『修道勅令』第八、九条では鳥類の摂取を原則禁止しており、第七八条に主の降誕祭や復活祭のそれぞれ四日間には許可するとあるものの、四足獣の肉のみを禁じた『戒律』よりも食事の規定が厳しくなっている。

第二〇条から第二二条は衣服に関する規定を細かく定めている。とくに第二二条は手袋、靴下、腰帯、靴の配布について言及し、冬には木靴を忘れないように念を押している。ついで石鹸、灯油の配布に触れた後、四旬節や待降節《たいこうせつ》を除いて食用脂肪が与えられ、葡萄酒がないところでは良質ビール二ヘミナ（『戒律』が定める葡萄酒の倍の量）が許された。

カール大帝の修道院政策がおしなべて修道院保護や教育の推進を重点的に行ったのに対し、ルートヴィヒ敬虔帝の『修道勅令』は修道院生活に言及するものであり、古代東方規則の要素を排除する一方で当時の慣習を取り入れ、皇帝の名において国内の修道院に戒律の遵守を徹底することをめざした。以下、当時の社会的慣習が投影した勅令の条項について、とくに中世の修道院のありかたの基盤になったと思われる要素を詳しく考えてゆきたい。

2　祈禱者としての修道士

死者への祈禱

『修道勅令』の第五〇条には寄進者と死者とのために詩編が特別に歌われることが定められ、修道院に寄進した者や死者のために典礼を行うことが明記されている。今野国雄氏は、カール大帝が七八〇年に発した司教勅令のなかで、修道士、修道女、教区聖職者が国王、フランク軍、直面する困難なことに対して詩編を三つ唱えることを定めた条項との整合性を指摘している。すなわち、修道士が特定の人物や事柄のために典礼や祈禱を行うことが社会的に重視されるようになり、そのための寄進も行われるようになってきたことがわかる。

これを補足するように第八一条には「五つの詩編が夏季には第一時課の前に、しかし冬季には休息時の後に、国王およびすべてのカトリック教徒、また家族や施与者のために毎日頌詠《しょうえい》されるべし」と定めている。第七三条には「死去した修道院長のための祈禱が毎年行われる」とあり、定期的に死者のために祈禱する典礼が行われることを定めている。第八二条には「すべての死去したカトリック教徒のために、五つの詩編が頌詠されるべし」とあり、先の第五〇条と合わせて、死者への祈禱が重視されつつある。

ベネディクトゥスの『戒律』では、死者のために祈禱する特定の典礼は詳しく定められておらず、第四章で埋葬を「善き業」の一つに数えているくらいだが、中世の修道院では修道士の務めのなかで死者への祈禱の重要性は増していった。死者のために祈禱する盟約は書簡で依頼することもあったが、七六二年のアッティニー教会会議で行われたように、出席者のあいだで祈禱盟約を結ぶようになった。

この盟約には司教と修道院長四四名が名を連ね、その中の一人が亡くなった場合には詩編を百回歌唱し、ミサを百回行うことなどが約束された。アッティニーはフランス北東部シャンパーニュ地方にある町で、主催者であるメッツ司教のクローデガングを筆頭にソワソン、ラン、マインツ、コンスタンツ、バーゼルの司教、サン・ジェルマン・デ・プレ、サン・ドニ、サン・リキエ、サン・ヴァンドリーユ、ジュミエージュ、ノヴァレーズなど有力な修道院長が名を連ねている。ただアキテーヌを中心とした王国の西部、南部からの参加はない。その後同じような祈禱盟約が結ばれるようになり、現ドイツ南部コンスタンツ湖の島にあるライヒェナウ修道院を中心に結ばれたものは、ほぼ王国全土とイタリアにまで拡大した。

祈禱盟約にもあったように、修道士には聖務日課で行う詩編歌唱のみでなく、ミサを頻繁に行うことが修道院にも期待されるようになった。ミサを行う資格があるのは司祭の叙階を受けた者だけであり、もともと修道士は叙階を受けているとは限らなかった。『戒律』第六二章では、修道院長が修道院のために司祭職に就くにふさわしい者を選ぶとし、司祭になったものは傲慢にならないように警告している。また第六〇章では、司祭職にあるものが修道院へ入ることを希望した場合には、『戒律』に従い謙遜に生活できるかどうかを慎重に確認するように定めている。すなわち修道士は全員が司祭の資格を持っていることは想定されていない。

また『戒律』で聖務日課が詳細に定められているのに対して、ミサについての規定はほとんど皆無であり、修道勅令でもミサについての詳しい追加条項はない。ただ『修道勅令』第三九条に「四旬節には、修道士は九時課まで、すなわちミサを祝するために定められた時間が来て引き上げるまで作業すべし」というくだりがある。これは午後にミサが行われることと規定していて、八世紀末に修道院では一日二回のミサが行われていたことから、伝統的に行われていた午前のミサに加えてと午後のミサを定めたことと推察される。すなわち修道院ではベネディクトゥスの想定を超えてミサが行われるようになっていて、司祭の資格を持つ修道士が数多く必要とされるようになってくる。また『修道勅令』第七四条ではミサのあいだサンクトゥス（「聖なるかな」）は立ったままで、パテルノステル（主の祈り）はひざを折って唱えるなど細かな規定もなされた。

典礼の増大

このほかに修道院生活のなかで典礼が増えたことを示す条項として、『修道勅令』第六九条に聖堂ではなく、修道士の居住空間である集会室で（ad capitulum）行う定時の典礼が追加されていたことが分かる。そこでは最初に殉教者祝日名簿（martyrologium）が、ついで『戒律』もしくは聖書の章句（homelia）が読み上げられ、「されど主よ」が最後に唱えられた。殉教者祝日名簿とは、諸聖人の伝記を集めて記念すべき日ごとに整理した書物で、八世紀中ごろにイングランドの修道士で学者のベーダが、自らの著作目録で言及したものが最も古い記録とされる（『イギリス教会史』第五巻二四章）。

サン・ジェルマン・デ・プレ修道院　聖堂

その後、修道院の典礼が増大するにつれて聖人へ捧げる典礼も重視されるようになり、九世紀半ばにパリのサン・ジェルマン・デ・プレ修道院の修道士ユジュアールが作成した定式書が中世で広く用いられる版となった。ユジュアールの定式書が広まったのちも、各地の修道院ごとに聖人の削除や追加をするなど典礼が個性的になってゆく。死者への祈禱を願って修道院に寄進する者が集会室に通され、生命の書（liber vitae）と呼ばれるものに名が記載されてミサ典書とともに保存された。集会では一日の労働の配分や、修道院の管理運営についての会議も行われた。

この時期の死者を追悼する書としては、先に述べたライヒェナウ修道院のものなど数点が現存し、寄進者である貴族層の家門研究に用いられている。やがて寄進者の命日が殉教者伝集の暦とともに周年記念禱名簿（necrologium）に名が記載され、修道士の祈禱を未来永劫うけることが約束された。集会室とその典礼は、特別な死者である聖人に捧げるのみでなく、修道院にゆかりある生人や死者の冥福を祈り、聖俗界をつなぐ役割を担ってゆく。

なお『修道勅令』第七〇条では、朗読は朝の集会（capitulum）でも夜の集会（collatio）でも行うとあり、朝の集会（一時課のあとで行われるようになる）に加えて『戒律』第四二章が定める晩課のあとで朗読を聞く集会の習慣も保たれていく。

3　書物

典礼が増えるにつれて、修道院は式文や朗読テクストなど多くの書物を備える必要が生じた。『戒律』と同じく『修道勅令』にも、書物の作成や保存についての詳しい定めはない。ただ、カール大帝に始まる「カロリング・ルネサンス」と呼ばれる文化運動の成果の一つは修道院で作成された一連の書物で、頭文字の装飾や挿絵に高い芸術性がみられる。

写本作成

『戒律』の規定にもあるように修道院は書物を作成する場でもあり、カール大帝がたびたび布告を出したように、修道士には文字を正確に筆写することが求められていた。活字印刷の無い時代に統一した字体はなかったため、早く、明瞭に、間違いなく書くための書体が必要とされ、「カロリング小文字体」と呼ばれる書体が作られ、王国各地で使用されるようになった。これを創出したのはコルビー修道院（現在のフランス北西部）と考えられていて、アイルランド系のリュクスイユ修道院で用いられていた書体、すなわちローマの碑文に用いられ、丸みを帯びた読みやすいセミ・ウンキアリス（ハーファンシャル）体を改良したものといわれる。

　これは、やがてアルクインらによってトゥールのサン・マルタン修道院で用いられ、王国の統一書体として広まっていった。フェリエール修道院長のルプスがアインハルト（カール大帝晩年の側近で『大帝伝』の執筆で知られる）に八三六年に送った書簡には、書体の手本を送るように依頼する部分があり、文字が伝播するさまを伝えてくれている。カロリング小文字体は一三世紀にゴシック体に代わられるまで、長く用いられた。

カロリング小文字体の一例

　トゥールのサン・マルタン修道院をはじめカロリング期有数の修道院は、写本作成の中心地となった。イスラームの地中海進出によって、安価で軽いパピルス紙をエジプトから入手するのが困難になったこともあって、書物の作成には獣皮紙が使用されるようになった。主に羊や牛の皮が使用され、大量生産は難しかったが丈夫で厚く、削って再利用が可能という長所もあった。大規模

マネッセ写本（1304～40年頃）

な修道院では所領内の動物を用い、皮を三日間石灰水に浸したのち、伸ばして表面を滑らかにして字が書ける状態にした。修道院の写字室は、獣皮紙を作成してから製本まで行う印刷所のような場所であった。

写本では章や節の冒頭の頭文字が大きく書かれ、彩色された人物や動植物文様で飾られることも多く、四福音書に共通する箇所などを一覧にした対観表にも装飾が施されることが多かった。これら装飾に加え、福音書記者の像やテクストの内容に関連する挿絵など、写本芸術が発展した。現在に残る装飾写本の傑作は、宮廷の写字室で作成されたもののほか、サン・タマン（現北フランス）、ザンクト・ガレン（現スイス）、サン・ジェルマン・デ・プレ（現パリ）などの修道院で作成された。

なお筆写する修道士が、写本の最初や最後にコロフォンと呼ばれる文言を挿入する習慣があり、一九世紀のヴァテンバッハをはじめ多くの研究が行われ、国際学会が開かれるなど盛んになっている。コロフォンは六世紀ころから一六世紀ころまでの長きにわたって続いたもので、その文言はレインハントによっていくつかのパターンに分類されている。写字生のナマの声というよりは常套句であるが、その流行の変化や本文との関連などで筆写や書物に対する写字生の姿勢を研究する動きもあり、研究者のあいだでは書く行為そのものが関心を集めつつある。常套句のうち有名なものは、筆写の苦悩を水夫にたとえたもので、「ちょうど長く待ち望んだ海岸を見ると、労働で疲れ果てた水夫は喜ぶのが常であるように、写字生は冊子の終わりで疲れた視力と自分自身に歓声を上げる」（北村直昭訳）などと書かれている。

書物と文書

作成され、所蔵された書物の多くが、修道院生活の目的に合致した内容のものであったことは疑いない。聖書や教父の著作が欠かせないのはもちろんだが、聖書は福音書、詩編、黙示録などが単独で作成されることも多く、典礼の朗読や歌唱用に編集されたものもあった。聖人伝は複数の伝承をまとめたものや、奇跡録や移葬記を一つにしたものなども多く、先に集会室の典礼で触れたように朗読用に編纂されたものもあった。このように書物は読書のためだけでなく、典礼や朗読で用いる目的も大きく、ミサや聖務日課の式文を集めた典礼書や、使用する聖書の章句一覧やテクスト本文を入れたものも現れる。

ラテン語で書かれた古代ローマの古典は異教的な内容であっても読み継がれ、修道院の写字室のおかげで伝えられた作品も少なくない。ヴェルギリウスやキケロなどの文学書や、リヴィウスやタキトゥスの歴史書などは多くの修道院の蔵書目録にみられる。また六世紀のヴィヴァリウム修道院（ローマ）を創建したカッシオドルスの『聖俗文献綱要』は、修道士の筆写や読書の心得として読み継がれ、所収されている聖俗の参考文献表は必読書として中世の修道士の手引きになった。このほかに、書物が現代とは桁外れに貴重なものであったため、聖書や教父の著作のテクストの抜粋や用語を集めたものが詞華集（florilegia）、用語集（glossae）などの名で作られた。

アリストテレスの『自然学』のラテン語写本

修道院では書物だけでなく、書簡、契約や特許状など法的な証書、所領管理のための明細帳なども作成された。識字率の低い時代に、修道士が残したこれらの文書は、修道院のみならず修道院と関係した社会について貴重な証言となっている。現在でもパリ市内に聖堂が残っているサン・ジェルマン・デ・プレ修道院では、九世紀前半にイルミノン修道院長のもとで所領明細帳が作成された。これは幸い現存し、パリの国立図書館に所蔵されていて、修道院が保有していた所領や流通、直接経営などの実態を伝えてくれる。

またカルチュレールとよばれる証書集は、修道院に残る原証書を修道院管理や記憶のために写してまとめたもので、修道院の文書作成の意図と意味を知るうえで貴重な資料として、盛んに研究されている。アメリカの研究者パトリック・ギアリの研究によると、九世紀前半に王国東部のフルダ修道院で作成されたカルチュレールは、修道院に残る約二〇〇〇通の証書を一五の冊子に地域ごとに分けて年代順にまとめたものであり、内容の多くは寄進、貸借、売買で、土地権利の記録が目的であった。同時期のモントゼー修道院のものも同様である。カルチュレールは中世をとおして修道院で作成されるが、なかには修道院の利害によって記録や記憶を捏造するものもあり、作成時の状況や記憶の創出を知る手がかりとなっている。

カロリング期の修道院は寄進によって大規模化し、所領を各地に保有するようになり、『戒律』で考慮されていなかった所領管理が修道院運営の上で重要になった。所領の明細帳などの文書が多く作成されたのは、このことを物語っている。『修道勅令』第二六条に「もし必要が余儀なくさせるのでなければ、しばしば荘園を巡回してはならず、さらにその管理を修道士らに任せてはならない。もし彼らを荘園に派遣する必要があれば、(彼らは)必要な任務を終えたなら直ちにその修道院に帰還すべきである」とあるのは、修道士が修道院から離れた所領に派遣されて、本来の修道院生活に支障をきたすことを懸念したものと思われる。すでに八〇二年のカール大帝の勅令は、修道院所領の管理は修道士に任せてはならず、修道院長みずからが司教や俗人の援助を受けて行うことを定めている。また『修道勅令』第四四条では修道士や聖職者の居住する属院(obedientia)の建築が許されていて、第三三条では属院を修道士が巡回することについて定めている。

次第に有力な修道院は、これに従属する修道院を傘下に有するようになり、やがてこれが修道会という組織を形成するようになってゆく。『修道勅令』成立の立役者アニアーヌのベネディクトゥス自身が、自ら院長を務める南仏のアニアーヌ修道院で、居住する修道士の数が増えたために属院(cella)を建てて、修道士と監督者を居住させた。

図書の保管と活用

貴重な書物は修道院の宝物であり、文書は財産や権利の証として大切に保管される必要があった。『戒律』からも修道院が図書室を備えていたことがわかるが、修道院図書室の蔵書目録がいくらか残っている。ライヒェナウ修道院の蔵書は九世紀前半のカタログでは四一五冊で、ボビオやロルシュなど著名な修道院でも五〇〇~七〇〇冊ほどであったと思われる。北村直昭氏やマッキタリクの研究によると、八世紀のフルダ修道院の目録では二〇冊、ヴュルツブルク司教座の図書目録では三四冊が収録されているのみであり、目録を分野別に配列するのも九世紀からと考えられることから、九世紀の発展が著しいものであったことがわかる。ただ書物を保管したのは図書室だけでなく、典礼用の書物を聖堂に付属する祭具室に、食事中に朗読する書物を食堂に、加えて病室に書物を置くこともあった。また書物をほかの貴重品、祭具、聖遺物と一緒に宝物蔵に保管し、一括して管理することもあった。

なおアルザス地方のヴィッセンブルク修道院には二葉の図書貸し出しリストが残っていて、近隣の聖職者や修道院が、主としてミサ典書、読誦集、交唱聖歌集、詩編集など、典礼書を借りていたことがわかる。またアラスのサン・ヴァースト修道院とフルダ修道院に書物と一緒に送った九世紀の書簡から、トゥールのサン・マルタンの修道院長であったアルクインがミサ典書の流布を行っていたことが分かる。写本作成の項で触れたように、修道院の蔵書は聖書や神学著作、典礼書、ラテン古典の作品であった。北村氏の研究から、九世紀の図書館目録で現存するものは、サン・リキエ、ムールバッハ、ケルン、ロルシュ、ライヒェナウ、ザンクト・ガレン各修道院のもので、サン・リキエ修道院以外は王国の東に位置しているのも注目される。

修道院蔵書を有効活用したためか、フルダ修道院長のラバーヌス・マウルス、ザンクト・ガレン修道院の修道士ノートケルス、サン・ミーエル修道院長スマドレグス、ライヒェナウ修道院長のヴァラフリド・ストラボのように、優れたラテン語著述家が輩出した。このようにカロリング期の修道院は古典の文化とキリスト教文化を開花させたのである。

なお『修道勅令』第四五条に「学校は、もし修道志願者のためのものでなければ、修道院内に有してはならない」とあるのは、先に述べたようなカール大帝の学問振興とカロリング期の修道院の実態と相反するように思われる。修道院で学問が盛んになってゆくことを前に、修道院の学校化や修道士の学者化を警戒した定めであろうか。

4　修道院建築

『戒律』も『修道勅令』も修道院の空間について、すなわち建物の配置や内部構造について統一規定を示しておらず、『修道勅令』に「寝室は礼拝堂の近くに設けられ」という言及が見当たるくらいである。カロリング期に建てられた修道院のうち、現存する建造物や発掘による調査、文書記録の分析によって、いくつかの修道院の状態は再現できる。典礼を行い、信徒や巡礼を受け入れる修道院空間のモデルを紹介しよう。

ザンクト・ガレン修道院のモデル

修道院見取り図として有名なものはザンクト・ガレン修道院（現在スイス北東部）のものである。ザンクト・ガレン修道院は聖ガルスが七世紀初頭に創立したと伝えられ、九世紀にルートヴィヒ敬虔帝の保護下で発展して学芸が栄え、カロリング・ルネサンスの中心地のひとつとなった。なお現在の建物は一八世紀に建てられたもので、世界遺産に指定されている。

見取り図の原図は八二五年から八三〇年にライヒェナウ修道院（コンスタンツ湖の島）で制作され、同修道院長でバーゼル司教のハイトからザンクト・ガレン修道院長ゴッベルトゥスに送られたものとされる。これは献呈書簡とともに、現在でもザンクト・ガレン修道院図書館に保管されている。見取り図の大きさは縦一一二センチ、横七七センチ――当時の尺度で四〇インチ×三〇インチに相当し、これは聖堂の大きさ同様、神聖な数字を選んだものと思われる。縫い合わされた五枚の羊皮紙の上に赤いインクで修道院教会と修道士の居住空間の建物のほか、作業場や菜園などの配置と各部分の説明が簡単に記されている。

初期中世の典礼や美術を専門とするフランスのエリック・パラッゾによれば、これはカロリング期の修道院長に対する修道院空間を構築するための、理想的な参照モデルと考えられる。ゴッベルトゥス修道院長は八三〇年ころに修道院教会の改築を計画していたので、そのためにこの図面が送られたとも考えられる。ハイトの書簡は次のようであり、具体的な背景は書かれておらず、多くの修道士の書簡にみられる謙虚な表現に満ちている。

「親愛なるゴッベルトゥスに、汝の熱意を実現すべく、また私の汝への誠意を知ってもらうべく、簡単な見取り図としてこの図面を汝に送った。私の善意を示そうとする意図を悪く思わないでほしい。われわれの教えを汝は必要としているだろう、と思ってわれわれがこの図を作成したなどと疑わないでほしい。この図は汝が注意深く研究できるように、親愛なる友情の発露によってただ神への愛によって、書かせたことを信じてほしい。神への愛においてさらば。われらを思いたまえ。アーメン」。

この図面どおりに建築されなかったとしても、そこからカロリング期の修道院の理想的なプランを読み取ることができる。またそれは『戒律』と『修道勅令』が定める修道院生活から外れるもの

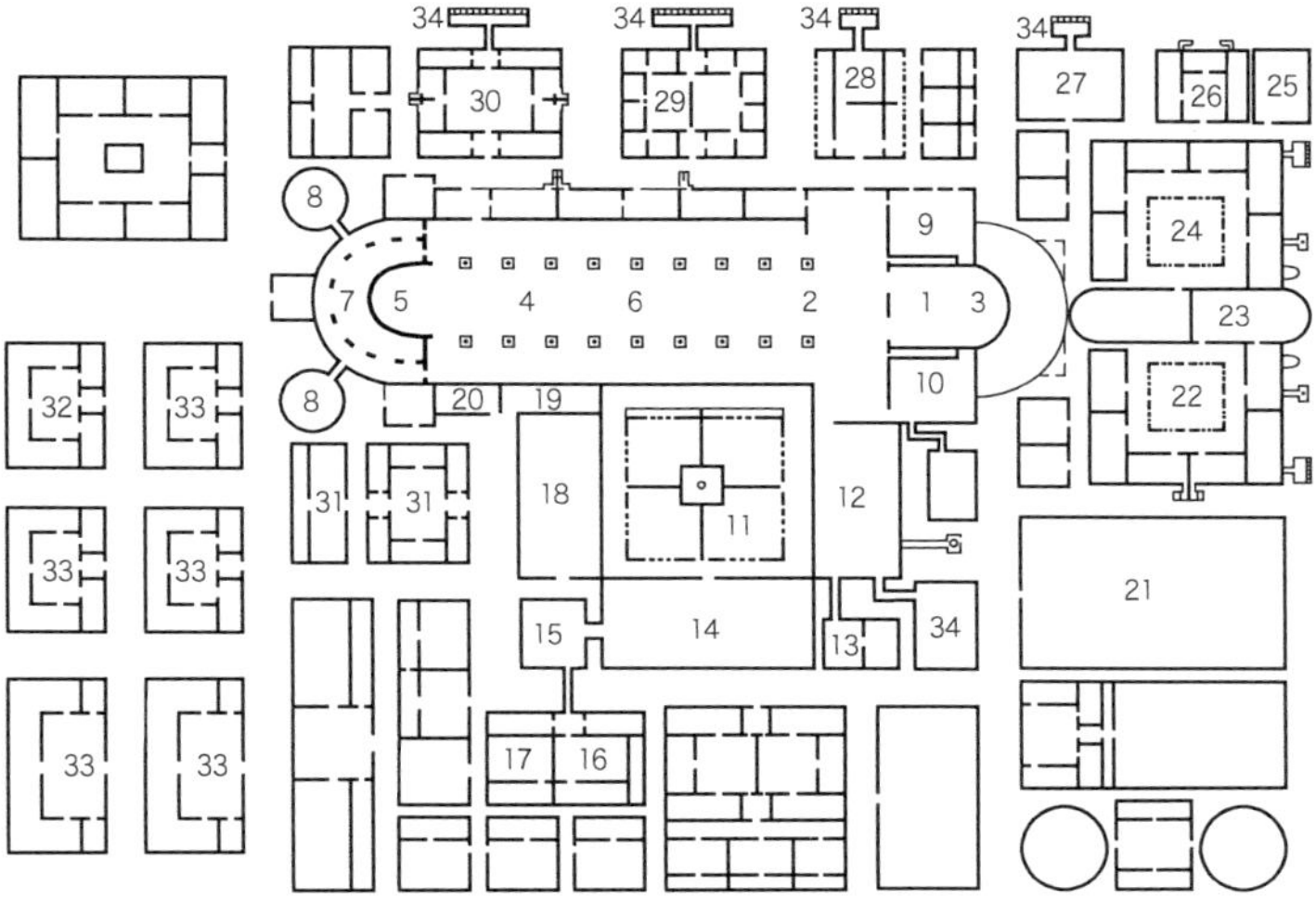

ザンクト・ガレン修道院の平面図

①聖母マリアと聖ガルスの祭壇
②朗読台
③聖パウロの祭壇
④洗礼盤
⑤聖ペテロの祭壇
⑥聖十字架の祭壇
⑦パラダイス＝入口
⑧塔
⑨写字室（１階）、図書室（２階）
⑩祭具室
⑪回廊
⑫寝室
⑬浴室
⑭食堂
⑮厨房
⑯パン工場
⑰ビール工場
⑱地下倉庫
⑲来客室
⑳貧者の部屋
㉑墓地
㉒修練士の回廊
㉓修練士の棟
㉔病室の回廊
㉕薬草園
㉖医薬局
㉗瀉血室
㉘院長の館
㉙学校
㉚客人の館
㉛巡礼の館
㉜奉公人の家屋
㉝家畜小屋
㉞便所

でなく、実際に建造された中世の修道院のコンセプトとも大枠で整合するものである。それではこの図面を少し詳しく見てみよう。なお本図は上部が北として描かれている。

修道院聖堂は典礼の規模が大きくなるにしたがって巨大化し、複数の祭壇や身廊わきの小聖堂のほか、洗礼盤、朗読台などの細かい部分も説明書きとともに示されている。聖堂は東と西の両方に内陣を持つカロリング様式で、長い身廊はカール大帝による典礼のローマ化によるものとされ、同時期のサン・モーリス・ダゴーニュ修道院教会、フルダ修道院教会、ケルン大聖堂などにもみられる。身廊と翼廊が交叉する部分の四〇フィート×四〇フィートをはじめとして、四や三という神聖な数をもとに聖堂のプロポーションが作られていることは、古くから指摘されている。

ザンクト・ガレン修道院（1769年）

聖堂のなかで、祭壇と洗礼盤が聖なる空間の核とされていたことが、献堂式の史料などから近年の研究で指摘されている。本図では身廊中央部分に聖十字架の祭壇（⑥）が大きく記され、その近くに大きな洗礼盤（泉）（④）が配置されており、ともに重視されていたことがわかる。

身廊には複数の祭壇、わきには複数の礼拝堂があり、修道院生活のなかで典礼に重きがおかれていたことと、一日に複数回のミサが行われていたことがうかがえる。

聖堂東部の修道士が典礼を行う重要な部分には聖母マリアと守護聖人聖ガルスに捧げられた祭壇がおかれ（①）、その奥に聖ガルスの聖遺物が収納されていた。その手前には聖ベネディクトゥスと聖コルンバヌスに捧げられた二つの祭壇があり、中世初期の西ヨーロッパの修道院生活の基盤になった二人の聖人が記念されている。聖堂西には二本の塔（⑧）が備わり、それぞれ天使ミカエルと天使ガブリエルの名を冠していた。俗人たちは天使たちの塔に導かれるように聖堂に入り、聖なる十字架をおさめた中央祭壇を前にミサや典礼にあずかり、赤子の洗礼式に立ち会い、巡礼者たちは礼拝堂や祭壇でそれぞれ奉納された聖人に祈りを捧げ、最後に東側に収められた聖ガルスの聖遺物を礼拝するように設計された。

聖堂には祭具室⑩と写字室⑨が付設されていて、写字室の上階は図書館になっている。書物に関する建物を聖堂や回廊⑪に隣接させるのは、書物が神聖で貴重なものということのほかに、聖堂での典礼や回廊での黙想に使用する便宜の点もあったであろう。修道院聖堂の塔の上階に図書館や文書庫を設置するのは湿気や火災の危険を避けた配慮とも考えられる。

先の『修道勅令』に記された通り、修道士たちの寝室⑫は聖堂に隣接した部分の建物の二階に置かれ、直接聖務日課に向かえるようになっている。この建物は方形の中庭を囲む形で建てられ、食堂⑭、厨房⑮、浴室⑬、倉庫⑱があり、一階は中庭に面して回廊となっていた。これは西欧の修道院の基本的な形といえる。医薬局㉖、瀉血室㉗は独立して北東部に建てられ、その脇には薬草園㉕も記されている。なお東部分に小聖堂をはさんで病人、修練士（見習い）の二棟の建物㉓が、それぞれ回廊を伴って建てられ、その南に修道士のための大きな墓地㉑がある。

西部分には、羊、豚、山羊などの家畜小屋㉝があり、南部分には鳥小屋のほかビール、パンなどの工場⑯、⑰がある。作業にあたった奉公人の家屋㉜が西に建てられていることから、巨大になった修道院の日常を支えるのに、もはや修道士の労働だけでは無理になったことがうかがえる。北部分に修道院長の居館㉘があり、修道院学校㉙と客人の館㉚が隣に建てられた。なお聖堂南東部に隣接して来客室⑲や貧者の部屋⑳、さらには独立した巡礼の館㉛も設けられ、『戒律』や『修道勅令』が定めるように、

サン・ドニ修道院

サン・ドニ修道院（フェリックス・ベノア画、19世紀）

客人や貧者を迎え入れていたことをうかがわせる。

サン・ドニ修道院のモデル

ザンクト・ガレンの図面よりも少し前、パリ近郊のサン・ドニ修道院では八世紀末から九世紀初頭にかけて聖堂を描写する次のような文書が書かれた。

「サン・ドニ修道院の聖堂は、守護聖人（聖ドニ）の遺体が収められ、長さは二四五ピエ（一ピエは約〇・三三メートル）、幅は一〇三ピエ、天井までの高さは六四ピエ、基礎部分の深さは一三ピエである。塔の上階部分は三〇ピエ、この塔をいただく建物部分は三三ピエ、その地上からの高さは一四〇ピエになる。この聖堂の窓は一〇一枚、大きな柱は五〇、そのほかの柱は三五、石の柱が五つあり、合計で柱は九〇本である。外の柱廊に五九の大きな柱、三七の小さな柱があり、七本の石の柱がある。合計で外の柱廊に沿って一〇三の柱がある。聖堂の内外に一九三の柱がある。この聖堂には一二五〇の燭台があって、八ミュイ（一ミュイは約二・六八リットル）の油が注がれ、毎年祭りごとに三度繰り返される。また象牙と黄金で装飾された門が二つあり、銀の装飾を施された内部の門が二つある。この教会を建てた記念すべきダゴベール王、フランクの王ピピン、その子で王にして領主カール（大帝）、カルロマンは、死後その名が讃えられる。四五の大小のアーチが聖堂内にある。このサン・ドニ修道院には七〇の柱を持つ聖堂がいくつ

スタヴロの町と修道院（1735年）

かあり、合計でこのサン・ドニ修道院には二四五本の大理石の柱がある。シャルル王の三一年」。

エリック・パラッゾによれば、この文書は八三〇年ころに、サン・ドニ修道院と密接な関係にあり、改築中だったライヒェナウ修道院に送られた。

地域社会の核としての修道院空間

ベルギー出身でフランスで活動する歴史研究者ミシェル・ロウェルスは、中世初期の集落や地域社会が、教会や墓地など聖なる場を中心に住民が集まって形成されていったという説（inecclesiamento）を、文献史料だけでなく考古学の調査結果を論拠に提唱し、注目を集めている。これはかつてフランスのピエール・トゥベールが、中世初期のイタリアで集落が城を中心に形成される現象（incastelamento）を論じたものを意識した用語と思われる。なかでも修道院は、ザンクト・ガレンの見取り図が示すように聖堂を中心に聖なる空間を構築し、その所領は聖俗の有力者からさまざまな保護と特権を受け、地域社会を形成していった。初期の例として、現在ベルギーにあるスタヴロ修道院は、七世紀に国王たちの特許状によって、修道院を中心とする半径約一〇キロの豊かな森と川を有する環状（girum girando）の所領を、免税などとともに認められ、そこへの立ち入りは厳しく禁止された。

　さらに近年の研究では、修道院に限らず各地の聖堂が、さまざまな機能を集約したモニュメントとなり、ミサ、洗礼、聖遺物礼拝、埋葬などを行う建築空間となったのは一〇世紀が画期だったと論じられている。木造だった建物は次第に石造になり、世俗領主の塔に対応して聖堂の塔が建てられ、墓地を伴うようになる。やがて一一世紀初頭から教会献堂式を伝える史料は、聖堂の「モニュメント性」を重視する記述が目立つようになり、歴史や美術史の研究者はここに「ロマネスク教会」の誕生をみる。


　カール大帝やルートヴィヒ敬虔帝は、ゲルマンの地に新たなローマを築くことをめざし、教皇から皇帝戴冠を受けて、教会の権威をたのんでローマ帝国の正当な後継者たらんとした。彼らはまた国内の修道院を保護するとともに、修道士にベネディクトゥスの『戒律』遵守を義務付け、学問の振興や死者祈禱などを要請した。日本の奈良時代の寺院と同じように、修道院は国家統治のシステムに組み込まれ、聖堂や所領は巨大化する一方で、修道士は典礼を執行し、学問や教育に務める比重が増えていったのである。

　カール大帝の夢であったキリスト教帝国はルートヴィヒ敬虔帝の死後分裂してしまうが、ほどなく出現したクリュニー修道院は祈禱によって領主たちとのつながりをもって発展し、ロマネスク様式の教会が開花する。中世を経てフランス革命にいたる、王国貴族と聖職者層が一体となって社会や文化をリードする旧体制《アンシアンレジーム》の始まりである。

第4章　クリュニー修道院の成立と発展

クリュニーの町

パリのリヨン駅から南に向かう高速鉄道TGVに乗ると、ほどなく車窓にブルゴーニュのなだらかな丘陵地帯が見えてくる。まぶしいほどの緑色のブドウ畑、耕作地の黄金色のモザイク、その上を悠然と動き回る白い羊や牛の群れが、かつてこの地に立ち並んだ数多くの修道院が豊かな大地の実りを育んだことを想起させる。パリを発って二時間ほどでブルゴーニュ南部のマーコン駅に到着し、そこから車で三〇分ほどでクリュニーという名の小さな町に着く。直径一キロメートルほどの規模の修道院壁を囲むよ

クリュニー美術館

クリュニー修道院聖堂跡

うに美しい中世の家屋や礼拝堂が立ち並んでいて、そのあいだには土産物屋や飲食店が軒を連ねている。

いまでは夏のシーズンにヴァカンス客で込み合う観光地だが、もとをただせば九一〇年に建てられたクリュニー修道院の門前町である。いまでは廃墟となった修道院聖堂跡を中心に、塔や倉庫などいくつかの旧修道院施設が博物館として開放され、栄光の名残をとどめる。なおパリにあるクリュニー美術館（国立中世博物館）は、一五世紀末にクリュニーの修道院長ジャック・ダンボワーズによってパリの居館として建てられたもので、今に残る美しいフランボワイヤン様式の建築から往時の豊かさがしのばれる。

ブルゴーニュのクリュニー修道院は、第3章で述べたようなカロリング的な修道院のありかたを独自に発展させ、祈禱によって領主階層と緊密に結ばれた。教皇や皇帝など聖俗の有力者とも密接な関係を持ち、その支院は一一世紀から一二世紀にかけて西ヨーロッパの各地に建てられ、社会や文化に多大な足跡を残した。一一三〇年に完成した修道院聖堂はローマ・カトリック圏最大の規模を誇ったが、フランス革命後に売却・解体されて、現在は塔を一つ残すのみの廃墟となっている。

二〇一〇年には創立一一〇〇年を記念した催しが各地で開かれたが、クリュニー修道院跡でも国際的な研究集会が二度行われ、そこでは歴史、考古学、美術などの専門家が盛んに意見を交換した。専門家ではない一般の聴衆も多く、各国のマスメディアによる取材も入るなど、クリュニーについての関心が今なお高いことが示された。

クリュニー修道院の歴史については、創立に際してベネディクトゥスの『戒律』を守る理想が支持されたものの、典礼中心の生活に偏って豊かになるなど『戒律』本来の精神から逸脱し、シトーに代表される改革修道院によるクリュニー批判を受けて衰退したと解釈されてきた。この理解に対して最近では史料に即してより実証的で多角的な考察が行われ、再解釈が進んでいる。また本院と支院の関係、すなわちクリュニーを中心とする会派としての組織の実態について、典礼や規約を定めた史料の校訂と考察や、各地の主要な修道院の個別研究も進められている。

本章ではクリュニー修道院の創立から全盛期にかけての流れ、すなわち一〇世紀から一二世紀の歴史をたどる。この時期のクリュニー修道院の様子を証言する史料は、さいわい少なからず現存している。すなわち創立文書をはじめとして修道院が得た特権や財産を記す証書、修道院のステータスや権利を示す修道院長伝（聖人伝）、『戒律』を基本としながらクリュニー独自の生活を規定した修道院慣習律などが主なもので、これらの原本の多くがパリにあるフランス国立図書館に所蔵されている。

1 神聖な空間（聖堂、修道士居住区、墓地、修道院所領）の成立

クリュニー修道院の創立

クリュニー修道院の創立文書の原本は、フランス国立図書館のブルゴーニュ・コレクションに所蔵されている。縦六〇センチあまり横四〇センチあまりの羊皮紙に三九行のテクストが寄進者の遺言という形式で記され、本文についで寄進者アキテーヌ公ギヨーム、その妻インゲルベルガ、二人の司教ほか四二の副署名が続いている。一一～一二世紀にクリュニー修道院で作成されたカルチュレール（証書の写しを束ねたもの）の一つに創立文書の写しが含まれ、これもフランス国立図書館に所蔵されている。さらに一九世紀末にクリュニーの証書集が校訂されて出版された際に、創立文書も広く活字で読まれるようになり、これは現在ではフランス国立図書館のウェブサイト上で無料アクセスが可能になっている。中世の修道院の証書のなかで最も有名なものといってよいこの文書を読みながら、修道院創立の事情を考察してみたい。

九一〇年九月一一日に、アキテーヌ公ギヨームは、ヴィラ・クリュニーと呼ばれる狩猟用の荘園を修道院の用地として修道士たちに寄進した。ギヨームは当時のフランス（西フランク王国）最大の領主で、妻インゲルベルガはプロヴァンス王ボゾンの娘でカロリング王家に連なる高貴な家系の出だった。創立文書はギヨームの遺言のような形式をとっていて、宗教的な寄進動機や罰則が記されているが、これは中世の同種の寄進文書の定式に従うものである。冒頭でギヨームは自らの魂が死後救済されるように、自分の財産で共住修道士すなわちベネディクトゥスの『戒律』に従って生活

する修道士を招くという、寄進の動機と意図を説明する。「神の恩寵により公にして伯である私ギヨームは入念に考えて、許されるあいだに自分の救済に備えることを熱望し、現世で私に一時的にもたらされたものから、いくらかを魂の利益のために用いることが有効であり、それどころか不可欠であると判断した。（中略）この目的をよりふさわしく達成するためには、キリストの戒めに従い『彼の貧者を友にする』ほかはないと思われる。こうした行いが一時だけではなく絶えることなく果たされるように、私はみずから出費して誓願を経た修道士の共同体を扶養したい」。

ついで寄進の具体的な内容を示す部分では、まず対象となる物件を詳しく記し、これを修道院の守護聖人であるペトロとパウロに寄進することを明記する。

「神とわれらの救世主イエス・キリストへの愛のために、私が権利を有する以下の物件を私の所有から聖使徒ペトロとパウロに引き渡すことを告げる。すなわちクリュニーのヴィラを、屋敷地と領主直営マンス（住居と農地）、神の母聖マリアと使徒のかしら聖ペトロに捧げられた礼拝堂と共に、ヴィラに付随する一切の物件、すなわちヴィラ、礼拝堂、男女の農奴、ブドウ畑、畑、採草地、森林、水場と水路、水車、出入り用の通路、耕地および未耕地と共に……」。

なおここに記されているように、中世の社会で修道院への寄進は、修道院の守護聖人や修道院が保有している聖遺物に宛てることが多かった。寄進した者はその見返りとして、修道士たちの祈禱をとおして天国で神とともにいる聖人たちの保護を受けられると考えられた。

さらに寄進に伴う条件として、ベルノン修道院長以下の修道士たちがベネディクトゥスの『戒律』を遵守して生活し、「私と記念すべきことが先に記されたすべての人々のために神に祈禱、嘆願、懇願が向けられ」、後任の修道院長人事に関しては外部の干渉が排除され、そして「ローマの使徒たちの墓所」に五年ごとに灯明代をおさめてローマ教皇の直接の保護を受けることなどが記される。加えて「いまから修道士たちは、われわれおよびわれわれの親族にも王族の支配にも、いかなる地上の権力のくびきにも従属してはならない」と念を押す。そしてこの契約に違反する行為に及んだものには、全能の神の怒りを招き、永劫の罰が下るとする。すなわち「神は生者の地から彼の分を取り去り、『生命の書』から彼の名を抹消するであろう［中略］彼は世俗の法に従い、危害を及ぼした相手方に裁判権によって金一〇〇リブラを支払わなければならない」と、神による最後の審判と現世の法の裁きで、厳しい措置を受ける予見を以て恫喝する。

創立文書の最後に「私オドンが書記に代わって記述し、署名した」とあるのは、やがて修道院長ベルノンを継いで第二代の修道院長となるオドン修道士と思われている。

こうしてクリュニー修道院は、魂の平安を願う寄進者ギヨーム公の希望のもと、大きな特権を付与されて、マーコンから一〇数キロ離れたソーヌ支流のほとりに、『戒律』を守る小さな共同体として創立した。それから二〇〇年のあいだに六人の優れた修道院長のもとで、修道士の数は三〇〇人ほどに増え、特権領域は半径約五キロに膨らみ、修道院聖堂は二度の改築が行われ、支院は全西欧に一〇〇〇を数えるまでになった。本章では歴代修道院長たちの事績を追いながら、クリュニー修道院の発展史を振り返ってみたい。

初代院長ベルノン――『戒律』遵守の徹底

初代修道院長に指名されたベルノンはブルゴーニュの領主家系の出身で、オータンのサン・マルタン修道院で修道士としての修行を積んだあと、実家の所領ジニーに修道院を建てて修道院長となり、さらにボームにも修道院を建てた。そこでベルノンと修道士たちはアニアーヌのベネディクトゥスを模倣すると自覚していたことから、第3章で扱ったルートヴィヒ敬虔帝のときの修道院精神を引き継いでいたと推察される。

ベルノンはローマに赴いて教皇フォルモススの特許状を得て、ボームの修道院で『戒律』を遵守する生活を徹底していたと伝えられる。彼のこのような経歴はクリュニー修道院創立文書に記されたアキテーヌ公ギヨームの意図にかなうものであった。しかしボーム修道院内ではベルノンの『戒律』を守る厳しい指導を不満とする修道士たちが現れて、ベルノンは自らの意志に従う修道士を引き連れてクリュニーに移ったとも考えられている。このようにクリュニー修道院は、カロリング的な『戒律』遵守の精神を礎として、寄進者や教皇の保護と期待のもとで成立したのである。

第二代修道院長オドン——修道院改革の旗手

第2代修道院長オドン（12世紀のコデックスから）

九二七年に亡くなったベルノンのあとを継いだのは、ボーム修道院からベルノンに従ってクリュニー修道院に入ったオドンで、創立文書にその名があることは前述した。オドンはブルゴーニュからは少し遠い、第1章で触れた聖マルティヌスゆかりのトゥールの領主家系出身である。彼はアキテーヌ公ギヨームの宮廷で教育を受け、病弱などを理由に故郷に帰ってトゥールのサン・マルタン聖堂参事会員になった。パリでオセールのレミに師事して聖書や教父の著作を学んだのち、『戒律』に従う生活を希求したオドンは、ボームの修道院に入っ

ロマンモティエ修道院聖堂

てベルノンのもとで研鑽を積む。このとき一〇〇冊の本を携えていたといわれる。

(1) 修道院の権利の確保と拡大

クリュニー修道院長に就任したオドンは、修道院の権利を確保し拡大するために王や教皇など権力者から保護を得るなど経営手腕を発揮した。院長就任間近の九二七年九月に西フランク王ラウルから既得権を安堵する書簡を受けているのも注目されるが、院長就任後の九三一年三月に教皇ヨハネス一一世からラウル王の認めた権利を追認するとともに、修道士の自由な受け入れと所領の特権（インムニタス）を認める長い勅書を得た。この勅書はさらに、現在のスイスにあるロマンモティエ修道院などがクリュニーに従属することを確認するなど、教皇承認のもとでクリュニーを中心とする改革組織が生まれつつあることが読み取れる。オドンはローマ教皇と緊密な関係を保ちながら、各地の修道院の改革を引き受け、クリュニーの影響力は拡大していった。

(2) 改革精神の発信

またオドンは聖書や教父についての知識を生かして著作を執筆し、クリュニーを改革精神発信の拠点とした。すでにトゥール時代に彼は教皇グレゴリウス一世著『ヨブ記註解』の要約版を編集し、クリュニーの修道院長就任直前に『コラティオーネス』の名で知られる主著を完成させている。これはグレゴリウス一世、ヒエロニムス、アウグスティヌスなど教父の著作に基づく講和集で、リモージュ司教テュルパンの求めに応じて書かれた当時の聖俗の堕落を憂うる警世の書である。その第一書では悪徳に満ちた「鉄の世紀」の為政者や聖職者の堕落、異民族の侵入が引き起こした混乱、社会的弱者の苦悩などが示され、解決する手段として道徳的な方法が示される。第二書では修道士や修道女の堕落を批判し、先の『ヨブ記註解』のほか、同じような批判の書を記したヒエロニムス、ヨハネス・クリソストモスなどから引いて神学的な解釈をしている。第三書は旧約聖書の『エレミヤ書』や『エゼキエル書』を引きながら、司牧する者への呼びかけとなっている。

(3)『聖ジェロー伝』の執筆――戦う聖人

『コラティオーネス』で語ったような社会全体の改心と救済のために、理想的な俗人貴族像を示したのが『聖ジェロー（ゲラルドゥス）伝』である。これも前述のリモージュ司教テュルパンの執筆要請によるもので、修道院長就任の直後に書かれた。ジェローはフランス中南部のリムーザン周辺に広大な所領を有する大領主だった。伝記でのジェローは貧者への施しや修道院への寄付を行い、俗人身分にありながら生涯独身を貫き、聖書の知識を身につけ、側近の修道士と共に聖務日課を唱えるなど、修道士のような姿で描かれる。一方で寛大な裁判を行使したり、所領を巡察して管理するなど領主としての面や、弱者や貧民の保護など公共の善のためには武器をとって戦いつつ、常に刃で敵を傷つけることなく流血を見ずに勝利を収めたという聖なる戦士という側面も描かれる。

戦う領主（俗にいう騎士）を聖人として記述するこの伝記は、教会が「正当な暴力」を認めた最初期の例といわれ、フランスの研究者ジョルジュ・デュビーはここにクリュニーによる俗人の修道士化をみている。オドンは凶暴な野牛を勤勉な役畜に変えるという『ヨブ記』の記述をたびたび使用し、『ヨブ記註解』で神の復讐者として戦士は剣を帯びて民衆を守ることを正当化している。四世紀に武器を捨てて修道士になったトゥールのマルティヌスのように、戦士をやめて修道士や司教になった聖人はローマ時代から認められる。彼らは流血の戦いをやめて聖なる戦い（修道院生活など）へと身分を転じたのである。しかしオドンの『聖ジェロー伝』では、戦士の身分のままで聖なる生活を送ることが承認され、剣による流血を除外して暴力が肯定された。やがて教皇が推進する十字軍の時代には修道士の聖なる戦いと騎士の流血の戦いが摺り寄せられ、十字軍騎士や騎士修道士がそこに位置づけられてゆく（第7章参照）。またクリュニー修道院は、文書で自らを城や砦と表現することも多く、剣を持たない戦いを悪に対して行う自覚があった。

第４代修道院長マイユール

第四代修道院長マイユール——所領の特権確認と神聖化

九四二年に第二代修道院長オドンが没したあとを第三代のエイマール修道院長が継ぎ、九五四年に第四代のマイユール修道院長が就任した。マイユールは南仏ヴァランソルもしくはアヴィニョンの生まれで、リヨンで学び、マーコンの大助祭になった。ブザンソンの司教に推されたがこれを辞してクリュニー修道院に入り、エイマールによって図書館担当に任ぜられた。病を得たエイマールは修道院長在職のままで九五四年にマイユールを補佐院長として就任させ、九六五年にエイマールが没するまで二人の院長が共同で管理する体制となった。

九五四年の教皇アガペトゥス二世が発した特許状は、先に発せられた教皇ヨハネス一一世の特許状の内容を確認するとともに、ロマンモティエ（現在のスイス）他いくつかの修道院や近郊の村落の従属を追認した。そしてクリュニー修道院が特権（インムニタス）を有することと修道院生活、聖なる場所、不可侵性が守られることが関連づけられ、修道士の世俗から離れた純潔性が尊重された。また九五五年に西フランク（フランス）王ロテール三世の勅書は、前任者たちに与えられた聖なる場所の財産を、ブルゴーニュ公とブルゴーニュ伯の願いによって確認すると述べる。同勅書はクリュニーを「修道院の城」（カストルム）と表現し、特権（インムニタス）の付与によって修道士の所有と権利の承認を関連付けている。こうして教皇や王権の後ろ盾を得たクリュニーは、聖なる空間が明確な所有権を伴う領主となった。

このようにして聖俗有力者の保護、的確な所領管理、改革精神を伴った修道院生活によってクリュニー修道院は拡大してゆき、聖堂と修道士の居住空間の改築が行われた。この建造物は第二クリュニーと呼ばれ、九八一年には聖堂の献堂式が行われ、ペテロとパウロの聖遺物が収められた祭壇が置かれた。

マイユールはクリュニー以外の各地の修道院を訪れて改革を指導し、ブルゴーニュのみならずディジョンのサン・ベニーニュ修道院やイタリア各地（パヴィア、ラヴェンナ、ローマ）にも赴いた。彼は九九一年にフランス王ユーグ・カペーの依頼でサン・ドニ修道院の改革に赴く途上スーヴィニー修道院で亡くなり、同地に埋葬された。

第五代修道院長オディロン——特権の拡大と「死者の日」の制定

(1) クリュニーの権利確立

四〇年にわたって修道院長にあったマイユールの後を継いだのは、三〇歳のオディロンであった。

第５代修道院長オディロン（フランチェスコ・アンドレアーニ画、1730〜51年）

彼はフランス中部オヴェルニュ地方に生まれ、同地ブリウドの聖堂参事会員だったが、修道院生活にあこがれてクリュニーの門をたたき、晩年のマイユールによって後継者に指名された。彼は前任者よりも長い五〇年のあいだ修道院長職を務めることになる。

オディロンの在位期間にもクリュニー修道院は有力者から多くの保護を得て、所領の権利と自由はゆるぎないものになった。九九四年のアンスの教会会議は「神の平和」（教会による秩序維持）を宣言したことでも知られるが、若きオディロンはこの会議を利用してクリュニーの権利確立の場とした。合意文書と思われるものは一二世紀初頭にクリュニー修道院で複写され、カルチュレール（証書集）に収録されて残存していることから、捏造の可能性など文書の真偽については検討の余地があるかもしれない。修道院の権利証書には、実際に偽書が多いのである。

権利証書には、列席する司教の名を記した長い冒頭部分に続いて、クリュニーの権限にある教会、町、城、ヴィラの名が列挙され、権利が確認される。そして会議の参加者はアナテマ（破門と同義）の罰をもって、クリュニーの領域内や近辺に城を作ることを禁じた。文書の最後では、この特権を守るものに平和を、破るものにはアナテマを与える罰則条項が記されている。

(2) 免属特権の取得

九九八年に教皇グレゴリウス五世がクリュニー修道院に発した特許状では「修道院長から招かれ

ない限り、どの司教も司祭も、この聖なる共同体でいかなる叙階のためにも教会の聖別のためにも聖職者や助祭のミサを挙げるために訪問してはならない」と、地元の司教権から免除される免属特権が与えられた。さらに一〇二四年には教皇ヨハネス一九世によってクリュニーに従属するすべての修道院に司教からの免属特権が付与された。これでクリュニーに属する修道院はそれぞれの地域の教会に対する司教の聖務上の権限から免除され、聖俗両面で教皇に直属する組織となった。またこの勅書で、クリュニーの墓地も祭壇などと並んで神聖な場所としての特権が与えられた。このことは、墓地が聖堂と同様に聖なる場所として公認されたことと、クリュニー修道院が死者と生者をとりなす機関となったことも意味する。

(3) 死者の祈祷

また教皇ヨハネス一九世は、オディロン修道院長がすべての死者の祈禱を一一月二日に行うこと（「死者の日」）をクリュニー修道院と系列の修道院に導入することを承認した。この前日の一一月一日はすべての聖人（いわば特別の死者）に祈禱する諸聖人の祝日で、こちらはすでに公認されていた。カロリング期以来、修道士たちの務めのなかで死者の魂の平安のための祈禱を行うことが重視され、クリュニー修道院は死者追悼の見返りに多大な寄進を受けてきた。寄進者の名は「生命の書」に記載されたが、やがて命日ごとにリスト化した「周年記念禱名簿」が広まり、命日に祈禱が行われるとともに貧者への施与が修道士の手で行われた。

「周年記念禱名簿」は、毎日の祈禱すべき聖人を記した「殉教者祝日名簿」と合冊されることが多く、中世の修道院では聖人礼拝と死者祈禱に重きが置かれていった。クリュニー修道院の「周年記念禱名簿」は失われたが、系列の主要な修道院のものは残っていて、記載された人名リストはミュンスター（ドイツ）の初期中世研究所のヴォラッシュを中心として刊行された。また同研究所の研究者は、クリュニーの傘下に入ったモワサック修道院で一一世紀後半に作られた「殉教者祝日名簿」と「周年記念禱名簿」合冊写本のファクシミリ版を刊行している。そこに記載された人名のリストは修道院の研究のみならず、記載された地域の領主や有力諸侯の家門研究にも有力な証言となっていて、死者祈禱を通してクリュニー系の修道院と領主社会が密着していたことをうかがわせる。

さらにオディロン修道院長の時期には、来世で悪魔に責められる死者を解放すべく修道士が祈りを捧げ、そのおかげで多くの死者が救済される逸話が書かれるようになった。有名なものはヨトサルドゥス著『オディロン伝』やラウル・グラベール著『歴史』に載っているもので、著者はともにクリュニー系列の修道士であり、微妙な違いがあるものの大筋は次のような物語である。フランス出身の修道士がシチリアの近く（アフリカ？）で一人の隠修士と出会い、彼からクリュニー修道院こそ来世で苦しむ死者を悪魔から救っているという名声を聞く。『オディロン伝』ではフランスにもどった修道士がオディロンを訪ね、隠修士からのシトー修道院への激励を伝え、オディロンはクリュニー系列の修道院に一一月二日に死者祈禱を行うよう命じた、となっている。

実際にオディロンが死者の日の祈禱を定めたのは一〇三〇年ころのことである。来世が地獄、煉獄、天国に三分割して考えられ、現世の行いと来世の行き先の相関関係が明確化する「煉獄の誕生」の時期が訪れようとしていた。クリュニー修道院は死者の魂のナヴィゲーターとして、この救済の構図の中核に立ったのである。

なお一一月二日に亡くなったすべての人を追悼する習慣は、次第に西欧の教会に広まって、現在でもローマ・カトリックの地域では親族や近しい人の墓に詣でる人が多い。この日の墓地では多くの花や蠟燭が供えられて、お祭りのように多くの人でにぎわっている。一〇月三一日にアングロ・サクソン系の国でハロウインのお祭りが盛んに行われてきたように、キリスト教の布教以前のヨーロッパで冬が始まり、次第に昼が短くなるこの時期は、新たな節目として祝われていて、そこに死者祈禱を行う日をあてはめてキリスト教化を行ったとも考えられる。

第六代修道院長ユーグ——全盛期の院長

ユーグは一〇二四年にスミュール伯の子として生まれた。クリュニー修道院に入り、一〇四四年に司祭に叙階されるとすぐに役務修道士に任命された。一〇四九年にオディロンが没すると後継の修道院長となり、一一〇九年に没するまで六〇年間その職をつとめた。彼は長い在職期間を通して、クリュニー修道院長として支院の拡散と聖堂の再改築（第三クリュニー）など全盛期を演出しただけでなく、教皇を頂点とする教会を組織するグレゴリウス改革、教皇と皇帝が聖職者任命権をはじめとする主導権を争った叙任権闘争、第一回十字軍の出発など教会の大きな出来事にも関与した。

グレゴリウス改革と呼ばれる教皇が主導する改革、すなわち使徒たちの希求とよばれる原点への回帰、聖職者の綱紀粛正を徹底して聖俗権力を分離させる試み、信徒に対する指導（司牧）の推進は一一世紀半ばから本格化し、多くの修道院はさまざまな側面でこれを支えてゆくのである。

(1) 特権の強化と新たな聖堂の建立

一〇四九年、教皇レオ九世は勅書で、クリュニーとその従属院からなるグループを一つの連合として「クリュニー教会（Cluniacensis Ecclesia）」と初めて呼称し、クリュニー修道院の司教からの免属を追認した。強大化するクリュニー修道院と地元のマーコン司教はこの時期対立を深め、一〇八〇

クリュニー修道院を訪れるウルバヌス２世（12世紀）

年にユーグ修道院長は教皇グレゴリウス七世に仲介を要請し、教皇特使のアルバノ司教ピエールが二月二日にこれまでのクリュニーの特権とその領域を確認する文書を発給した。マリアお清めの祝日にこれを行ったのは、クリュニーの有する特権と空間が神聖なものであることを示す意図もあったのであろう。

一〇九五年には、クリュニー修道院の出身であった教皇ウルバヌス二世がクリュニー修道院に立ち寄り、新たな聖堂の着工を祝福するとともに、支配権が及ぶ領域を神聖なものとして確認する文書を発給した。ウルバヌス二世は元クリュニーの修道士で、クレルモン教会会議として知られる十字軍の勧説などでフランスを訪れていて、その後フランス各地の教会や修道院を訪問して、聖堂の祝福を行っていた。この一〇九五年の一〇月二五日に発給された文書は、新しい聖堂のペテロとパウロに捧げられた主祭壇をはじめ、いくつかの祭壇を教皇と司教たちが聖別したことを冒頭で伝えている。聖別とミサの間に列席者に向かって行われた説教として、この特許状の内容が記されている。「よき尊敬と配慮で汝らやほかのキリスト教徒たちに保たれるべきこの場所に対して、周囲にあらゆる方角から特権と安全の正確な境界を画定し、この境界を聖なるバンの境界と呼ぶことは私の大きな喜びであり、また汝らの喜びであるよう私は説得する」と述べ、詳しい地名を示しながら神聖な領域として区切ってゆく。

ユーグと教皇の関係はクリュニーの特権と領域を守るためのものだけではなかった。ユーグはレオ九世以降の改革教皇とローマなどで会見し、有力者と書簡を交換するとともに、各地で行われた教会会議に頻繁に出席し、フランスでの教皇特使に任命されることもあった。皇帝ハインリヒ四世と教皇グレゴリウス七世のあいだで叙任権闘争が激しくなった際は、皇帝の代父でもあるユーグは両者の調停に努め、有名な「カノッサの屈辱」の折には皇帝の謝罪の保証人として事態の収束に貢献した。そののちハインリヒがローマを占拠してグレゴリウスがサン・タンジェロ城に籠城すると、ユーグはローマに赴いて両者のあいだを取り持ったが、最終的に不調に終わっている。

(2) 傘下修道院との関係

ユーグの在任中にクリュニー修道院傘下の修道院の数は一〇〇〇近くに上ったと思われるが、正確には把握するのは難しい。ミュンスター大学の初期中世研究所の研究者たちが教皇の発給文書をもとに調査したところ、七〇〇ほどがクリュニーの傘下にあったと確認されているが、さらに下位区分の修道院も存在していたとみられ、詳細な調査が必要とされる。全体像が正確につかめないのは、加盟や脱退する際の明確な記録も審査もなく、傘下の修道院を地区に分けたり規約を作るなどの組織的な運営がされなかったためである。傘下に入る際にクリュニー修道院から院長が派遣された

第6代修道院長ユーグ㊧とハインリヒ4世、カノッサ城主トスカーナ女伯マティルデ㊨

り、クリュニー修道院が直接創立に関与したような強い従属関係があるものもあったが、次第に有力な修道院は自立する傾向にあるなど、従属関係は変動しやすかった。ユーグはクリュニー修道院の本院としての求心力を強めるべく、在任中にオドンやオディロンなど著名な修道院長の伝記を編纂させ、慣習の成文化を進め、教皇から支院の本院従属を確認する文書の発給を得るなどした。

なお、ユーグ自身が修道院を建てることもあった。一〇五五年、彼は実家の所領マルシニーに兄弟のジョフロワとともにクリュニーに従属する初めての女子修道院を建てた。そこにはユーグの母をはじめとして一族の一八人にのぼる女性たちが修道女として暮らすようになり、ユーグの実家からは絶えず寄進が行われた。この女子修道院に残る証書集の研究から、修道女の多くはユーグの実家があったブリオネという地域の領主階層の出身で、修道女のなかには夫がそこから二〇キロ離れたクリュニー傘下のパレ・ル・モニアル修道院の修道士になったという事例もあった。そのほかに西欧各地から領主や諸侯など高い身分の既婚女性が集まったことなどから、この時代の高貴な女性たちの人生選択肢の一つが見えるようだ。なおマルシニー修道院では一一世紀後半にエリザンディスという名の修道女の手で書かれた記念禱名簿が幸い現存し、現代ではクリュニー系の死者祈禱の研究のために重要な史料になっている。修道女たちにとって周年記念禱名簿に記載されることも大きな願いとなっていたのかもしれない。

ベルゼ・ラ・ヴィル礼拝堂　入口

ユーグは晩年の一一〇〇年に、クリュニーから一〇キロほど南東に離れたベルゼという地に小さな修道院を建て、みずからの隠遁所とした。この建物はほぼ当時のまま残っていて、穏やかな佇まい緩やかな丘が続く農村地帯の優しい風景になじんで、激動の生涯の果てに静かな入り江に入ったユーグの心が伝わるようである。小さな礼拝堂の内陣は一面ビザンツ風の荘厳なフレスコ画で覆われ、天井には荘厳のキリストが一二名の使徒と四人の聖職者に囲まれて座している。脇にはクリュニーでとくに崇敬をあつめた聖ブラシウスや聖女コンソルティアの像が描かれている。ちなみに、これらの図像と同時期に作られたローマのサン・クレメンテ教会のそれとの類似性が指摘されていて、おそらく同一工房の職人の移動が示唆される。

やがて富裕化が批判にさらされてゆくクリュニー修道院ではあるが、修道士たちにとって現世はあくまでも通過点で、見据えていたのは天国のキリストだったのかもしれない。ユーグは一一〇九年の四月、八〇有余年の生涯を閉じた。

2 クリュニー修道院慣習律の編纂と儀礼

クリュニー修道院は、他の当時の修道院と同じくベネディクトゥスの『戒律』を基本法として採用したが、独自の修道院生活や組織を記した慣習律を編纂した。前節で述べたように、次第に所領を拡大し、さまざまな特権を獲得し、支院を増やしていったクリュニー修道院では、それとともに一〇世紀末から一三世紀初頭にかけて数種類の独自の慣習律が編纂された。編纂意図として考えられるのは支院間の慣習の統一、修道院慣習の後代への継承、外部に対するプロパガンダなどである。

もちろん修道院内部で典礼、組織上の改革が行われた際には、これを文書化する必要があった。

クリュニーの慣習律編纂は一〇世紀末から一一世紀という、同修道院の発展期に集中しており、この時期に修道院長伝（聖人伝）の執筆が盛んに行われ、初めてカルチュレールの編纂が行われるなど、多岐にわたる文書作成が展開した。以下、クリュニーの発展期に成立した慣習律それぞれの特質と成立事情を述べたい。

『古慣習律』（Consuetudines Antiquiores）

このテクストを校訂したハリンガー師は、中世の修道院で成立した慣習律をその特徴から典礼型、管理運営型、混交型の三つに分類し、『古戒律』は典礼型に属する。一〇世紀末から一一世紀初頭の成立と見られるが、正確な時期を特定することは難しく、ハリンガー師は九九〇年代の成立を有力視しつつ、一〇一五年にまで下る可能性を示唆している。これは四代目の修道院長マイユール、五代目の修道院長オディロンのもとで、クリュニー修道院が修道院所領の拡大と特権の確立、第二クリュニーと呼ばれる聖堂の改築、支院のブルゴーニュ地方を超える拡散などでラテン・キリスト教世界における地位を築き上げていった時期である。

『古慣習律』の編纂意図は、修道院が拡大してゆくなかで、典礼の整備と統一をはかることにあったと考えられる。また聖堂が改築されて聖遺物が搬送されていることからも、クリュニー独自の典礼が出来上がりつつあったこともその背景にあると考えられる。なおオディロン修道院長の前半期には、前任の修道院長マイユールの伝記が数種類成立し、オディロン自身も一つ執筆している。マイユール修道院長は教皇の認定を受けた最初期の聖人であることからも、オディロンがキリスト教世界全体を視野に入れた修道院文書作成を行おうとしたことがわかる。

『道の書』（Liber Tramitis Aevi Abbatis Odilonis）

先のハリンガー師の区分によれば、この慣習律は典礼と修道院の管理運営の双方を混交した型に属し、いわば最初の完成した修道院慣習律とされる。テクストを校訂したディンターは、これは三段階を経て作成されたと考えている。まずは一〇二七年から一〇三〇年にかけて、ついで一〇三三年に、最後に一〇五〇年から一〇六〇年にかけて作成された。この最後の時期に作られた写本がイタリア中部のファルファ修道院に現存しているため、この慣習律は長い間『ファルファの慣習律』と呼ばれていたが、ディンターはこれをクリュニーの慣習律であったと考え、そこに記された規定は『古慣習律』のものを基盤にしながら、オディロン修道院長期に導入された典礼改革を反映したものとする。ただ現在でも議論は続いている。

ディンターの校閲版によると、同慣習律の構成は序につづいて三五章二〇九項目からなり、典礼規定中心の前半部分と、慣習規定中心の後半部分に分かれる。第一章から第一五章までは典礼に関する規定が中心で、典礼暦に従って待降節《たいこうせつ》から始まり、四旬節、聖週間を経て聖霊降臨祭までの典礼や掟が定められている。ただ第一四章は「聖霊降臨祭後の主日と祭日について」と題して、その後の時期の重要な聖人の祝日が並べられている。また「さまざまな祭日と記念」と題し、四項からなる第一五章はとくに興味深い。それは「聖堂の記念日にいかに振る舞うべきか」「毎年祝祭の習慣」「信仰深い死者たちの記念のためにクリュニー修道院長オディロンが発した法令」「皇帝ハインリヒと亡くなった修道士たちの記念について」の四項で、死者の日を制定し、皇帝との関わりをもったオディロンならではの規定である。

第一六章「手仕事について」をもって前半部分がおわり、後半部分が続く。これは「第二巻、すなわち日常において聖ベネディクトゥスの『戒律』に従ってまもられるべきことについて」と題する韻文の序からはじまり、日常生活を定めた細かい規定が続く。構成は必ずしも論理的とは言えず、脈絡が欠けたり、本規定と離れた箇所に補足説明があったりするが、クリュニー修道院の日常生活を具体的に伝えている。

なお『道の書』では聖霊降臨祭の死者祈禱のあとなどで、貧者に施しを行うように定めている。貧者への施しはやがてクリュニー修道院の財政を圧迫してゆくが、修道院が貧者に施す行為はカロリング期に盛んに行われ、これは修道院の経済状態に関わらず、果たすべき義務となっていた。一般的には収入の一〇分の一をこれにあてる慣行であったが、クリュニーでは死者祈禱と貧者施与を絡めており、寄進証書などにも同種の規定が多い。

『ベルナールの慣習律』(Bernardi Ordo Cluniacensis)

ユーグは就任直後から活発に文書作成を行い、複数のオディロン伝をはじめ、オドン、マイユールなどそれ以前の修道院長伝を編纂し、カルチュレールを制作した(現在研究者がカルチュレールA、B、Cと呼ぶもの)。『ベルナールの慣習律』は、第一版がユーグの修道院長期の前半にあたる一〇六〇年から一〇七五年にかけて成立し、一〇八四年から一〇八六年の時期に改訂版が作成された。起草者ベルナールがユーグ修道院長に宛てた書簡から、ベルナールがそれ以前に編纂された慣習律を基盤としつつ、口頭で伝達された規定を含んで編纂したことが分かる。

この慣習律は二巻からなり、第一巻には主として役務修道士の職務規定が七五章にわたって定められ、第二巻には待降節から始まる典礼暦の規定が三四章にわたって定められている。前半の修道院管理を定めた部分は、修道院の拡大に伴って役務が煩瑣になっていったため、必要に迫られて細目を定めたものと思われる。とくに冒頭（第一章）に修道院長選挙とその式次第が定められているのは、新修道院長の就任に際して、修道院外部（とくに近隣のマーコン司教）に対するクリュニー修道院の自立性を強調するためと思われる。また第一三章で貧者への施しを定めているが、これはクリュニー修道院が積極的に行ったこの慣習について貴重な情報を与えてくれる。『ベルナールの慣習律』は、本院と支院双方での使用を定めた一連の戒律のなかで、唯一クリュニー修道院本院内部の使用を目的として作成されたものである。

『ウルリヒの慣習律』（Antiquiores consuetudines Cluniacensis monasterii,collectore S,Udalrico monacho banedictino）

起草者レーゲンスブルクの修道士ウルリヒは、ヒルザウ修道院（現ドイツ南西部）の修道院長ヴィルヘルムの依頼でクリュニー修道院に滞在し、一〇八〇年代に同慣習律を作成したと思われる。ハリンガー師によれば、これはベルナールの慣習律を基盤としつつ補足や修正を加えたもので、ウルリヒの慣習律の成立がベルナールの慣習律の改訂版作成を促した。いっぽうヴォラッシュはベルナールの慣習律とは別に編纂されたとし、近年トゥッチュもこの立場を支持し、両慣習律が受容・継承された度合いは同程度と述べている。

いずれにせよ両慣習律は典礼、管理運営、生活規定などさまざまな内容を含み、ユーグ修道院長の前期と中期のクリュニー修道院の状況を伝えるものであることから、両史料をともに分析することによってゆたかな展望が得られることは間違いない。ただいずれの慣習律とも、現在使用されている刊本は一八世紀初頭に刊行されたもので、現在テクストの本格的な校訂が行われている。両慣習律の影響関係や、成立年代に関する研究は進んでいて、たとえばヴォラシュはウルリヒとベルナールに先行するテクストが存在していたと仮定し、これをもとにベルナールは修道院内部向けの、ウルリヒは外部向けの慣習律をほぼ同時期に刊行したとしている。

なお貧者歓待は『ベルナールの慣習律』『ウルリヒの慣習律』にもくわしく規定され、前者は貧者施与を専務とする役務修道士を定めるなど、詳細にこの慣習を定めている。クリュニーの外部の具体的なかかわり、貧者を歓待することによる封建社会における権威の誇示など、今後展望が開けうる主題である。

ユーグ修道院長の晩年になると、慣習律（Consuetudines）ではなく会則（Statuta）が編纂されるようになる。一一世紀に編纂された慣習律が典礼、組織運営、慣習規定など既存の生活全般を記述したものであったのに対し、後者は時宜に応じた改訂の集成という性格が濃い。ティロ師は写本研究の結果、ベルナールの慣習律は一二世紀以降も会則で修正されつつ使用され続けたと考え、一七世紀に刊行されたのはその効力が残存していた証拠であるとした。一一四六、七年に尊者ピエールが会則を編纂した際に序文で、信仰、希望、愛など変わらない永遠の掟があるのに対し、生活に関することなど時の必要性に応じて変わる掟があると述べ、次いで七六章にわたる項目を定めた。さらに一二〇五、六年に修道院長ユーグ五世は、総会や巡察管区制度による修道院間の組織を確立するために会則を定めている。

慣習律から読み取る聖遺物儀礼

フランスの研究者イオニャ・プラは紀元千年前後にクリュニー修道院で編纂された慣習律や聖人伝などの史料を分析して、クリュニー修道院における十字架崇敬や聖遺物崇敬の理論と実践について政治的な観点から論じている。なかでもオディロン期の『道の書』第三一章にクリュニーが収めている聖遺物の一覧が記されていることを取り上げ、そこで「聖十字架（真の十字架ともいわれ、キリストが磔になった十字架もしくはその破片といわれるもの）」が重視されていることに注目した。

これらの聖遺物の来歴やクリュニー修道院への搬入時期の多くは不明であるが、『道の書』の記された時期に、モンテ・カッシーノ修道院をはじめ十字架礼拝に関する言及は数多く見られる。ラテン・キリスト教世界ではすでに六、七世紀から五月三日と九月十四日を聖十字架発見と賛美の祝日としていたが、『道の書』ではさらに「聖十字架ミサ」（アルクインが考案）を聖金曜日と聖霊降臨祭後二週目の金曜日に行うものとし、次のように定めている。聖金曜日には三時課のあとで、修道院教会の祭壇の前に白い衣をまとった修道士たちが集まり、助祭二人が十字架を持って入堂し、主祭壇の前で奉挙する。修道士たちは平伏し、祈り、ついで十字架を抱く。そして「聖人た

十字架称賛の儀礼。『ベリー公のいとも豪華なる時禱書』（15世紀）より

ちの王」「殉教者たちの王」を唱え、十字架を讃える。

このような規定からイオニャ・プラは、十字架称賛はキリストの王国を讃える意味があり、聖十字架を発見したのはローマのコンスタンティヌス帝母ヘレナであることから、帝国の象徴とする意味もあったとする。オディロンは『聖マイユール伝』で、イスラーム教徒に捕らえられた際のマイユール修道院長を受難のキリストに、イスラーム教徒をユダヤ人にたとえ、解放者のギヨーム二世をティトゥス帝やヴェスパシアヌス帝にたとえている。また神聖ローマ帝国オットー大帝の墓碑銘では、ダヴィデ、ソロモン、エゼキエル、とくにヨシアを皇帝の鏡としている。すなわちヨシアは「過ぎ越しの祭り」を命じたことを称えられているが、これはキリストの受難を暗示しているだけに十字架との関わりが示唆される。同史料のその後の部分ではオットーの剣によって十字架の勝利がもたらされたとも述べ、妃アデライードへの賛辞において十字架の称賛につとめた功績を讃えている。

十字架称賛の儀礼と皇帝権の関わりにおいて注目すべきは、『道の書』第二七章の「行列について」に記された修道院に王を出迎える儀式の次第で、イオニャ・プラはこれを「中世の修道院で最初に定められた、修道院に世俗君主を受け入れる式次第」とする。そこには君主を出迎える式次第が次のように詳しく定められている。

王の到着が告げられると、修道院長は正装した（上着を身につけた）修道士を聖堂に集合させ、二つの大きな鐘を打たせる。王を迎えにゆく行列の先頭には、十字架、聖水、香、燭台を持った修道士、ついで二列にならんだ修道士、やがて助修士、子供たちが続く。王の前に進み出た修道院長は、これを聖水で祝福し、福音書と香を接吻させるべく差し出す。「見よ天使を遣わす」を歌唱し、すべての鐘がなり、行列は修道院聖堂に戻る。聖堂内では聖なる十字架祭壇と主祭壇の前に絨毯が敷かれ、王は十字架の前で平伏の儀式を行う。

王権の研究で知られるカントロヴィッチらがすでに指摘しているように、十字架に君主が平伏する儀式は聖俗の権力関係に影響したと考えられる。またアメリカの研究者ローゼンワインは、修道院の世俗君主の受け入れ姿勢についてメロヴィング期に遡って考察し、一一世紀になって修道院が門戸を開いてゆく過程を論じ、この文脈で『道の書』は修道院が初めて定めた君主の受入規定であることに注目した。そして『道の書』の儀式の式次第が「マリア清め」の儀式と似ていることを指摘し、マリアのように純潔で聖なる修道士が世俗の王に接するという聖俗の関係性を読み解いた。

『道の書』第三一章には「香部屋係について」(De scretariis)と題して、香部屋係が扱う聖遺物の一覧が記載されている。これは四種類に分けられている。まずはペテロを象った聖遺物容器で、すくなくとも一七点以上の聖遺物を収納している容器を、フランスの研究者アラン・ゲーローは「まさしくアリババの洞窟」と評している。そこに収納されたのは聖十字架の断片、マリアの衣の切れ端、ペテロ、ヤコブ、ステファノ、セバスティアン、セシリア、ゲオルギオス、罪なき嬰児たち、ドニと従者、イエスの墓石・イエスが昇天した岩、イエスの飼い葉桶、蘇生したラザロの墓石、モーゼの杖の断片である。これらはパレスチナ、ローマ、サンティアゴなどキリスト教世界の主要な聖地に由来するもので、この聖遺物容器には主要な巡礼地の利益が凝縮されているといえる。ついで数人の司教の聖遺物が記載され、ついで銀製の箱に収められた教皇グレゴリウスとマルチェルスの聖遺物、最後に箱に納められたマイユール(第四代クリュニー修道院長)の髪が記されている。

これらの聖遺物がどのような際に用いられたか、とくに世俗社会に対してどのような効果があったのかは研究の余地がある。先のアラン・ゲーローは前述の短い論考のなかで、次のような例を挙げているので、簡単に紹介したい。

九九〇年から九九四年の間に、クリュニー修道院の役務修道士ガルニエがペテロの聖遺物容れを携えてヴァランソルに赴き、修道院権益を犯した領主に対して、聖遺物の前で誓約をさせた。またクリュニー修道院の八大祝日、すなわち降誕祭、マリアのお清め、棕櫚《しゅろ》の主日、復活祭、キリスト昇天祭、聖霊降臨祭、ペテロとパウロの祝日、マリア被昇天の祝日に行われる宗教行列で、これらの聖遺物のいくつかが巡回する習慣があった。その際に上記の聖遺物に、聖マウロ（聖ベネディクトゥスの弟子）の腕と聖母マリアの乳の入った瓶に加え、四つの帝権を象徴する物（レガリア）が加えられていた。この黄金のレガリアは二つの王勺、地球儀、大十字架であったとされる。一一世紀の年代記者で修道士のラウル・グラベールとアデマール・ド・シャバンヌは、これらが皇帝ハインリヒ二世からクリュニーに寄進されたものであることを記載している。

クリュニーがキリスト教世界を代表する聖地の聖遺物を集め、これを教皇権と聖ベネディクトゥスの権威にまつわる聖遺物や皇帝権を象徴する物とともに周囲に顕示し、聖なる十字架に君侯を平伏させていたということは、オディロン修道院長がラテン・キリスト教会の中心的地位を確立しようとしていたことを物語る。ただし、巡礼地としてクリュニー修道院がラテン・キリスト教世界の中でどのような位置を占めていたかは、曖昧である。もちろんクリュニー修道院はサンティアゴ・デ・コンポステーラへ向かう四つの巡礼路からはずれているわけだが、一二世紀初頭にブルターニュで活動した説教師アルブリッセルのロベールの伝記（第7章参照）によれば、クリュニー修道院はローマやエルサレムとならぶ巡礼地と位置づけられている。

3　第九代修道院長尊者ピエール

修道院長就任と立て直し政策

一一〇九年にユーグ修道院長が没したとき、クリュニー修道院は絶頂期にあったものの、とりまく環境には微妙な変化が生じつつあった。

一一世紀の後半のイタリアやフランスの修道士たちのあいだで、聖書に記された使徒たちの生活に回帰する貧しく厳しい生活を営むことを理想とし、自らの手による労働や遍歴説教に向かう運動がおこった。これはクリュニー修道院をはじめとする旧来の修道院に対する批判を内包していたため、改革運動が拡大するにつれて次第に軋轢が生じることとなった。なかにはブリュイのピエールのように、当時の教会で確立した典礼、すなわち十字架称賛、秘跡、幼児洗礼、死者に対する祈禱などを否定する教義をひろめて、スイスから南仏にかけて多くの信奉者を集め、異端とみなされた者も現れた。

クリュニー修道院にも内紛が生じ、ユーグ修道院長の後継者として就任した第七代修道院長ポンスが一一二二年に解任され、後任にマルシニー修道院の副院長を務めていたユーグ二世が選ばれたが三か月後に急死し、ドメーヌ（グルノーブル）の修道院長だった若いピエールがそのあとを託された。ポンスの失脚の理由については議論があるが、改革派寄りだったポンスの修道院運営が保守派の反発を生んだため、ともいわれている。この時期クリュニーの支院はイングランドを含む西ヨーロッパの全域に広まっていたが、有力な修道院に離脱の動きが見え、本院であるクリュニー修道院

第３クリュニー

の求心力に陰りが見えはじめた。

　このような状況で第九代修道院長に着任したピエールはクリュニー修道院内外のさまざまな問題に積極的に対処し、三〇年余りの修道院長在任期間を勤め上げ、長いあいだ「尊者ピエール」という通称で呼ばれ、高く評価されている人物である。院長就任初期に生じたポンス派の巻き返しを教皇の支持を得て克服し、一一三〇年にはユーグの時に改築が始まった新聖堂（第三クリュニー）の完成にこぎつけ、教皇インノケンティウス二世によって献堂式が行われた。この聖堂は当時のローマ・カトリック世界最大規模を誇り、一六世紀にヴァティカンのサン・ピエトロ聖堂が改築されるまでその座を守った。

　聖堂と付随する修道士の居住区域の大規模場改築は多額の出費を強いるもので、さらに居住する三〇〇人ちかい修道士の扶養、死者記念に伴う経費の累積（とくに定期的な貧者への施し）、一一三〇年代からの寄進の落ち込みは修道院の財政を圧迫した。尊者ピエールは就任直後から所領経営を見直して、自給をめざして詳細な収益調査を行うなどした。また晩年には七六条に及ぶ会則を定め、肥大化する典礼を簡素化し、財政を圧迫していた貧者歓待を一日五〇人に限定し、倹約や綱紀粛正の条項を定めた。また一一三二年には本院としてのクリュニー修道院の支院に対する求心力を確保するため、各修道院長を集めた初めての総会を開催した。

教会全体の動きにも強い関心を持ち、教皇インノケンティウス二世の即位をめぐって対立教皇アナクレトゥスとのあいだで教会が分裂した際には、解決に尽力して前者の勝利に貢献した。また前述の異端ブリュイのピエールに対して論駁書のほか、ユダヤ人やイスラーム教徒に対抗する書物を執筆した。このいわば護教三部作の発表は、ちょうどその時期にレコンキスタと十字軍というイスラームとの大きな戦いがあったことと無関係ではない。尊者ピエールは一一四二年に自らイベリア半島に赴いて、レオン・カスティリア王のアルフォンソ七世に会見している。このとき財政支援を要請しているが、イスラームの言語と知識に通じた人物と知己を得たことが、コーランの初めてのラテン語訳の完成につながった。

尊者ピエールは生涯多くの書簡を重要人物に送り、シトーやシャルトルーズなど競合関係に見えるような改革派修道院のリーダーたちとも生涯親交があった。

著作『奇跡について』にこめたメッセージ

尊者ピエールは、院長就任直後から没するまで、クリュニー修道院と支院にまつわる不思議な話を集めて文章化し、ある程度集まった段階で順に発表しつづけた。これは最終的に二巻六一章に及ぶものとなり、『奇跡について』というタイトルで知られている。その多くは教訓物語、クリュニー修道院の賛美、敵への恫喝などで、同時代の人物を実名で登場させ、感情の細かな描写を交えて説得力を増す工夫をしている。迫害時代から執筆されてきた数多くの聖人伝と類似する点が多く、物語の真偽はともかく、虚構や誇張に込められた生々しいメッセージや執筆意図を読み取ることができる。尊者ピエールが修道院内外のさまざまな問題解決に向かう修道院長としての姿勢をリアルに伝えるいくつかの部分を紹介したい。

まずはクリュニー近郊の実在の領主を幽霊として登場させた物語で、生前の修道院に対する悪行のために来世で罰を受けるというストーリーは、俗人に対する教訓とも恫喝とも考えられ、クリュニー修道院の死者祈禱の宣伝ともいえる。ブリュイのピエールのように死者祈禱を無効とする異端に対する論駁の意図も考えられる。

「クリュニーが所有する土地の代官が、ある日の真昼にユゼール城近くの森を通りかかっていると……突然ベルナールに出会った……彼はベルナールがすでに死んでいたことを思い出し、恐怖に駆られた。しかし恐怖をこらえて彼は尋ねた。ほんとうにベルナールなのか、ならばなぜやってきたのかと……『土地の多くの者が知っているように、私は生前多くの悪行を重ねた、今そのために苦しんでいる……ただ私は人生の最後に悪行を悔い改めたので、永遠の罰をのがれた。だが完全に救われるためには多大な援助を必要としている。そのために私はクリュニーの修道院長に慈悲を乞いにやってくるのを許されたのだ……汝に願う、クリュニーの修道院長に会って、私を哀れんでほしいと切に頼んでくれ』」。(第一巻一一章)

『奇跡について』にはこのほかにも幽霊の話がいくつか収録されているが、次のように、出現した幽霊が物故した王の来世での様子を尋ねられて答えるくだりには、王侯に寄付を求める趣旨が読み取れる。

「生前、イスパニアとガリアのほとんどすべての人々が、このアルフォンソ王が偉大な友であり、クリュニー聖堂の寄進者であったことを知っている……王はフェルディナンド王と同じく、毎年クリュニー修道院に二四〇オンスの金を納めていた。それに加えて王は自らの出費でイスパニアに二つの修道院を建て、その他にもさまざまな人々に修道院を建てることを許し、これを助けた。王の寛大さを以て寄進を行った。王はイスパニアでほとんど消えかかっていた修道精神の熱意をよみがえらせた。この熱意によって、王は現世の王国を去ったあと、来世の王国（天国）に入った」。（第一巻二八章）

次は修道院に住む子供の前に、亡くなった叔父の修道士がもう一人の亡くなった修道士とともに出現して墓地に誘う物語である。子供がおそるおそる墓地へ行くと、そこには数え切れぬほどの椅子が置かれていて、亡くなった修道士たちが所狭しと座っているという幻想的な場面が描かれる。「墓地の真ん中には石造りの建物があり、てっぺんにランプがともり、その明かりはそこで憩う信仰篤き者たちを敬うために、この聖なる場所を毎晩照らしていた……そこに大きな裁判官の椅子があり、裁判官が腰をかけていた。子供は叔父のアシャール修道士が罪をあがなうために彼の前に平伏するのが見えた、叔父が言ったこと、それに対する返答を子供はどうしても理解できなかった。ただこの様子はすべてくっきりと見えた。言い表せないほどのまばゆい明かりが、人の燈した明かりがなくても墓地全体を照らしていたからである」。（第二巻三二章）

この物語の最後の部分から、墓地に集まっていた亡き修道士の幽霊たちは夜が明ける前にそれぞれ火の清めを受けて消えてゆく様子が語られる。このことから彼らはまだ天国に上がっていないことがわかる。

煉獄の想像図（『ベリー公のいとも豪華なる時禱書』（15世紀）より）

「ほどなくして、出席者全員が起立し、彼らが入ってきた門とは別の門から出ようと急ぐ様子が見えた。しかしそこから出る前に、門の敷居に大きな火が燃えていた。子供が話すには、この多くの人々は火をくぐり抜けたのだが、あるものたちはそこに長くとどまり、あるものたちは速やかにくぐってしまったということだ」。

来世の構図、すなわち死者の行く先として、天国と地獄に加えて浄めの場である「煉獄」の存在が、一二世紀に教義として確立しつつあった。すなわち罪を犯した人間は全員が地獄落ちになるのではなく、「軽い罪」であれば煉獄で浄めを受けたのちに天国に行けるという救いの図式である。クリュニー修道院の死者祈禱の意義は、これに大きくかかわるのは言うまでもないが、引用した尊者ピエールの物語はちょうど「煉獄の誕生」直前の考え方を伝えているようである。なお六代目の修道院長ユーグは、夢に死者が出た場合には修道院長に報告するように指令を出した。修道院長は修道士のあいだに広まっていた言い伝えを掌握し、これを来世での浄めや修道士の援助といったクリュニー的な要素に脚色して説教の題材として、物語を執筆したのかもしれない。

クリュニー修道院は、悪魔との戦いの場としても知られていた。先に紹介したように第五代修道院長オディロンの伝記には、死者を責める悪魔たちがクリュニー修道士の祈りに恨み言を唱えるエピソードがある。死者の魂を救う祈禱は、死者を責める悪魔の仕事を邪魔することにもなるので、死や来世にかかわる物語には悪魔が頻繁に登場する。『奇跡について』に書かれた修道士と悪魔の戦いには、次のように臨終をテーマにしたものがいくつかある。これは修道院で埋葬されることを願った俗人が、臨終の間際に悪魔の攻撃を受け、クリュニー修道士がこれを撃退するという話で、死者祈禱と悪魔祓いを合わせたような物語である。

「ある俗人が肉体を侵されてこの修道院へやってきて、慣習に従って修道士の手で修道服をまとい、俗世を放棄した……寝台に横たわり、死が近づいたので二人の修道士が交代で番をしていた……病人が叫んだ『獣の鼻をしたこの醜い農夫たちはいったい何者だ。群れを成して集まってきて、あっという間に部屋がいっぱいになりそうなのが見える……この醜い者どもが部屋を埋め尽くしたのが見えないのか。その容貌は恐ろしく、鼻は長く伸びて、細長い顔は身の毛もよだつばかりだ……』。（控えていた修道士は）群れているのが悪しき霊（悪魔）だとわかり、仲間の修道士の目を覚まそうと大声で叫んだ。聖水がいっぱい入った手桶がそこにぶら下がっていたので、彼は信仰に満たされて取り、中の聖水を確信を持って部屋のあちこちにふりかけるべく四方に撒いた。彼が聖水を撒いていると、病人は力の限り叫び始めた『よし、がんばれ、よし、攻めろ、敵を追い払ってくれ、あいつらは皆、まるで剣の切っ先から逃げるようにものすごい速さで出て行こうとしているぞ……』」。（第一巻七章）

この聖水というのは司祭が祝福した水で、洗礼の際に使われたり、場所や建物を清める際にも撒かれるものである。物語の末尾は臨終に際しての告解の有効性を示したとも考えられる。

「次の日、修道士たちはこの幻視の物語を聞いて喜び、この病人は改めて良い懺悔をしたのちに死んだ。悪魔が去ったことで、修道服を着た彼の信仰が神に受け入れられたことが皆に明らかになったのである」。(第一巻七章)

また次のように、臨終の場での攻撃や来世での責めだけでなく、日常生活でも悪魔が人を誘惑すべく徘徊していることが記述される。

「(二人の人の姿の悪魔は)『われわれはシャロン・シュール・ソーヌ(クリュニー近く)に行ってきた。そこでジョフロワ・ド・ドンズィーという騎士とその主の妻の不倫を起こしてきた。それからある修道院を通りかかったときに、ある教師と生徒とを姦淫させた。お前は何をしているのだ。この修道士の足を引っ張れ。こいつはだらしなく足を出しているだろう』こう言い終えると禿鷹は修道士の踵を寝台の下に見て、あらん限りの力で斧を振り下ろした。しかし修道士は斧が振り上げられるのを見た瞬間に足を引っ込めたので、悪魔の一撃は空を切り、寝台端を傷つけた。すると悪魔は突然消え去った」。(第一巻一四章)

また尊者ピエールは修道院に危害を加えた伯が悪魔に連れ去られた話を語っている。これは実際にクリュニー近郊に住み、一一二六年に暗殺されたマーコン伯のギヨームのことで、教会や修道院を略奪した罰は突然死をもたらすというのが教訓の趣旨と思われる。

「ある祝日に、伯はマーコンの館の玉座に座していた。多くの騎士やさまざまな身分の人々が彼を囲んでいた。突然見たこともない一人の騎士が館の門を通って中に入り、見ている者みなの驚く前で、馬に乗ったまま伯の前へと進み出た……伯は見えざる力に縛られて抗うことができず、立ち上がって城門まで進み出た。そこに一頭の馬が用意されていて、伯は騎士に促されて鞍にまたがった。

彼が手綱をとるやいなや、みなの見ている前で、目がくらむほどの速さで空に連れ去られてしまった……やがて伯の姿は見えなくなり、悪行の報いとして永遠に悪魔の虜となったのである」。(第二巻一章)

『奇跡について』にはこのほかにクリュニーの聖人に関わる奇跡が含まれ、聖人伝としての性質も有している。たとえば第四代の修道院長のマイユールは、死後スーヴィニー修道院の墓に詣でる人に奇跡を起こし続けたといわれ、死んだ子を甦らせた物語が一つ語られる。聖人の遺体やゆかりの品は聖遺物と呼ばれ、生前の力をそのまま保持していると考えられていたため、著名な聖人の墓のある教会や修道院は巡礼地として栄えた。サンティアゴ・デ・コンポステーラに向かう巡礼が盛んになるのも、ちょうど尊者ピエールの時代である。

「この聖人は、その生涯と奇跡によって偉大な人で、ガリアのすべての人が彼のことを知っている。彼は存命中からたいへんに優れた人物とされていたし、死んだのちは生前よりも評価が高まったのである。一六二年の間、すなわち彼が死んだ後の期間、彼は奇跡の恩寵によって広く知られることとなった……数え切れないほどの人々があらゆる種類の病から癒されたことが証言されている。彼らはマイユールの墓で、聖なる慈悲が彼らを哀れんでくれるように願い、願いは自らの功徳に応じてかなえられたのだった……子供は第一時に祭壇の前に置かれ、息絶えたままであったが、第九時になって目を開け、子供らしい弱々しい声で母親を呼んだ……子供は最初の生を両親から与えられたとするならば、前記のように奇跡によってマイユールから第二の生を受けたと言える。女は母の権威をもって、子供をマイユールの子として修道院に入れることを決めた」。(第二巻三二章)

また聖人の生前奇跡を語る物語も数多い。たとえば第一巻八章でジェラールというクリュニーの修道士にまつわる奇跡物語は、この敬虔な修道士がミサを行っている最中に祭壇の上に幼子イエスの姿が現れ、聖母マリアと天使たちが傍らに立っているのが見えたというものや、オージューというクリュニー近くの丘の上にある修道院でミサを上げていると、しばしば天の軍勢の声と歌が聞こえたという話である。これらは幻視と呼ばれるジャンルに属し、高度な修行を治めた修道士の聖人伝に多く見られる。第一巻二〇章では、敬虔なクリュニー修道士ブノワの生涯が簡潔に語られるが、彼は臨終の床で無数の白い姿の人々が集団をなし、修道院の館を埋め尽くすという幻視を見て、介護の修道士オジェを呼んでその様子を語り、ほどなく亡くなる。天国からの迎えがやってきたという意味と思われる。

このほか第一巻二一章でも、マルシニーの男子修道院（前述の女子修道院と併存）の院長が臨終を迎え、彼を囲む修道士たちに微笑んで、主と聖人たちを見たという物語がある。第二巻二〇章から二一章では元クリュニー修道士で枢機卿の位に上がったマタエウスという有徳の人が、臨終に際して幻視を見たことが語られる。マタエウスはピサで病に伏すが、まず現れた悪魔を十字のしるしで追い払い、最後の時を待つ。すると髪も衣服も白く輝く人が現れ、この人に連れられて家を出て、草原を通り、キリストの前に出るという幻視を見て、その美しさを修道士に語る。そして罪を告白し、聖体を拝領し、聖歌を歌いつつ世を去る。なお、これに先立つ第二巻一九章には、ピサ近郊の聖ミカエル修道院の修道士の夢枕に亡くなったオスティア司教が立ち、元クリュニー修道士の聖タエウス修道士が近く亡くなることを告げられるという話がある。

教訓や説教をわかりやすくするために不思議な物語を挿入するのは、民衆に向けての説教が盛んになる一三世紀ころからであり、尊者ピエールの『奇跡について』はその先駆けともいえるが、実際にどのように使われたのかを実証するのは難しい。中世のあいだに作成された写本が西欧全体に九〇ほど現存していることから、外部に流布したことは間違いなく、おそらく修道士のあいだで読まれたり、朗読されたりしたことだろう。いくつかの物語の末尾に、「これを読み、聞くものは」とあるので、少なくとも教育的効果を意図して執筆したのは間違いない。いずれにせよ一一世紀の後半から、修道院は自らの修行に専念する一方、司牧、慈善、教育など社会に向けての活動を行うようになってくる。

ベネディクトゥスの『戒律』に従って共同生活を営む修道院は、カロリング期に有力者の寄進に応じて祈禱を行う方向に向かったが、一〇世紀から一二世紀にかけて発達した領主制に応えるようにクリュニー修道院というさらなる進化形が生まれた。祭壇を中心とする修道院の聖なる空間は、死者祈禱を通して寄進者との絆を強める場であるとともに、物心両面で修道院所領のみならず社会の核となってゆく。修道院は近隣の領主だけでなく教皇や皇帝を迎えいれ、一方貧者を歓待して施しを行い、聖人伝や奇跡物語の執筆で救済の理論を広く知らしめた。この修道院と外部の関係は、人類学の贈与論を借りれば、修道院が物的な贈与を得て救済という反対贈与を与えるものであり、おりしも形成されつつあった「煉獄」の理論と整合するものであった。

このようにクリュニー修道院が全盛を極めていたころ、グレゴリウス改革が進める「使徒的生活の希求」とともに『戒律』の原点に回帰する修道院運動が起こる。クリュニーと同じブルゴーニュ地方の北部シトーの地に建てられた修道院は、労働や清貧を修道院生活に甦らせることをめざし、その修道院建築は装飾を一切排した美を追求してゆく。

第5章　シトー修道院の改革

クリュニー修道院の全盛期に、クリュニーと同じブルゴーニュ地方のシトーと呼ばれる地で、ベネディクトゥスの『戒律』の原点の精神に立ち返ろうとする修道士たちの運動が起こった。これは一一世紀後半にフランスやイタリアを中心に始まった「使徒的生活の希求」とも呼ばれる改革運動の一局面で、彼らは聖書に描かれた使徒の共同体や厳しい修行をした初期の修道士のありかたに立ち返ろうとしたのである。

シトーはクリュニーから北に約一〇〇キロ、ブルゴーニュの中心都市であるディジョンからは南東に約二〇キロ余り離れた地にあり、そこではいまでも九〇〇年余の時を越えて修道士たちが共同体生活を営んでいる。残念ながら中世の建造物は一六世紀のユグノー戦争などで破壊されて往時の姿をしのぶのは難しいが、雑踏から離れた静かな野や森に漂う空気に、創立者たちの素朴で凛とした決意が感じられる。

ここにモレームのロベールという名の修道院長が二一名の修道士を率いて修道院を建てたのは一〇九八年で、クリュニー修道院に教皇ウルバヌス二世が訪れ、第六代修道院長ユーグ率いる大勢の修道士たちの前で新修道院聖堂の祭壇を祝福した三年後のことであった。彼らはクリュニー修道院が祈禱中心の生活を営んで豊かになっていることを『戒律』からの逸脱とみなし、『戒律』どおりに修道院に労働を復活させ、貧しさのうちに厳しい修行を行う生活に立ち返ることを目ざした。その精神に共鳴する者が次々とあらわれ、この新たな修道院に入門し、寄進を行った。一二世紀になるとカリスマ的なクレルヴォー修道院長ベルナールの影響もあり、シトーの生活を営む修道院がブルゴーニュを越えて西欧各地に建てられていった。

クリュニーと違い、シトーは傘下の修道院と本院の関係を早い段階で組織化し、定期的な総会と巡察制度を導入して、生活の統一と綱紀の粛正を図った。一二世紀に建てられたシトー傘下の各地の修道院が同一コンセプトで建てられているのはそのためで、装飾を抑制した簡素でシンメトリックな美しさは「シトー芸術」とも呼ばれ、ロマネスク芸術のなかでも異彩をはなっている。ブルゴーニュのほかプロヴァンスやラングドックなどに、美しい自然を借景としていまなお残る初期シトーの美の空間は、公共交通機関によるアクセスは困難であるのにもかかわらず、多くの訪問者をひきつけてやまない。また北海道の当別トラピスト修道院（正式には灯台の聖母トラピスト修道院）、函館トラピスティヌ女子修道院（正式には天使の聖母トラピスチヌ修道院）はシトーの流れをくみ、現在でも広大な敷地の中で労働と祈りの共同生活を営んでいる。

1　シトー修道院の創立

シトー会創立者モレームのロベール

創立者モレームのロベール

シトー修道院の創立と初期の修道院生活を伝える史料としては『シトー修道院創立小史』と『愛の憲章』が知られていて、それぞれ邦訳があり、日本でも研究で頻繁に使用されている。これらの史料はシトー修道院内部で創立の精神を伝えるべく作成されたものと考えられる。成立年代については議論があり、『愛の憲章』については初期の版とのちに成立した版の両方が伝えられている。またシトー修道院創立に言及する修道院外部で書かれた同時代史料もある。たとえばノルマンディー北部のサン・テヴルー修道院の修道士オルデリック・ヴィタールが一二世紀の前半に書いた、有名な『教会史』にもシトー修道院の創立が記されていることから、当時それが評判になっていたことがうかがえる。

　創立者ロベールは一〇二七年ころ、ブルゴーニュに隣接したシャンパーニュ地方トロワの近くで生まれたとされる。近くの修道院に入り、やがていくつかの修道院で副院長や院長を歴任したのちに、ラングル司教区のモレームに修道院を創立した。そこから二一名の修道士を率いてブルゴーニュ東部のシトーに修道院を建てたのが一〇九八年三月のことであった。おそらくロベールは、自分の理想とする修道院生活を模索し続けて、各地を移動していたことと思われる。

『シトー修道院創立小史』は、ロベール一行がまずリヨン大司教で教皇特使をつとめていたユーグを訪れ（クリュニー修道院長ユーグとは別人）、ベネディクトゥスの『戒律』を遵守する生活を営むことを誓い、そのためにユーグと教皇の保護が得られるように要請し、これに賛同したユーグが次のような書簡を発したと記している。この書簡はロベールが『戒律』の遵守をめざしてシトー修道院を創立する意図と、既存の組織との関係を高位聖職者が取り持とうとしている創立時の状況を、簡潔ながら示している。

「あなたとモレーム修道院共同体の数名のあなたの子らが、リヨンの私たちのもとにおいでになったこと、そして同修道院では、聖ベネディクトゥスの『戒律』をこれまでは緩慢な態度で不徹底にしか守っていませんでしたが、今後は一層厳格に、また一層完全にそれに従ってゆきたい旨を誓約したことであります。このことは、上記の場所では、多くの障害によって達成しえないことは明らかなので、私たちは双方の立場をとる者、すなわち、そこから立ち去る者とそこに留まる者らの救いを配慮して、神の寛大さがあなたたちにお示しになるほかの場所へと移り、その場所で、一層健全に、また一層安らかに主に親しく奉仕することが有益であると判断しました」。（灯台の聖母トラピスト大修道院訳『シトー修道会初期文書集』、一部改。以下同じ）

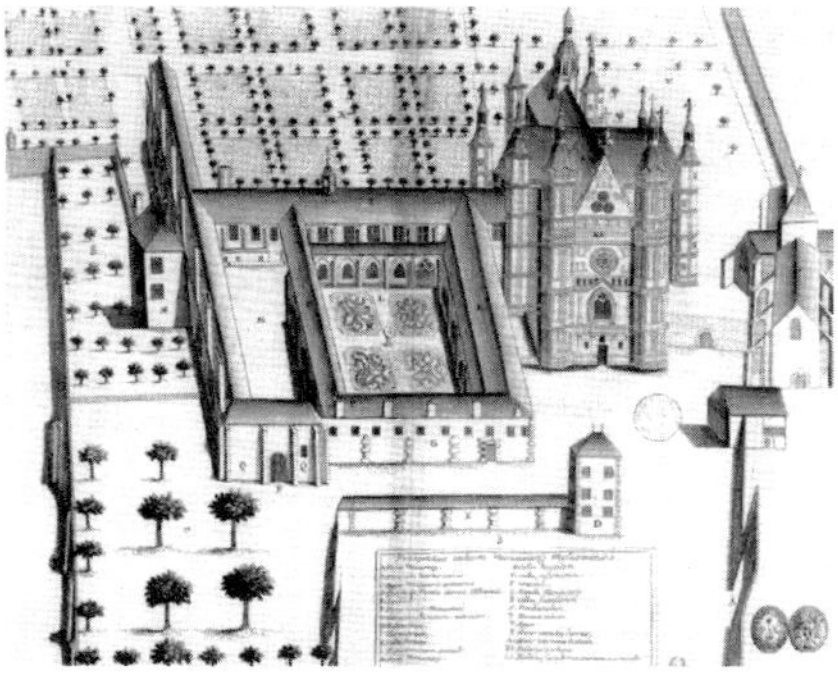
17世紀のモレーム修道院

リヨン大司教と教皇の承認を得て（書簡の最後には双方の印璽がある）、ロベール一行はいったんモレーム修道院に帰り、「戒律に対して熱心なひとびと」を選び、新修道院の建設へと向かう。

「彼らは連れだって一団となり、勇躍、シトーと呼ばれていた人里離れた土地へと赴きました。この地はシャロンの司教区内にあり、当時は生い茂った樹木やいばらに覆われていて、人も近づくことができない場所で、野生動物だけが住んでいました。その地にやってきた神の人たちは、その場所が世の人々の疎んじて近寄り難い地であることから、その地こそ永年心に抱き、そのためにこそやって来た修道に一層適した場所であると判断し、生い茂った樹木といばらの茂みを切り開き、除き去って、シャロン司教の高位とその土地の所有者の承諾を得た上で、そこに修道院を建設し始めました」。（同前、第三章）

史料はシトーの地を人里離れた土地（原文は eremus「荒地」「砂漠」の意）で人も近づくことができないとしているが、現在の研究ではこの地ではすでに数人の農奴が農地で働いていて、小さな礼拝堂があったことが分かっている。また地元の聖俗の承諾を得たことを明記しているように、シトー修道院はとくに司教と友好関係を保つ傾向があり、司教権からの免属特権を求めたクリュニー修道院との差異がある。シトーの「土地の所有者」とはボーヌ副伯のルナール夫妻で、ロベールの遠縁にあたっていた。また章末でブルゴーニュ伯オドが修道院の建設費用を負担するとともに、日常的に生活必需品や家畜を寄付したとある。伯は十字軍遠征に加わって聖地に向かう途中で亡くなり、遺体はシトー修道院に埋葬された。

創立者ロベールが去ったあと

ロベールが仲間たちとシトー修道院の建設にいそしんでいる傍らで、古巣モレーム修道院の修道士たちがロベールの帰還を模索していた。修道士たちの代表はローマに向かい、教皇ウルバヌス二世にロベール帰還命令を発するように嘆願した。シトー移住の翌年の一〇九九年六月ごろにリヨン大司教ユーグはロベール単独のモレーム帰還とシトー修道院の存続を通達し、ロベールはこれに従った。シトーに残った修道士たちは修道院長にアルベリックを選出し、改めて教皇からの保護を書簡で得るとともに、ブルゴーニュ伯の寄進を得て、新修道院の生活の基盤をなした。創立小史第一五章は修道士のための「規定」というタイトルで、生活と心得について記されている。

「その後、かの大修道院長とその兄弟たちは、自分たちの約束を忘れることなく、聖ベネディクトゥスの『戒律』をその地に確立し、遵守することを全員一致して決め、何事でも『戒律』に反することはすべてこれを捨て去りました。すなわちフロッコス（羊毛入りの全身を覆うマント）と毛皮マント、ならびに布地製シャツ、頭巾も、またももひき、シーツと上掛け布団、寝台掛けと食堂のさまざまな料理、同じく脂肪類も、そしてそのほか『戒律』の純正さに反する一切のものです」。

『戒律』どおり修道院に労働を復活させ、貧しさのうちに厳しい修行を行う生活に立ち返ることをめざした彼らは、次の箇所で奉納物や埋葬料などの受け取りを拒否することを定めている。ただ安定した生計を立てるために、『戒律』にはない「助修士」や「雇人」を置くことを定めている。

「見よ、世俗の富を捨て、キリストの新しい兵士として、貧しいキリストとともに貧しいものとなった彼らは、どのような手段、どのような労働組織、もしくはどのような生業によって、自分たち自身と訪れてくる貧富の客たちの生活を、この世において賄うべきかを自分たちの間で検討し始めました。そのとき彼らは当該司教の承認を得た上で、ひげを蓄えた一般信徒の助修士を受け入れること、そしてこの人たちを修道士という身分を除いて、生存中も死後も、自分たちと同様に処遇すること、ならびに賃金労働者をも雇い入れることを決定しました……同様に、人里離れた土地、ぶどう畑、牧場、森、水車と養魚場の河川ならびに馬や有用な種々の家畜などの寄進も受け入れることにしました」。（同上第一五章）

助修士はクリュニーでも採用されていたが、シトーでは労働を主体として活動し、修道院生活をサポートするスタッフとして採用された。ただ最近の研究は助修士の生活やシトー修道士の所領経営は修道院ごとに差異があり、時代を追って変化があったことを明らかにしているが、基本的に助修士はグランギアと呼ばれる農場で生活し、修道院での典礼に参加することは少なかったようである。助修士の修道士に対する割合についても諸説あり、二対一とも三対一とも言われるが、いずれにせよ多数の助修士を採用したことで、シトーの農業経営は飛躍的に能率を向上させた。なお助修士になったのは農民出身者ばかりではなく、領主など高貴で富裕な階層の人たちもいた。

『戒律』にない助修士の導入に見られるように、シトー修道院は『戒律』を文字通り厳密に遵守したというよりは、『戒律』の精神を遵守しつつ彼らの理想を追求したと考えたほうが良い。近年ではアメリカの研究者コンスタブルなどが、『戒律』の「より厳しい遵守」という文言が史料に多く見られることを指摘し、これを「改革のレトリック」と呼んでいる。

スティーヴン・ハーディング修道院長のもとで発展

一一〇九年にアルベリック修道院長が没し、スティーヴン・ハーディングが院長に就任した。モレームのロベールによる創立から一〇年あまりが過ぎて、小さな共同体は創立者の突然の退去とい

クロー・ド・ヴジョ

う危機を乗り越えて、修道院としての地歩を確かなものとしつつあった。

スティーヴン・ハーディングはイングランドの貴族の家に生まれた。子供のころノルマンディー公ウイリアムによるイングランド征服によって一族は滅び、スコットランドを経て大陸に移った。パリで学んだあとローマに巡礼し、イタリアでヴァロンブローザ修道院やカマルドリ修道院など「使徒的生活」を営む修道院改革運動に接し、フランスに戻ったのちにモレームにあるロベールの修道院に加わったと考えられる。

優れた経営手腕を持つ彼のもと、シトー修道院は近隣の有力領主の多大な寄進をうけて所領を拡大し、グランギアと呼ばれるシトー特有の修道院付農場が建てられ、経営が安定した。たとえばシトー修道院が一一一五年に入手したクロー・ド・ヴジョは豊かなブドウ畑となり、現在ではブルゴーニュ・ワインのなかでも上質な品種の生産地として知られている。

いまでは証書などの史料研究から、シトー修道院の所領は『シトー修道院創立小史』で記されているような荒野の開墾によって拡大するだけでなく、農業的・商業的に有利な既耕地を獲得する事例が多く、これを優れた経営力でさらに豊かにしていたことが明らかに

スティーヴン・ハーディングの聖書

なっている。やがてシトー傘下の修道院は、贈与、交換、売買などで所領を隣接地域に拡大し、免税などの特権を獲得して、各地に「シトー空間」とも呼ばれる排他的な領域を作り上げてゆくのである。創立文書の文言のままに自給自足の経済原則に立つシトーという解釈は、次第に相対化されつつある。またスティーヴン・ハーディングは学者でもあり、自ら著作をのこすとともに、写字室では多くの写本が作成され、とくに写本彩色では傑作が生まれた。

こうしてシトー修道院が地歩を固めてゆくにつれて多くの入門希望者が集まり、一一一三年には初めての支院（娘院）ラ・フェルテが、シトーの南に建てられた。ついで一一一四年にはシトー北西部にポンティニー修道院が、一一一五年には北部にクレルヴォー修道院が、北東部にモリモン修道院が建てられた。これらシトーの四娘修道院は、本院であるシトー修道院を東西南北から囲むように建てられ、さらにその娘院が一二、一三世紀を通して西欧各地に建てられてゆくと、四院は各系列の長の役割を果たした。いまなお一二世紀の聖堂と居住空間を残すフォントネー修道院は、はやくも一一一九年にクレルヴォーの系列として建てられたものである。また映画『薔薇の名前』の室内撮影で使用されたことでも知られるライン川沿いのエーベルバッハ修道院は、クレルヴォー修道院の系列として一二世紀に建てられた。このほかにも一二世紀前半にはイングランド、イベリア半島、イタリアにも修道院が建てられてゆき、クレルヴォー修道院長のベルナールが亡くなった一一五三年には、修道院は三四四を数えるまでになった。さらにその一世紀後に修道院の数は六五〇近くになった。

こうして産声を上げたシトー修道院を中心とする修道院のグループをまとめるべく、スティーヴン・ハーディング修道院長は修道院規則として『愛の憲章』を、創立時の初心を残すべく『シトー修道院成立小史』を執筆し、一一一九年には総会を実施した。これは教皇カリクストゥス二世によって承認され、シトー修道院を中心とするこの団体は「シトー修道会」となった。総会は傘下の全修道院の長で構成される修道会運営の最高機関で、九月一三日（聖十字架称賛の祝日の前夜）から七日〜一〇日間行われた。ただ実際に出席できたのは全修道院長の三分の一程度だったと思われる。一二世紀なかばまでの草創期の総会では修道院規定の追加が行われ、これを『総会議決規定集』として文章化した。飛躍的に修道院の数が増加する時期に、総会が修道院規律の維持と統一に果たした役割は大きかったと思われる。また新しい修道院を設立する際には、修道士を派遣する娘院系列の中心である修道院によって審査が行われた。

なお女子修道院も建てられるようになり、互いに系列関係を持つ女子修道院長は毎年の総会を開いたといわれる。

ハーディングの依頼により制作されたヒエロニムスの『エレミヤ書註解』の挿絵

2 クレルヴォー修道院長ベルナール

クレルヴォーのベルナール

一二世紀のカリスマ

彼はサン・ベルナール、あるいは聖ベルナルドゥス、という呼び方で親しまれ、シトーという枠を越えて宗教、思想、美術さらに政治の各分野において一二世紀を代表する人物であったことから、一二世紀を「聖ベルナルドゥスの世紀」と称することもあるほどである。書簡や著作の執筆にとどまらず、各地を旅して聖俗の有力者と面会したり、民衆に説教を行ったりして、直接の影響力を行使した。一〇九〇年に生まれて一一五三年に没した彼の活動期は、クリュニーの尊者ピエールの修道院長在職期と重なっており、さらにパリ近郊サン・ドニ修道院長でゴシック建築の創始者として知られるシュジェの在職期でもあり、それは『戒律』にしたがうさまざまな修道院の全盛期であった。ロマネスクと初期ゴシックの教会の建造、第二回十字軍の出発、王権や教皇権の確立、初期スコラ学の発達に、これら修道院長たちの役割は無視できない。

クレルヴォーのベルナールはディジョン近郊のフォンテーヌで領主の家門に生まれた。シトーの精神に感銘を受けて、一一一三年に親族や友人三〇名とともに修道院長スティーヴン・ハーディングのもとでシトーの修道士になった。スティーヴン・ハーディングは彼の才能を見抜いて、一一一五年に新設のクレルヴォー修道院の院長として派遣した。二〇代なかばで着任したこの若い修道院長は、数年でトロワ・フォンテーヌやフォントネーなどの娘院を新設するなど、さっそく辣腕を発揮した。

一一二〇年代以降には、修道院外の聖俗さまざまな事柄に関与している。トロワの教会会議ではテンプル騎士修道会の認可を支援した。またフランス王ルイ六世とサンス大司教の争いを仲介し、教皇インノケンティウス二世に対立教皇が現れた際には前者を支持して奔走し、ピサとジェノヴァの争いを調停するなどした。さらに一一四五年に弟子が教皇エウゲニウス三世として即位すると、ベルナールは教会政治の中心的な役割を担い、南西フランスで増加した異端カタリ派への対応を行った。一一四六年には教皇の依頼で第二回十字軍の呼びかけをフランス、ドイツ、フランドルで行った。

また書簡、説教、論考など膨大な著作を残し、「マリア博士」「愛の博士」「蜜の流れる博士」「最後のラテン教父」とも讃えられた。彼の論考の多くは「修道院神学」と呼ばれるものに属し、日々の典礼やミサの務めにはげみ、聖書を読み、黙想し、観想し、真理を求めた生活から生まれてきたもので、修道士や聖職者たちに向けた指導書という側面もある。

初期の著作『謙遜と高慢の段階について』は、ベネディクトゥスの『戒律』第七章「修道士の謙遜」で定められた修道士が実践すべき謙遜の一二段階の解説である。また『乙女なる母を讃える』ではマリアの謙遜と純潔を讃え、修道院生活の模範とするように説いている。この時期から西欧でマリア礼拝が盛んになるが、ベルナールはこれに貢献した一人である。『雅歌講話』はクレルヴォーの修道士たちに向けて注解形式で書かれ、『雅歌』では花嫁と花婿の愛を踏まえて、キリストとの霊的一致を説く神秘神学となっている。これは聖書と教父の知識や黙想の体験に基づいて、美しい文体で聖書の言葉の奥義が蜜のように流れる著作と讃えられている。また『恩恵と自由意思について』は、自由意思は神から創造の際に与えられたもので、救いの出発点であると論じ、近世まで影響を与えたとされる。

クリュニーへのメッセージ『ギヨーム修道院長への弁明』

ベルナールは現在知られているものだけでも五〇〇通を超す書簡を執筆した。これは同時期のクリュニー修道院長の尊者ピエールが残した書簡の倍近い膨大な数である。ただ書簡といっても現代の私信とは異なり、公開を前提とした職務文書や論考的性格のものも多かった。たとえば晩年の『熟慮について――教皇エウゲニウスあての書簡』は、元シトー会修道士でベルナールの弟子であった教皇エウゲニウス三世に対して、教皇の務めをいかに果たすかについて、己を知り神を観想することを勧めた助言で、聖俗の別を越えて統治者のあいだで長く読み継がれた。

書簡形式の論考としてもう一つ名高いのは、三〇代で執筆した『ギヨーム修道院長への弁明』で、クリュニー系列のサン・ティエリ修道院長をつとめていた友人のギヨームに向けてシトーの改革精神について弁明するとともに、クリュニーに代表される当時の修道院生活を批判したものである。このテクストは、急速に拡大しつつあったシトー修道院の改革運動と批判の矛先となった当時最大のクリュニー修道院との対立を示すものと解釈されていたが、近年になってクリュニーとシトーの関係は単純な新旧の対立ではなかったと考えられるようになり、単なる論駁書簡とする見方は相対化されている。

一一二五年ころ、ベルナールはこの書簡を出す直前に甥の修道士シャティヨンのロベールへ書簡を出し、シトーの厳格な生活に耐えられずにクリュニー修道院に移籍した甥のロベールに向けて、クリュニー修道院の批判とシトー精神の弁明を記した。シトーの創立者ロベールが元の修道院から帰還を迫られ、教皇や司教がこれを仲介したように、修道士の移籍がもとで修道院間に争いが生じることがあった。ベルナールは甥に向けて書簡を発した同年に『ギヨーム修道院長への弁明』を執筆し、シトー修道会の方針を『戒律』から逸脱した当時の修道院に対する批判とともに示した。これはシトー修道会の若い旗手ベルナールの気概とこれを取り巻く当時の修道院生活を伝える貴重なものである。

『ギヨーム修道院長への弁明』が発せられた少し後に、クリュニー修道院長の尊者ピエールも書簡を発して、クリュニー修道院の生活が『戒律』から逸脱していないことを穏やかに弁明し、これは「クリュニー・シトー論争」と呼ばれたこともあった。ただベルナールの書簡は激しい論調で書かれているが、クリュニー修道院を名指しする批判をせず「あなた（がた）」という表現を使い、彼は同種の批判書簡をこのあと一通も書いていない。むしろ尊者ピエールとベルナールはそののち多くの書簡を交わし（二十数通が現存している）、互いを訪問し、教会の問題に共通で取り組むなど、生涯を通して友好があったことを考慮すべきであろう。それでは『ギヨーム修道院長への弁明』を通してベルナールの主張を考察してみたい。

この書簡は三部構成の長いもので、第一部でクリュニーに対する敵愾心《てきがいしん》を持っておらず、クリュニーの修道院理念を称賛し、教会を一枚の着物に例えて諸修道院や諸身分が一致すべきことを説いている。近年の一二世紀の修道院改革についての研究では、シトーなど新興勢力とクリュニーに代表される守旧勢力の分裂よりは、両方に共通する要素が重視され、修道士同士も教会の一致を求める論調が強かったことが主張されている。たとえば少しあとにリエージュで書かれた『教会にあるさまざまな位階と職務について』でも、新旧約聖書の例を用いて教会内のさまざまな生活形態を肯定している。

第二部は冒頭で「われわれの修道会の中のある者たちについて語らなくてはならない」と述べ、他の修道院を誹謗するシトーの修道士を批判し、自分たちのみが『戒律』を守っていると考えるのは高慢とする。そしてクリュニーが「肉体の鍛錬」よりも「精神の鍛錬」に重きをおいていることを肯定する。クリュニーそのものでなく、現在のクリュニー修道士の悪弊を非難すると明言し、教皇グレゴリウス一世の「真実を放棄するよりは不和が生じたほうがよい」という言葉を示して、逸脱の告発をつづる第三部へつなげる。

クリュニーの当時の生活が、『戒律』からもクリュニーの理念からも逸脱していることを暴露する第三部は、この書簡のなかでも有名で、たびたび引用されている。冒頭でベルナールは「逸脱」に該当する悪弊について概観する。

「修道院で多くの者が救われるために、『戒律』の厳格な部分を弱いもののために和らげることはあったが、『戒律』を破棄するようなことはなかった。また今日多くの修道院で見られるような虚栄や贅沢が勧められたり、許されたなどとはとても考えられない。私はどのようにして修道士たちのあいだで、食事と飲み物、衣服、寝所、乗り物、建物に関するこれほどの放埓《ほうらつ》が根付きえたものかと驚いている」。

そして『戒律』からの逸脱に気がついて、改革の必要性を認識した修道士も、修道院内の人間関係のしがらみなどから、なかなか新しいことを遂行できない現状をも指摘する。

「多くの修道士は、単純にも命じられたがためにこれらの悪弊を行っているのである……共に生活している者とのいさかいを避けるために、己の満足を求めようともせず、他の修道士とのあいだに平和を求めている……理性に従って何かを行ったり、改革しようとすると、権威を盾にして反対する者が出てくるものだ」。

このあと、クリュニー修道院の生活の問題点をことこまかく挙げながら批判する部分が来るが、誇張の可能性はあるものの、ベルナールがクリュニー修道院を訪れたときの体験に基づいて、実際の生活をうかがわせる貴重な証言である。たとえば豪華な食事について、次のように述べる。

「次々と料理が運ばれてくる。ただ肉料理だけは除外されているが、その代わりに二倍の量の大きな魚が出される。最初の料理を満喫して次の料理に手をつけるとき、あなたにはもう魚を味わっていたと言う感覚はないだろう。念入りに、見事な腕前で調理されているので、四皿や五皿を平らげても、次の料理に嫌気がさすことはなく、食欲は失せることがない……

あなたはたった一回の食事に半分ほど葡萄酒の入った杯が三、四種類出されているのを見かけるだろう。そしてあなたはさまざまな葡萄酒を、飲むというよりも香りを堪能し、啜《すす》ると言うより舌で味わい、鋭敏な感覚とすばやい認識で多くの葡萄酒の中から最も強い一種類の葡萄酒を選ぶようになる」。

なおベルナールは慢性的に胃弱に悩んでいた人なので、ブルゴーニュ地方の特産品を生かした美食の誘惑に駆られない利点（?）を備えていたかもしれない。この節の末尾で「私はやっとのことで寝台にたどり着いたときには、酩酊した罪悪感よりも、もう二度と食べることが出来ないほどの

苦痛にさいなまれた」と書いている。さらに使徒たちの貧しい暮らしを模範として、批判は豪華な衣服に向けられる

「（修道制の）創始者は使徒たちであり、その構成員はパウロがしばしば聖なる人と呼んだ人たちであった。彼らのうち誰一人として私物としての物を持たず、聖書に書かれているように、必要に応じておのおのに分配し、子供じみた願いをすることはなかった……あなたは使徒がそのときビロードや絹でできた衣服を求め、金貨で二〇〇ソリドゥスもする騾馬《らば》を調達したとでも思うのか……言うのはつらいのだが、修道服は謙遜のしるしであったはずなのに、われわれの時代の修道士は高慢のしるしとしてまとっている」。

批判はこれらの悪弊をゆるした修道院長に向かい、修道院長自身の逸脱を指摘する。

「修道院長の一行が司教二人分にも匹敵するほど華やかに、騎乗した従者の行列を組み、長髪の従卒たちに囲まれるとはどのような謙遜なのだろうか……あなたはその行列が通過するのを見たら、それは修道院の上長ではなく城主であると、霊の導き手でなく領地を支配するものだと言うだろう。彼らはナプキン、杯、盆、燭台を携え、旅行鞄は質素な毛布でなく豪華な寝台掛けのために満杯になっている。行列が館を出発して四リューに達しようというのに、荷物のすべてを運び出し終えていないほどであった」。

ここで「司教二人分にも匹敵する」というのは単なる比較ではなく、前章で述べたようなクリュニー修道院と地元司教の実際の関係を念頭に置いて解釈できるかもしれない。クリュニー修道院は地元の司教からの独立を求めて教皇から免属特権を獲得し、ウルバヌス二世教皇期には司教と同等の権限をしめす衣や標の着用を許された。この書簡が書かれる二年前の第一ラテラノ公会議では、

司教たちのクリュニーに対する不満が噴出している。これに対してシトー会は地元の司教と協調路線をとっていて、この部分はベルナールが司教の立場を代弁した可能性もある。

なお第三部の後半で「あなたがたが修道会の模範であり、父として誇りにしている修道院長たち、聖オドン、聖マイユール、聖オディロン、聖ユーグはこのようにふるまうべきだと思い、考えたのか」と述べ、クリュニー歴代の修道院長を讃えながら、現状の修道院生活に対する批判を述べている。この一連の論述はクリュニーを根本から批判をしていないことを示している。

いっぽう尊者ピエールはシトーの批判に答えて、クリュニーの規律粛正に尽力し、クリュニー修道院で初めての総会を開催し、改革規則を執筆したことは前章で述べた。尊者ピエールが総会を開いたとき、クリュニー内部からはこれをシトーの真似であるという批判が出たほどであった。

3　ベルナールの求めた美

簡素を理想として

ベルナールの批判は最後に修道院の華美な装飾にいたる。これはクリュニー修道院だけでなく、当時の教会芸術の華美な部分を批判しながら、シトー独自の美意識を表明した部分として有名である。書簡の書かれた一一二〇年代は、ロマネスクと呼ばれる芸術様式の後半期にあたっていて、修道院や司教座の聖堂は重厚な石造の建築となり、その入り口、柱、壁、床、天井、祭壇には彫刻や絵画などの装飾が施され、祭具や聖遺物容器なども豪華な工芸品となった。修道院教会や回廊の彫刻をベルナールは次のように批判する。

クリュニー修道院の聖堂柱頭

「しかし修道院（禁域）において書を読む修道士の面前にあるあのような滑稽な怪物や、驚くほど歪められた美、もしくは美しくも歪められたものは何のためなのか。そこにある汚らわしい猿、猛々しい獅子、奇怪なケンタウルス、半人半獣の怪物、斑の虎、戦う兵士、角笛を吹き鳴らす猟師は何なのか……一言で言って驚くほど多様な姿をしたさまざまな像が、数多くいたるところにあるために、修道士は書物よりも大理石を読み解こうとし、神の掟を黙想するよりも、日がなこれら奇怪なものを一つ一つ愛でていたくなるだろう。おお神よ。こんな馬鹿げたことを恥じないまでも、なぜせめて浪費を悔やまないのであろうか」。

この書簡の書かれていたときに完成間近だったクリュニーの巨大な聖堂は革命後に壊されてしまったが、柱頭を飾っていた見事な彫刻のいくつかが現存し、クリュニー修道院跡の美術館で往時の姿をしのぶことができる。

同時期に作られたクリュニー系列の修道院聖堂のなかで、たとえばブルゴーニュ北部のヴェズレー修道院やラングドックのモワサック修道院では、一般信徒を受け入れていた聖堂だけでなく、修道士の居住空間にも回廊を中心に当時のロマネスク彫刻の傑作が今なお残っている。これらの修道院は当時盛んになりつつあったサンティアゴ・デ・コンポステーラに向かう巡礼路にあり、聖堂にはイベリア半島をめざす多くの巡礼者が訪れ、宿を借りるだけでなく同修道院が所蔵する聖遺物を

ヴェズレー修道院（タンパン）

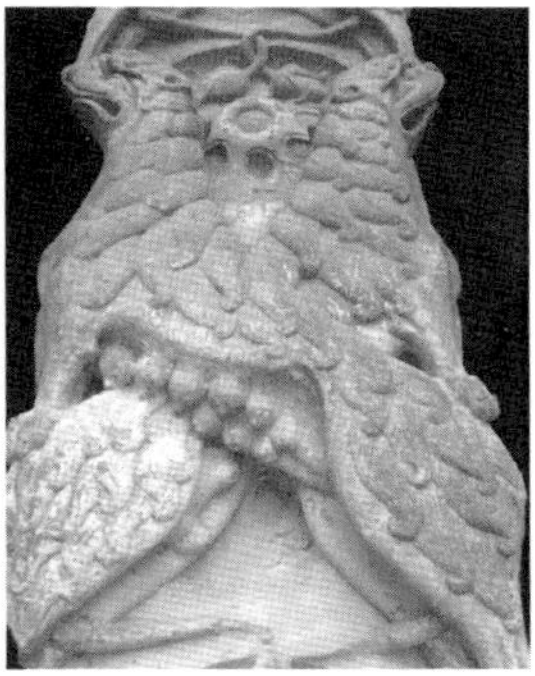
モワサック聖堂（入口柱彫刻）

拝んだと思われる。とくにヴェズレー修道院は、一一世紀にマグダラのマリアの遺体が「発見」されて以来、奇跡を求める訪問者が殺到した。巡礼熱の高揚と教会の対応について、ベルナールは上記の書簡で次のように釘を刺す。

「浪費することによって布施が増え、浪費の結果財産が増える。なぜなら、このような贅沢で驚嘆を呼ぶ虚飾を見たときに、人間は祈りよりも奉納へとせき立てられるだろうから。富が富を引き寄せ、金銭が金銭を引き寄せる。私にはわけがわからないのだが、贅沢に見える場所に限って布施が気前よく集まるものだ。黄金でおおわれた聖遺物箱が目にとまったときにはもう財布の口が開いている。聖人や聖女の素晴らしい像が飾られるとき、彩色が鮮やかなほど高い聖性を帯びると信じられている」。

それではベルナールの求めた美とは、いいかえるならシトーの芸術とはどのようなものだったのだろうか。シトー本院は創立時の面影をほとんど残さないが、ベルナールの存命中に建てられた修道院聖堂や施設が各地に現存し、初期シトーの美を今に伝える。とくにベルナールの院長就任直後に建てられたクレルヴォー修道院の娘院フォントネー修道院は、主

セナンク修道院

フォントネー修道院

ポンティニー修道院聖堂

に一一四〇年代に建てられた建造物の大半が良い状態で現存している。またプロヴァンスの三姉妹といわれるル・トロネ修道院、シルヴァカーヌ修道院、セナンク修道院も、ほぼ同時期に建てられた初期シトーの美の証言者である。フェルナン・プイヨンの『粗い石』という小説は、ル・トロネ修道院の建築をめぐる物語で、現場の棟梁の役にあった修道士の日記というかたちで粛々と苦労話が語られる。

シトーの四娘院の一つポンティニー修道院は一一五三年以降に建てられた聖堂と若干の建造物を残している。これはベルナール没後のいわばシトー第二世代に属し、初期ゴシック建築の傑作である。またシトー修道会が南西フランスからカタロニア地方にかけて拡大した時期に、バルセロナ伯の保護のもとに建てられたフォンロワド修道院は、一二世紀末の建造期の状態を良く残している。なお北方のドイツ、ベルギー、イングランドにもシトー会修道院は数多く建てられ、高い評価を受けている建造物も多い。

初期シトー修道院は統一した美意識のもとに建てられた。ベルナールが書簡で示した簡素な美を追求した主張は、一一三四年の修道会総会で具体的に決議され、修道院は往来しがたい場所に建てられ、聖堂、食堂、寝室、外来者用個室などの建物を備えるべきこととし、違反があった場合には撤去すると定めている。またガラス窓は透明にすべきこととし、キリスト像以外の一切の像を禁止した。美しさと理想だけでなく、修道院生活を営むための現実的な配慮もうかがえる。こうして一切の装飾を排した独特な幾何学的な石造空間が各地に現れることになった。

シトー芸術

このような美意識で作られた空間とは実際にどのようなものであったのだろう。初期の修道院の全体像を残すフォントネー修道院を訪ねてみよう。ブルゴーニュの中心都市ディジョンからパリに向けて三〇分ほど鉄道に乗り、モンバールという小さな駅で降りる。この駅の名はベルナールの伯父で、修道院に土地を寄進したモンバール伯家に由来するかもしれない。そこから八キロほど離れたブルゴーニュ北部の豊かな森に囲まれた河川のほとりに、フォントネー修道院は静かに佇んでいる。総会決議が示すように、どのシトー修道院も創建の際に立地が検討され、どの修道院も宗教生活だけでなく経済的な営みが成り立つように吟味されたことがわかる。とくに豊かな水流を持つ河川のほとりが選ばれ、水は農作物や果実を実らせ、水車を回し、養魚地をうるおし

フォントネー修道院①　用水路

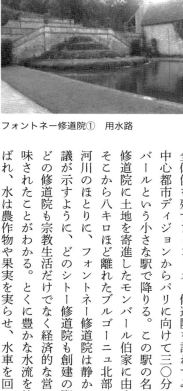

た。また修道院の中には溝や管で食堂、厨房、噴水などに水が導かれた。フォントネー修道院を囲む壁は現存していて、二階建ての館の形をしている門を通って修道院の領域に入ると、そこは初期シトー会修道士の静謐な楽園である。

門を入って左手に聖堂があり、それと隣接して敷地中央にかけて修道士の生活区域が完備している。右手には鍛冶場をもつ作業用の館があり、修道院内にひかれた用水路（①）の水音が石と樹木にこだまし、水車が勢いよく回る。かつては鉄をうつ槌の響きがこれに加わったことだろう。

聖堂（②）に向かう。正面入り口の壁面は一切の装飾を欠くが、上部の大小七つの窓と入口の柱がシンメトリックな美しさをたたえ、祈りと瞑想の空間としての厳粛さを感じさせる。この聖堂は一一四七年に、晩年のベルナールと教皇エウゲニウス三世の出席のもとで、献堂式が行われた。内部に入ると、身廊天井の八つの尖塔アーチに導かれるように、視線は薄暗い空間を貫いて正面の窓ガラスに向かう（③）。方形の祭室のある内陣の上には上下三枚の窓が、内陣の入り口上にある五枚の窓からはまぶしい光が注ぐ。身廊の高層階に窓がないだけに、この光は天から降りてくるような印象も与える。

左右には翼廊が一段低く作られ、左側はもう一つの出入り口があり（④）、右側には階段があって二階部分にある修道士の共同寝室に直結し、ここからが居住区域になる（⑤）。寝室は丸い天井を持ち、壁面には聖堂と同じ細長い窓が整然と作られている。その一階部分は修道士の集会室や写字室などがあり、方形の中庭（⑥）をぐるりと囲んで回廊が建てられている（⑦）。修道士が瞑想し、読書し、宗教行列を行った空間は、中庭に向いて柱を伴う整然とした半円形アーケードで開放されている。アーケードの屋根は尖塔ヴォールトがリズミカルである。同時期に建てられたシトー会修

フォントネー修道院③　聖堂内部

フォントネー修道院②　聖堂

フォントネー修道院⑤　寝室への階段

フォントネー修道院④　翼廊

フォントネー修道院⑦　回廊

フォントネー修道院⑥　中庭

フォントネー修道院⑧　回廊

フォン・フロワド修道院　回廊

ル・トロネ修道院　回廊

道院の回廊は、基本的なコンセプトは変わらないが、それぞれが微妙に異なる。フォントネーのそれは大きなアーケードの真ん中に細い二本一組の柱を持つエレガントな形だが⑧、南仏のル・トロネ修道院の回廊は少し小さめのアーケードの中に一本の柱が立ち、上部には円形の窓が開く「一つ目」と呼ばれる形式でシックな印象を受ける。少しあとでできた南西フランスのフォン・フロワド修道院のアーケードは「一つ目」もしくは「三つ目」で、それぞれ柱が二本一組で四列並び、柱頭には彫刻こそないものの植物模様のようなものが施され、シトー建築にしては豪華な仕様である。

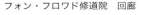

　フォントネー修道院の修道士居住空間のうち、回廊の外側にあったはずの食堂は残念ながら現存しない。そこから出て作業場跡に入ると、鍛冶場のあとの大きなかまどが残り⑨、水車が再現されている⑩。

この清楚な空間に漂う簡素な精神は、聖像を禁止したビザンツのイコノクラスムや、密教のような可視的な表現に袂を分かって瞑想に向かう禅の精神を思わせる。また四世紀後に起こる宗教改革との整合点を見出すこともできる。ちなみに宗教改革の旗手マルティン・ルターはクレルヴォーのベルナールを尊敬し、著書『熟慮について』を讃えている。

フォントネー修道院⑨　鍛冶場

フォントネー修道院⑩　水車

激しい言葉で規律からの逸脱を批判し、アベラールの教えを断罪し、カタリ派を異端として攻撃したベルナールには、容赦ない側面を見るかもしれない。しかしフォントネー修道院の静寂さは、和合ありきの妥協から生まれた穏やかさではなく、対立を恐れない信念に基づく真の調和なのだろう。シトー会は決して排他的な集団でなく、実際は既存の修道院や別系列の改革修道院とも連携しつつ、一二世紀という時代を築いていったといえる。

シトーをはじめとする改革修道院の動きはグレゴリウス改革の目指した使徒的生活の希求の路線と一致していただけでなく、聖俗の分離をめざした聖職者の綱紀粛正を支えることにもなった。改革修道院のなかでも次章で紹介するラ・グランド・シャルトルーズ修道院は、シトーの精神の影響を受けながら、清貧と沈黙を重視する独自の発展を遂げ、修道院に個室を導入した。

第6章　ラ・グランド・シャルトルーズ修道院の「大いなる沈黙」

シャルトルーズ博物館　旧修道院「下の家」

フランス南東部の都市グルノーブル近郊の険しい山道を、車で二〇キロちかく上っていったところに、ラ・グランド・シャルトルーズ修道院の博物館があり、一〇八四年の創立にさかのぼる歴史や生活を学ぶことができる。標高八五〇メートルにあるこの建物は、かつてはこの修道院の助修士が居住する館であったが、いまでは博物館になっていて、修道院で生産している名物のリキュールを産地直売で買い求めることもできる。この「シャルトルーズ」という名のリキュールはハーブが効いた独特の香りで知られ、カクテルやケーキの材料としても用いられることが多く、日本でもときおり見かけることがある。そこから徒歩で静かな小道を二〇分ほど上っていった標高約一〇〇〇メートルの高地に、聖堂、修道士の居館、諸施設を備えたラ・グランド・シャルトルーズ修道院がある。

高い壁で囲まれた敷地の中で、現在でも修道士たちが生活をしているため、内部に入ることはできない。創立以来九〇〇年近く扉を閉ざして厳しい規律を守り続けているこの修道院は、二〇世紀の末になってはじめて映画撮影を許可し、ドイツ人の監督フィリップ・グレーニンクが単独で修道士たちと生活をしながらカメラを回した。これはヨーロッパで公開されて大きな反響を呼び、日本でも『大いなる沈黙へ』というタイトルで公開され、話題になった。

ラ・グランド・シャルトルーズ修道院

1　ブルノによるラ・グランド・シャルトルーズ修道院の創立

第二のエジプト

モレームのロベールに率いられた修道士たちが、ベネディクトゥス『戒律』の原点に立ち返ろうとシトーの地に「新修道院」を建てたころ、フランスやイタリアの各地で厳しい修道院生活の原点に返ろうとするさまざまな運動が起こっていた。そのなかに『戒律』第一章で、修道生活の最も高いレベルとされていた隠修士の生活をめざす人々が数多く現れ、注目された。シャルトルーズの創立者ブルノもその一人だった。『戒律』は次のように定義している。

「隠遁者とも呼ばれる隠修士は、修道生活に入った当初の熱意の段階を超え、修道院における長期の修練を経て、多くの同僚の助けによって悪魔と戦うことを学び、鍛錬を重ねた後に兄弟たちを後にし、荒野での孤独な戦いに向かう彼らは、いまや神の助けのみで、独り、肉体と思考の悪徳と戦うことが出来る」。

ここで「荒野」とあるように、修道士のルーツは第1章で述べたように、迫害時代に中東やエジプトの荒野で生活する隠修士たちだった。西欧中世の修道院は、『戒律』が定めるような共同生活をするものとなってゆくが、修道士のなかでは高度な修行に向かう隠修士への尊敬と憧れは絶えることはなく、クリュニー修道院のなかにも隠修士の庵があり、そこで一部の修道士が隠遁修行を許された。ところがシトー修道院が建てられた一一世紀の終わりになると、数多くの隠修士が現れ、隠遁生活を行うようになる。そのころ北フランスで活動した隠修士ティロンのベルナール（クレルヴォーのベルナールとは別人）の伝記はこの様子を次のように伝えている。

「メーヌとブルターニュの境にある広大な僻地は、そのころまるで第二のエジプトのように、無数の隠修士で満ち溢れていた。独立した小屋に住み、高邁な人格を備えた彼らは、その卓越した修道生活の規律で名高い……ピエールという隠修士は畑を耕すことも菜園を作ることもできなかった。糸紡ぎの仕事で日々をしのいでいたが、食卓の皿にのるのは、いつも若い木の芽ばかりであった。そのたいへん小さな住まいは木の皮で作られていて、嵐のせいでほとんど廃墟と化した聖メダールに捧げられた聖堂のなかにあった」。

一一世紀終わりから一二世紀初頭という時代の西欧は、農業生産の増大、人口の増加、産業や商業の活性化などで活気づいていて、教会もまたグレゴリウス改革と呼ばれる教皇を中心とした刷新運動を始めていた。教皇を頂点とする組織改革が行われ、民衆への説教や指導など司牧に積極的に向かう姿勢が重視されるようになり、改革をめざす修道士たちはそれぞれのやり方で原点に回帰することをめざした。シトー修道士は前章で述べたようなやり方でベネディクトゥスの『戒律』に立ち返ることを強調し、シャルトルーズ修道士は『戒律』を重んじつつエジプトの隠修士たちの生活を希求した。

英語で刷新や改革のことをリフォームというが、この言葉をよくみると、「フォーム」すなわち「形」を、「リ」すなわち「元通り」にするという作りになっている。レオナルド・ダ・ヴィンチなどに代表されるルネサンスは「再生」を意味するフランス語で、ルターに始まる宗教改革は英語ではリフォメーションで、リフォームとほぼ同じような語源である。一一世紀にはじまる宗教運動も、時を経て歪んだものを元通りにするという理想を読み取ることができる。

聖ブルノ（ホセ・デ・リベーラ画、1643年）

ブルノの隠遁

ラ・グランド・シャルトルーズ修道院はシトー修道院よりも一〇年あまり早い一〇八四年に、ブルノによって建てられた。創立者のブルノについては、伝記や弔辞が残り、本人が執筆した書簡二通が知られているほか、同時代のさまざまな史料に言及があり、生涯の輪郭がわかっている。彼は一〇三〇年ころドイツのケルンに生まれ、聖職者となった。その後フランス北部のランスに移り、一〇五六年にランスの大司教座付属の学院長となり、教え子からは教皇ウルバヌス二世など高位聖職者が輩出した。一〇七四年にはランス大司教マナセから、大司教を補佐する地位に任命された。四〇代も半ばを過ぎて順風満帆に見えたブルノだが、一〇七六年に改革を推進する教皇グレゴリウス七世の特使ユーグが聖職売買の摘発をフランスで始め、マナセが聖職売買によってランス大司教に登位したことを摘発したことから、ブルノは混乱に巻き込まれることとなった。

ブルノは大司教座参事会員の先頭に立ってマナセ大司教を糾弾し、真っ向から対立することとなった。一〇八〇年にリヨンで開かれた教会会議の決定で大司教は解任され、ブルノは大司教の後任に推薦された。しかしブルノはこれを辞し、一〇八一年に公職から退いて隠遁生活を始めた。五世紀にランス大司教レミギウスがメロヴィング朝フランクの王クローヴィスに洗礼を授け、やがてはカペー朝フランス王の戴冠式を挙行するなど、歴代のランス大司教は王権の傍にある由緒ある地位であった。五〇歳になったブルノがこれを辞した理由は明確にはわからないが、同時代の隠修士たちは隠遁前に聖職者の綱紀粛正に尽力していた者が多く、隠修士や改革者に共通したベクトルが存在するようである。

一〇八一年にランスを去ってから一〇八四年にラ・グランド・シャルトルーズ修道院を創立するまでの足取りについて、一三世紀に同修道院で書かれたブルノの伝記は詳しく語っていないが、近年の研究でブルノはフランス各地の改革派の修道院を訪れ、さまざまに模索をしていたことが明らかになっている。おそらくブルノは二人の弟子を連れてランスを去り、一五〇キロ南に離れたモレーム修道院を訪れたと思われる。第5章でふれたように、のちにシトー修道院を創立するロベールがモレームで修道院長を務めていた。

次いでブルノはそこから八キロ離れたセーシュ・フォンテーヌの地に庵を結ぶが、そこには満足しなかったようで、一〇八四年に六人の仲間を連れてグルノーブル司教ユーグの元を訪れた。この司教も改革推進派で、改革に挫折したときに一年のあいだラ・シェーズ・デューという大きな修道院に隠遁したことがあった。ユーグはブルノ一行の訪問を歓迎し、司教区内のシャルトルーズ山系に修道院を建てることを許可した。

ブルノが六人の仲間と共に修道院を建てた地は、グルノーブル近郊の険しい山中にあり、土地は傾斜していて修道士たちの居住する家は標高一〇〇〇メートルの地に建てられた。それは石造の聖堂と木造の粗末な居住区で、現在の修道院の建物とは二キロほど離れていたようである。気象条件は厳しく、牧畜は可能だが農耕はほとんど不可能だった。修道士たちは雪害に悩まされ、一一三二年の一月には修道院の建物が雪崩で倒壊して、犠牲者が出た。ただ修道院創立文書には家畜の水飲み場、鉄を精錬するかまど、石切り場などが記されていることから、人跡未踏の地ではなく、牧夫や鉱夫がすでに行き来していたことと思われる。

ブルノは成文規則を残さなかったが、創立を援助したグルノーブル司教ユーグの伝記や初期の修道院を訪問した修道士の記録などから、彼が営んだ生活のあらましを知ることができる。それによると、それはエジプトの荒野でアントニオスが営んだような独居生活とベネディクトゥスの『戒律』が定める共住生活の融合をめざしたものであった。修道士は独立した部屋（個室）の中に二人一組で住み（のちに一人で住むようになる）、祈り、読書、手仕事を営み、平日であれば一日に晩課と朝課の二回のみ修道院聖堂に集合した。平日は食事を個室でとったが、主日と祝日は食堂に集まってとった。そして二人の助修士が修道士たちの生活を支えるために居住していた。なおグルノーブル司教のユーグも、ラ・グランド・シャルトルーズ修道院内に自分用の個室を保持し、たびたび滞在していたと伝えられる。

ブルノはラ・グランド・シャルトルーズ修道院を創立して数年が過ぎた一〇九〇年に、ランス時代の教え子だった教皇ウルバヌス二世にローマに呼ばれ、教皇の顧問として教会改革の先頭に立つことになった。当時改革派の修道士が高位聖職者に任命されることは稀ではなく、シトー修道士やブルノ後継者たちからも多くの司教が輩出し、クレルヴォーのベルナールの弟子が教皇となったことは前述した。ブルノは二度とラ・グランド・シャルトルーズに戻ることはなく、一一〇一年に南イタリアのカラブリア地方で没した。

ブルノが去った後の修道院

シトーと同じくラ・グランド・シャルトルーズも発足後まもなく創立者を失うことになった。シャルトルーズの場合、修道院は一時的に解散となったが、教皇ウルバヌス二世はこれを教皇保護下において土地が修道院に返還されるよう配慮し、ブルノも書簡で後継の修道院長を指名していた。そしてグルノーブル司教ユーグの物心両面の献身的な支援で、修道院は存続することができた。

ユーグ司教は晩年のブルノをカラブリアに訪問するなど敬意を絶やさず、ラ・グランド・シャルトルーズ修道院の典礼で使用する『交誦集』の作成に協力し、のちにシャルトルーズ独自の会則執筆を促すなどした。ユーグ司教は修道院の所領を特権空間として保つべく、また外部からの権利侵害を阻むべく、地域教会の監督者としてさまざまな措置を取った。その一つとして、侵入者を遠ざけるために所領の境界に見張り小屋を建て、女性や武装した者の通行、狩猟と漁労、家畜の飼育と通行を禁じた。しかしこの時期の史料は、侵入者をめぐるトラブルが少なくなかったことを物語っている。たとえば近隣の者が所領内で採鉱活動を行った事件では、この違反者たちは司教によって鞭打ちと破門の刑に処された。先に述べたように、近隣者にとって修道院の敷地は以前から牧畜や採鉱を行う場であったので、いわば既得権と解釈したのであろう。

なお修道院創立時に土地を寄進した領主たちはその後も寄進を続け、一〇九九年から一一二九年の三〇年間で修道院の所領は四〇〇〇ヘクタールに達した。寄進者たちは寄進地に対する権利を放棄していたため、境界線が修道院から遠くなるにつれて修道士たちの生活は外界から隔絶されるようになってきた。そして一一一五年に最初の支院がポルトに建てられると、レゼクージュ、デュルボン、シルヴ・ベニトなどの支院が相次いで建てられた。

第五代修道院長ギグ（グイゴ）――『シャルトルーズ修道院慣習律』の執筆

このように修道院の運営が安定し、支院が建てられるようになると、ユーグ司教は当時のラ・グランド・シャルトルーズの修道院長を務めていたギグに成文規則を執筆するように勧めた。ギグは一〇八三年ころ生まれ、一一〇六年にラ・グランド・シャルトルーズ修道院に入り、一一〇九年に修道院長に就任した。すでにブルノの次世代に入っていて、支院間での生活の統一に加えて創立の理念を文章化しておく必要が生じたのも、規則の成文化を促した要因だろう。ギグは一一二〇年代に『シャルトルーズ修道院慣習律』を著したが、そのほかに四七六章におよぶ『瞑想録』や『グルノーブル司教ユーグ伝』を執筆し、有力な修道院長や教皇など高位聖職者と書簡を交わすなど、修道院長職を全うしつつ、文書を通して修道院外部とコンタクトを持った。ギグは慣習律の第二八章で隠遁者の外部に対する使命について次のように記している。

「書物をわれわれの魂の永遠の食物として最大の注意と熱意をもって保存し、作成することを望む。それはわれわれは神の言葉を宣べ伝えるのを口ではできないので、手によって行うためである」。

第4章で扱ったクリュニー修道院長、尊者ピエールの『奇跡について』第二巻の二七、二八、二九章には、ラ・グランド・シャルトルーズ修道院にまつわる物語が収録されている。尊者ピエールはクリュニーの修道院長に就任する前に、ラ・グランド・シャルトルーズと同じ地域にあるドメーヌの修道院長を務めていて、その在職中にギグのもとを何度も訪れていた。尊者ピエールはほぼ同じ年齢のギグを生涯尊敬し、そのことをいくつかの文章に残している。『奇跡について』に収められた同修道院にまつわる三つの物語のうち二つはクリュニー的な奇跡物語で、悪魔の攻撃を神とマリアが救った話、早世した弟子が師の前に現れて祈りが通じたことを告げる話である。もう一つは同修道院の生活の報告に近いもので、おそらく尊者ピエールが訪問したときの見聞をもとにした初期シャルトルーズの生活を伝える貴重なものである。「シャルトルーズの修道士たちの慣習」と題したこの章は、この修道院を多大な賛美で紹介する次のような文章で始まる。

「われらのヨーロッパのあらゆる修道誓願のなかで、ほかの修道会よりも聖なる確かな誓願がある。それはわれらの時代に偉大で博学で聖なる師父たちによって、すなわちケルン出身のブルノ師、イタリアのランデュアン師やそのほかの誠に偉大で神を恐れる人たちによって建てられた」。

そして具体的な修道院の描写を交えつつ、修道士たちへの賛美を語る。

「古代エジプトの修道士のように、彼らは常にそれぞれの個室で暮らし、そこで絶えず沈黙、読書、祈り、書物の写しを主とする手仕事に向かっている。この個室のなかで、聖堂の鐘の知らせによって聖務日課のうち一時課、三時課、六時課、九時課、終課のつとめを果たす。晩課と朝課は修道士全員が聖堂に集まって……神に祈りをささげる……祝日はこの慣習の例外で、彼らは二度の食事を個室でなく共にとる。聖堂で定時の祈りを唱和するだけでなく、六時課と晩課のあとは食堂で一緒に食事をする」。

　報告の最後の部分で尊者ピエールは質素な食事について記している。

「野菜の摂取が許された日に、決まったやり方で受け取り、自分たちで下ごしらえをして調理する。規則が定めるように、これは食堂で一緒に食べず個室で一人で食べるときのみにあてはまる。彼らはいかなるときも葡萄酒を飲まない。食事の前も後もである。もしのどが渇いたときには、葡萄酒でなく水を飲む」。

　第5章で述べたように、クレルヴォーのベルナールによって豪華な食生活を批判されたクリュニーの修道院長が、極端なまでに食事を制限する生活を賛美していることに注目したい。これらの報告は、次節で紹介する『シャルトルーズ修道院慣習律』が実際に修道院で守られていた証言であり、言い換えるならギグは修道院で営まれている生活をそのまま文字化したのかもしれない。

ラ・グランド・シャルトルーズ修道院を訪問するベルナール（ヴィンセンツォ・カラドゥッチ画、1632年）

　クレルヴォーのベルナールがラ・グランド・シャルトルーズ修道院を訪れたのは、ギグが慣習律を執筆中の一一二三年のことと思われる。その後ギグに宛てたベルナールの複数の書簡には深い敬意が記されていて、ギグが『瞑想録』を贈ったことに対する謝辞を記した書簡では、シャルトルーズの生活を賛美しつつ、極端な苦行に陥ることのないように助言をしている。またベルナールはシャルトルーズの支院創建に際して援助をしたり、支院のポルト修道院の修道士がパヴィア司教に選出された際には教皇に書簡を送って、シャルトルーズの生活がふさわしいこの修道士を元に戻すよう願いを出している。いっぽうギグも慣習律の執筆に際してシトーにかなり学ぶところがあったものと思われる。たとえば第五五章の沈黙に関する規定で、次のように述べている。

「助修士たちはどこにいても食事中は沈黙を守る。われわれがこの規定を定めるのは、最も尊敬すべきで、最も神に愛されたシトー会の修道士を模範とするものである。彼らが信仰と規模において偉大なものに発展しているのはわれわれにとって大きな喜びである。シトー会の人々は、助修士であっても修道士であっても、食事中に話さないのである」。

ギグは慣習律で外部へのメッセージを発する使命を記していたように、一一三〇年代の書簡（宛先匿名）でも隠遁生活を送りながら外部の事柄に関心を持つ使命とその難しさについて記している。彼が多くの有力者に書簡を送ったことはその発露であろう。一一二八年には創立間もないテンプル騎士修道会総長ユーグ・ド・パイヤンに書簡を送って激励し、一一三〇年のインノケンティウス二世の選出に際して対立教皇が立った時には、尊者ピエールやクレルヴォーのベルナールと共にインノケンティウスを支持し、教皇と関係者に書簡を送っている。インノケンティウス側の枢機卿エメリクに宛てた書簡では、ラ・グランド・シャルトルーズ修道院への訪問に感謝するとともに、対立教皇が出現して教会が分裂し、キリスト教徒が殺しあっていることを「われらの罪」と嘆いている。

そして使徒たちが営んだ清貧の生活と一二世紀の豪奢を対比して、俗世は「貪欲と快楽と傲慢の代わりに、われらの清貧と断食と謙遜を学べばよい」と述べている。

ギグをはじめとして同時代の代表的な修道士たちは、隠遁生活の目的を世の救済のためと考えて、それぞれの方法で影響力を行使した。また修道士たちが、キリスト教社会の一致を理想と掲げつつ、修道士身分が諸身分の模範という自意識を持っていたことが、ギグの書簡からうかがわれる。

2 『シャルトルーズ修道院慣習律』

ブルノが創始し、映画『大いなる沈黙へ』で紹介された修道院生活を、ギグが記した『シャルトルーズ修道院慣習律』をひも解きながら考察してみよう。この慣習律は三支院の修道院長に宛てたあいさつ文で始まる書簡形式で、序に続く八〇章からなる。序文でギグは、グルノーブル司教ユーグの依頼によって執筆したと述べ、慣習律の内容はベネディクトゥスの『戒律』、ヒエロニムスの書簡集、そのほかの「正統なる著作」のなかにすでに記されているとして、これらの史料に多くを汲んでいることを示す。一二、一三世紀に作成された慣習律の写本のなかで、シトー会の修道院が保存しているものもあることから、これが外部に献呈されて修道院の生活と理念を伝える役割を持ったことが示唆される。慣習律は一一三三年に教皇インノケンティウス二世によって認可された。

孤独な生活と共住生活の融合

この修道院生活の特徴は、当時多くの修道院がベネディクトゥスの『戒律』に従って修道士が衣食住をともにする生活を営んでいたのに対し、修道士に個室を与えて孤独な生活を許したところにある。修道士が個室に住むのはこれが初めてではなく、古くはアントニオスのような隠修士たちの独居生活があり、一一、一二世紀の改革修道院のなかにはカマルドリ修道院のように個室を導入したタイプもあった。

ラ・グランド・シャルトルーズ修道院の生活の特徴は、尊者ピエールの報告にあったように個室の生活と共同生活を組み合わせたことにあった。それぞれの修道士は居間、寝台、作業場を備えた個室を割り当てられ、一日の大半を孤独のうちに祈り、手作業、読書にいそしみ、平日は室内で自ら調理して独りで食事をとった。孤独の生活を尊重する根拠について、最終章にあたる第八〇章「孤独の生活への称賛」でギグは次のように詳しく書いている。

「あなたがたは旧約聖書や、とくに新約聖書において、神の僕たちに対して最も崇高かつ深遠な神秘のほとんどすべてが、騒々しい群衆の中にあるときではなく、一人でいるときに啓示されたことを知っている。神の僕たちはより深く黙想し、より自由に祈り、魂の恍惚によって俗世から離れることで、常に多くの困難を逃れ、孤独の恵みを追求してきたのである」。

ついで具体的にイサク、ヤコブ、モーセ、エリヤ、エリシャ、エレミヤ、洗礼者ヨハネ、キリスト自身の例を引く。さらに修道士の先達として、パウロス、アントニオス、ヒラリオン、ベネディクトゥスなどが荒野で霊的進歩を挙げたことを引く。

個室の間取りについて慣習律は詳しく規定していない。一七世紀に建てられた現在の建物では、個室は回廊を囲むように建てられ、それぞれ二階建てのメゾネット形式となっている。二階部分は居間となっていて机、寝台、書架、祈禱台などが供えられ、一階は手仕事用の作業場で材料や薪の置場がある。一階からはメゾネットの庭に出られるようになっていて、小さな菜園を作ることができる。ギグは個室を「港の中で最も安全で、最も静かな入り江のような」ところと述べ（第一六章）、「われわれの特別な仕事と召命は、沈黙の個室の孤独に専念することだから」（第一四章）、「集会が開かれる時か、聖堂に集まるとき以外は個室から出ることは決して許されない」（第二八章）。修道士が個室から出なくても生活に事欠かないように、寝具、衣服、裁縫道具、筆記用具、書物、調理用品、食器、燃料、手仕事のための斧などを備えるように定められ、日曜の九時課後に一週間分の食料品や消耗品を受け取ることを第二八章で定めた。この備品の規定のあとでギグは次のように言う。「読まれる方にお願いする。どうか嘲笑したり、非難したりしないでいただきたい。何よりもこれほどの積雪と恐ろしいばかりの寒さの中でわれわれは長時間個室にとどまるからである」。

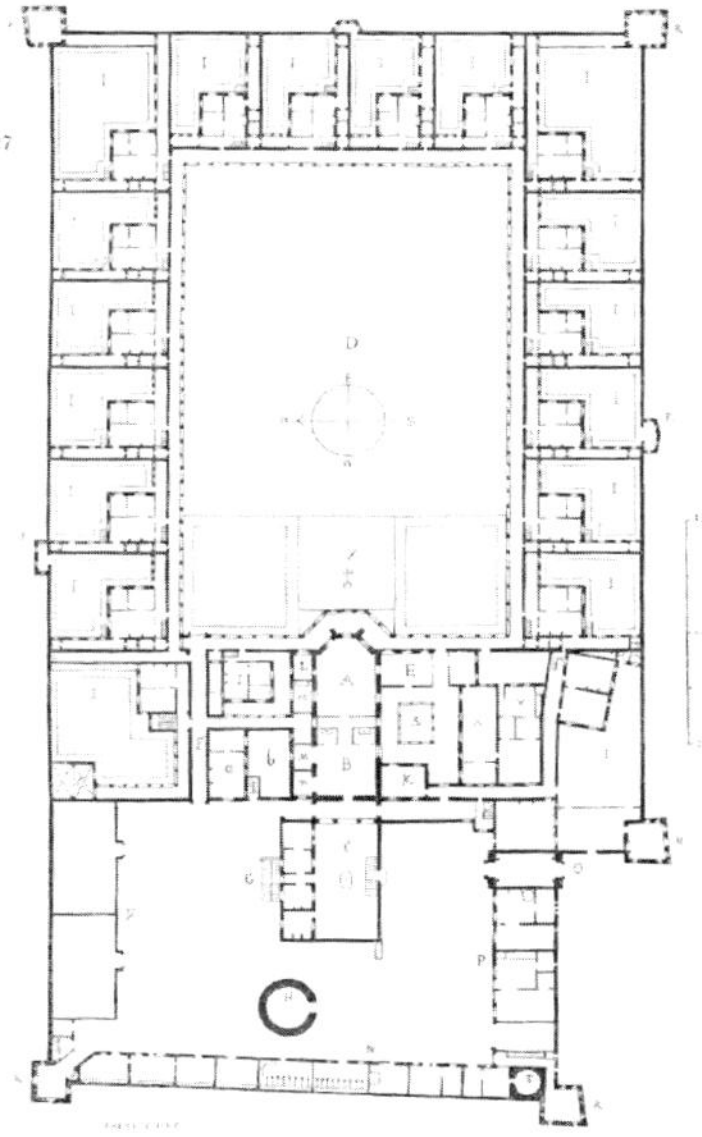
シャルトルーズ・ド・クレルモン修道院の平面図

いっぽうで朝と晩の二回は聖堂に集まって全員で祈り、日曜や祝日には食事をみなでとり、集会を開くなど、共住生活も行った。ギグは典礼について第一章から第八章にわたって詳細に定め、これを軽んじていなかった。集会は日曜と祝日の九時課のあとで開くよう定められたが、

「討議を必要とする重大なことがあれば、院長はすべての修道士に集合を命じる」（第三七章）とし、会議は随時開かれた。

このほか第一二章から第一四章に臨終を迎えた修道士への訪問、葬儀、埋葬、追悼の式次第が詳細に定められていて、これらは次のように共同で行うものとされた。「病める修道士が死に近づいたと思われたとき、共同体は彼を見舞うために集まる。そして司祭は聖水を振りかけながら、この家とそこに住むすべての人に平安あれと唱え、一同アーメンと唱える」（第一二章）。「（病者）が息を引き取ったと思われたなら、世話をしていた人々によって合図がされ、全員は一切の仕事を後にして集まる。……翌日、全員参加のもとにミサを行い、埋葬する」。修道院長が亡くなった場合には、そのあとすぐ後継者の選出が行われた。

さらに入門者の受け入れ、修道士の請願式なども聖堂で全員出席のもとに行われた（第二一〜二五章）。また年五回の瀉血《しゃけつ》の際にも集まった（第三九章）。

修行生活

このようにラ・グランド・シャルトルーズ修道院では、ベネディクトゥスの『戒律』を基軸とした共同生活と孤独の生活を組み合わせていたため、修道士は『戒律』が定めた規律よりも厳しい修行を行った。

長く孤独で生活するため、修道士のあいだのコミュニケーションは制限され、人語の聞こえない沈黙の時間が支配することとなった。もとより『戒律』も修道院内の沈黙を定めていて、第七章では謙遜の第七段階として修道士は尋ねられるまでは沈黙の精神を保つこと、謙遜の第一一段階として修道士は言葉少なく謙虚に語ることを、それぞれ聖書を引用しながら説いている。なお謙遜の第一〇段階として修道士が軽々しく笑わないという定めは、ウンベルト・エーコの小説『薔薇の名前』のモティーフともなった。

ギグは『慣習律』で「われわれの特別な仕事と召命は、沈黙と個室の孤独に専念すること」（一四章）と明言し、個室にいて火事などの緊急事態が生じたときでも「もし、危険が大きく、やむをえないならば沈黙を破ることが許される……一言、二言、あるいは事情が許すならごくわずかの言葉で言い表すことが許される」（第三一章）。修道院長の命令なしで他の修道士の個室に入って会話することは禁じられ、修道院外部の者が個室に入ってきた場合には「身振りで、それでもわからなければ言葉で、その者を厨房係の許へ行かせる」（第三〇章）こととされた。身振りで意思を伝える方法として修道院では早くから手話が発達し、とくにクリュニー修道院では、第4章で紹介した一一世紀後半の『ベルナールの慣習律』に二〇〇を超える手話が示されている。これに対してラ・グランド・シャルトルーズ修道院ではコミュニケーションそのものを制限し、ギグは次のように述べる。「孤独の生活を営むわれわれは、共住修道士たちの手話をほとんど知らないか、ほんの少ししかできない。語るという罪過に関わるのは舌だけで十分で、

沈黙を示唆する聖ブルノ（フランシスコ・リバルタ画、1625～27年）

他の肢体を巻き込みたくないと思うからである」（第三一章）。もちろん会話の機会が完全に絶たれたわけではなく、「（日曜日の）九時課のあと回廊に集まり、霊的に益あることを語り合う」（第七章）ことが許された。このほかにも日曜祝日の集会や土曜日の告解では修道士は自らの言葉で語った。

質素、清貧

『戒律』で定めるように、ラ・グランド・シャルトルーズ修道院でも、修道士は修道院に入る際に私有物を放棄する。修道士だけでなく修道院も質素であるべきこととされ、シトー会と同じく聖堂や修道院の装飾は排され、「金または銀の装飾は、聖杯と主の御血を拝領する管を除いて聖堂においても用いない。壁紙や掛布も同様である」（第四〇章）と定められた。

典礼も簡略化され、ミサを歌唱するのは稀で、死者に対する祈禱は限定された。死者祈禱と寄進について、ギグは名指しを避けるものの同時期の修道院で行われている慣習を批判し、自分たちは別の道をゆく決意を示す。「多くの修道会では、寄進者が身内の死者のために寄進を望むたびに豪華な食事を作ったり、ミサを挙げる準備をしている。ミサのたびに宴会が開かれるため、このような慣習は節制を奪い、祈りを空しいものにする、断食と祈りの確固とした規則が保たれることはなくなり、規律はそれを守る者の信心によってではなく、食事を提供するものの意志に左右される。食べ物を提供する寄進者が絶えない限り、宴会がない日もなければ、ミサのない日もないのである」。（第四一章）

食事も『戒律』より質素なものであり、月、水、金曜日はパンと水のみを摂取し、待降節《たいこうせつ》（クリスマス前の四週間）は卵とチーズを絶った（第三三章）。なお先ほど引用した尊者ピエールの報告では、修道士は葡萄酒を飲まないと記されていたが、ギグの慣習律では葡萄酒を水で割って飲むことが定められた。

書物

尊者ピエールの報告にもあったように、修道士たちが個室内で行う作業の多くは書物を写すことであった。「われわれは受け入れた者ほとんどすべての者に、できる限り筆写することを教えている」（第二八章）とあり、個室内には「筆箱と何本かの鵞ペンと白墨、二つの軽石、二つのインク壺、一本の小刀、羊皮紙の表面を平らに削るための剃刀二本、一本の錐と穴あけ用大錐、錘鉛、定規、罫を引くための小板、数枚の蠟引き板と鉛筆」など筆写の道具を備えるよう定めた（第二八章）。これらの用具は、日曜日の九時課のあと羊皮紙と書物とともに祭器係から受け取った。また同じ時間帯に厨房係から食材を受け取ることになっていた。（第七章）

さらに「何人かの修道士がいっしょに書物の誤りを訂正したり、あるいは製本をしたりといった手仕事に従事しているなら、彼らは互いに話すことができる」（第三二章）と沈黙を例外的に解いていることからも、この仕事が重視されていたと考えられる。「われわれは書物を筆写するたびに、真理を告げる者となると考える」（第二八章）ともある。また「希なことではあるが、もし修道士が他の技芸をもっていたら、その技芸に適した諸道具を持たされるであろう」（第二八章）とあり、手仕事には選択の幅があったことと思われる。「手仕事は短いいろいろな祈りをもって中断されることをわれわれは欲する……手仕事の間に射禱のような短い祈りを行う（「主よ憐れみたまえ」など短い聖句を唱える）」（第二九章）とし、書写を含む手仕事は、あくまでも修行の一環であり、生計を立て

ラ・グランド・シャルトルーズ修道院の図書館

るための仕事は助修士に任されていた。

第二八章の個室内の持ち物に関する規定には「読むために二冊の書物を図書係から受け取る。これらの書物は、煙とか埃、あるいはほかの穢で汚さないよう、最新の注意を持って非常に大切に扱うよう定める」と、読書について記している。この規定から修道院には図書室があり、その担当者も決められていたこともわかる。一一一四年にラ・グランド・シャルトルーズを訪れたフランス北部の修道士で神学者のギベール・ド・ノジャンは、立派な図書館があったことを記している。

読書の時間帯については明確な定めはなく、「聖マリアの清めの祝日から復活祭まで、昼食と九時課を行うまでの間の時間は、読書やそのほかの霊的に益となる修行に宛てられる」（第七章）とあるように、聖務日課や手仕事のあいまと考えられていたようである。また「終課の鐘を鳴らす際には次のことを考慮する。すなわち書物がまだ読めると思われるあいだは、鐘を鳴らすのを遅らせる」（第二九章）とある。のちにラ・グランド・シャルトルーズ修道院をはじめ、傘下の修道院は豊かな図書館を備えるようになり、とくに中世後期に低地ライン地方とドイツで多くの著作家が輩出した。

修道院の組織と管理運営

修道院長は本院でも支院でもプリオル（第一人者）と呼ばれた。ベネディクトゥスの『戒律』では院長の肩書としてアッバス（父）が使用され、プリオルは副院長を指すことが多かったので、謙遜の精神を示したものと考えられる。院長は主要なミサを司式するために、「司祭もしくは近く司祭に挙げられる人」とされた（第一五章）。

ラ・グランド・シャルトルーズ修道院では、修道士たちの住む家から二キロほど坂を下りたところに現在博物館になっている助修士の家があり、これは標高差でほぼ一〇〇メートル低いために「下の家」と呼ばれ（本書冒頭参照）、修道院長の代理人としてここを管理する修道士が任命された。「マルタを模範とする多くのことに従事」（第一六章）するこの担当者には、助修士を束ねるだけではなく外部との折衝が任され、訪れる客人たちの対応をするなどした。助修士たちは修道院の生計を支え、修道士の生活をサポートすべくさまざまな作業に従事し、厨房係、パン焼き係、靴職人、農業管理者、牧夫頭、家畜係、庭師、橋の番人などの担当があったことが記されている。彼らは必要に応じて町や村へ行くことがあった。なお「下の家」は修道士の病室にもなっていた。修道士の住む空間「上の家」では、厨房係に任命された者が「家と共同体の使用にあてる一切の物を保管」し、「（上の家の）門を守り、訪れる人々に対応し、施しを求める人々を下の家に行かせ」た（第三〇章）。

前述したように気候が厳しいラ・グランド・シャルトルーズ修道院は農業や牧畜での収益に多く

を見込めず、また死者祈禱を見返りとする寄進も受けなかったため、財政破たんに陥らないようギグはさまざまな配慮をしている。「修道院の財力を超えた支出に強いられて、われわれが施しを願い求めて彷徨い歩きはじめることのない」ように、修道士の定員を一三人（一名の増員が可能）、助修士を一六人と定めた（第七八、七九章）。そして「寄進がないものとして、われわれが住んでいるこの荒野が農業や牧畜でもたらすものだけを考慮して、上述の人数の人々がここで生活することができると見積もるのである。ただし、それは謙遜、清貧、粗末な食事や衣服、あらゆる日常における節制を行いさえすれば……可能である」（第七九章）と述べる。節約は客人のもてなしにもおよび、「われわれは客人を歓待するが馬匹の世話まではできない……われわれは、われわれが住んでいる荒れ野がいかに狭く、厳しく、不毛であるかを知っている。さらに荒れ野の外に何一つとして所有物も収入もないことを心得ている。それゆえわれわれの牧畜や収穫が期待しうる客人の数には限りがあることを考慮しなくてはならない」（第二〇章）。

また施しについても限定する。「俗世の貧しい人々にはパン、あるいはなにか蓄えていたもの、あるいは善意によって与えようと思うものを施しとして与えるが、（貧しい人々を）われわれの屋根の下に受け入れるのは、ごく稀な場合にとどめることとする」（第二〇章）。

個室を静かな入り江として愛するギグのめざした修道生活は、托鉢や遍歴の生活とは相いれなかった。彼はいくつかの箇所で彷徨を警戒している。「わたしは自らの個室を出て、修道院を捨て、掟を忘れて、放浪者のために放浪者となり、物乞いたちのために物乞いとなり、世俗の人々を受け入れやしなうために俗人になるべきだろうか」（第二〇章）と強くこれを忌避する。たしかに定住生活を基本とするベネディクトゥスの『戒律』で放浪修道士は「もろもろの我欲と飲食の誘惑の奴隷として」最もふさわしくない種類に分類され、ラ・グランド・シャルトルーズ修道院創立者のブルノも書簡でこれを「善なるものと敬虔な者すべてを破壊する」として、「疫病のように避けよ」と命じている。一一、一二世紀には新しい修道院生活を模索するさまざまな動きが生じていたが、各地を移動する説教者や托鉢生活をする者も現れていた。ギグの強い文言の背景には、単なる理念的な警戒ではなく放浪修道士を目の前にしていたことがあったのかもしれない。「われわれは、施しを求めて歩き回ることを、最も危険な慣習として恐れる。憐みの口実のもとに、たまたま出会った人々が施すものを受け取るこの慣習が多くの修道士の間で広まり、彼らのことをキリストにおける敬虔で聖なる生活を送っていると讃えることができないことをわれわれは嘆く」（第一九章）と述べるのは、現実的な憂慮と考えられる。厨房係に外部からの侵入者を手振りで追い払うよう命じているのも、このような放浪修道士の接近への警戒を含んでいるとも考えられよう。

ラ・グランド・シャルトルーズ修道院がシトー会の修道院のように、修道士の居住区を中心として所領を同心円状に拡大して、侵入者に対する取り締まりを徹底したのも、修道士の生活空間と外部の接触を遠ざけようとしたのかもしれない。第四一章で「この場所の居住者は荒野の境界外に何も所有してはならないと定めた。すなわち畑地、葡萄園、庭、教会、墓地、贈り物、十分の一税、そのようなものすべてである」とするのは、境界で囲われた空間のそとに飛び地や権利を一切持たず、荒野の空間のなかで生きることを定めたと考えられよう。

3　修道会としての発展

修道会総会の開催と教皇による認可

『シャルトルーズ修道院慣習律』は教皇インノケンティウス二世によって承認され、シトー修道会と同じように、ラ・グランド・シャルトルーズ修道院と傘下の修道院も新たな修道会としての第一歩を踏み出した。ギグの死後も支院は増え続け、第七代修道院長アンテルムは一一四〇年もしくは四一年に支院の院長たちを集めて第一回の総会を開いた。そこではラ・グランド・シャルトルーズ修道院の院長は総会において最高の霊的指導権を有すること、総会の承認なしに新たな修道院を創建してはならないこと、教会の祈りと修道院の規則については総会で決議されること、など中央集中型の組織づくりが決議された。ただ参加したのは一一支院のうち六つ支院の院長のみで、そのあと総会は定期的に開催されなかった。

やがて一一五五年に第八代修道院長バジルのもとで開かれた修道会総会には、一五の支院のうち一四支院の院長が参加して総会の規定をさらに詳しく定め、総会は一一六三年以降毎年開催されるようになり、シトーのような修道会組織が確立してきた。一一七六年に教皇アレクサンデル三世は、これをシャルトルーズ（カルトゥジア）会として正式に認可した。支院の数はすでに三〇に達し、ドイツ、イベリア半島、スカンジナヴィア半島にまでおよんでいた。一三世紀には総会から各修道院に巡察使が毎年派遣されるようになり、修道院が増加するたびに巡察管区は細分化されていった。

なお一一四五年にプロヴァンス地方プレバイヨンのサン・タンドレ女子修道院が『シャルトルー

シャンモール　シャルトルーズ修道院　㊧入口、㊨聖堂

ズ修道院慣習律』の受け入れを希望し、当時の修道院長アンテルムは修道女のための改編を命じ、これを導入した同修道院は最初の女子修道院となった。その後も女子修道院は各地に建てられ、現在活動中の二四院のうち六院が女子修道院である。

中世後期の拡大と芸術

厳しい生活を行い、修道士の数を制限したシャルトルーズ修道院は、同じ時期に創建したシトー会修道院ほどの急増を見なかったが、徐々にその数を増やし、創建地域を広げた。とくに一四、一五世紀の増加がピークで、ネーデルラントやドイツを中心に新しく修道院が建てられ、優れた神学者や著作家も現れた。この拡大の背景には、個人的な信心や瞑想の流行、ペスト伝染後の救済願望があったと思われる。後者については、寄進と引き換えに死者の追悼を行うことは慣習律によって禁止されていたはずだが、一四世紀になるとブルゴーニュ公フィリップ豪胆公のように、修道院内への埋葬を願ってこれを創建する有力者が現れる。彼

フィリップ豪胆公墓碑

モーセの井戸

は宮廷のあったディジョン郊外のシャンモールに修道院を創建し、クラウス・スリューテルをはじめ当時最高の芸術家に装飾作品を依頼し、これを寄進した。とくにキリスト磔刑像やその台座の「モーセの井戸」と呼ばれる旧約聖書の預言者たちの像、さらに現在はディジョン美術館にある豪華な墓像は、深い精神性を秘めた優れた芸術作品であるものの、簡素な教会装飾を定めた慣習律からは逸脱するもので、修道会総会でもたびたび華美な装飾を避けるよう警告が出ていた。

たしかに公夫妻の像を聖堂正面に刻ませるほど寄進者が自己表現をするのは、シャンモール修道院が例外的といえるが、同時期に各地のシャルトルーズ修道院では、寄進者の意向によって豪華な装飾を施された事例は少なくなかった。プロヴァンスでは、一三一七年にアヴィニョン教皇時代のヨハネス二二世がボンパにある既存の修道院をシャルトルーズに任せ、豪華な祭器、祭服、彩色写本を寄進した。その後一三五六年に教皇インノケンティウス六世はアヴィニョン近郊のヴィルヌーヴの館をシャルトルーズに寄進し、聖堂は彫刻の施された祭壇、三つの祭壇画などが置かれ、図書館には豪華な彩色写本が五七冊送られた。これらの例が教皇によるお墨付きになったのかはわからないが、先ほど述べたブルゴーニュ公のほか、ミラノ公やカスティリア王などによる同様の寄進が続いた。そして修道院は都市の近郊に建てられるようになってゆき、ケルンの修道院のようにライン地域最大の都市の市壁内に建てられるものも現れた。

一三九六年にミラノ近郊のパヴィアに建てられたシャルトルーズ修道院は、建造物全体がいまなお状態よく保存されて公開されている。一五世紀末に完成して祝福された聖堂建築は豪華絢爛で、慣習律で紹介したシャルトルーズのイメージとはかけ離れている。大理石のファサードは圧倒的で、ゴシック式の聖堂内部は彩色が施された三廊式で、付随する一四の小礼拝堂の多くは祭壇画を伴っている。主祭壇は聖堂の中で最も華麗といってよく、大理石で作られて宝石をちりばめた聖書の人物像が周りを囲み、壁にはフレスコ画が描かれる。

パヴィア　シャルトルーズ修道院　聖堂

ただ、標高一〇〇〇メートルの山中に建つラ・グランド・シャルトルーズ修道院のモノトーンな美しさとロンバルディアの見晴らしの良い豊かな平原に建つパヴィアの極彩色の修道院を比べて、後者を短絡的に堕落や虚飾と結びつけることは避けたい。それはシャルトルーズの大いなる沈黙に魅せられた中世後期の有力者の信仰告白で、総会はこれに警告を発しつつも時流を無視することなく、創立者の理念を各地に広めていったのである。その結果中世後期の独特な芸術に、シャルトルーズの要素が加わることとなった。ヴァン・エイクやヴァン・デル・ウエイデンら一五世紀ネーデルラントを代表する画家たちが描いたシャルトルーズ修道士たちの肖像に、映画『大いなる沈黙へ』で姿を見せる修道士たちのポートレートに似たものを感じる。

ちなみにシャルトルーズが模範としたシトーも、同じような歴史をたどっている。第5章で紹介したような、初期シトー会の修道院が示すベルナールの美は、早くも一二世紀後半にはゴシック的な様式に代わっていった。たとえばシトーの四娘修道院の一つポンティニー修道院は七つの祭壇を放射状に持つ内陣を有し、クレルヴォー修道院でもベルナールの死後内陣に放射状祭室が建てられた。一三世紀になると修道院聖堂はゴシック式の司教座教会のように建てられ、スペインのポブレ修道院やフランスのロワイヨーモン修道院のように王族の墓所となるものもあった。一二世紀のシトー修道会総会は修道院内に埋葬する部外者を限定する決議を行ったが、やがて各地の修道院で寄進者や保護者の埋葬が通常化するようになる。並行して、クリュニーのように物故した寄進者に対して毎年記念を行う祈禱も行われるようになったことを、各修道院にのこる周年記念禱名簿は明らかにしている。このようなシトーの世俗社会への接近についても、これを単純に堕落や世俗化とみなすのではなく、有力者との絆を強くして地域社会の秩序を形成していったことが評価されている。

ポンティニー修道院　内陣

ラ・グランド・シャルトルーズ修道院は、世俗社会では得難い静寂のなかで、季節の巡りと典礼暦に従った時間を享受し、現代にいたるまで瞑想の空間を守っている。その一方で一二世紀の改革修道院のなかには、グレゴリウス改革と連動して創立当初から積極的に社会に向かってゆくものがあり、次章で述べる遍歴説教者や騎士修道士などベネディクトゥスの『戒律』の枠から離れた新しい修道院生活も現れた。

第7章　社会活動へ向かう修道院

八世紀から九世紀にかけてカール大帝とルートヴィヒ敬虔帝によって、ベネディクトゥスの『戒律』に従う修道院が、いわば公認された形態として西欧に定着し、主として祈禱によって聖俗有力者との関係を深め、自らも領主として地域を形成していった。

一一、一二世紀には修道士たちのなかで、『戒律』の精神や聖書の使徒たちの生活に立ち返ろうとする改革運動がおこり、教皇を中心とするグレゴリウス改革と連動してさまざまな形で展開していった。グレゴリウス改革とは、一一世紀前半の教皇レオ九世を起源とし、一二世紀のウォルムス協約による叙任権闘争の終結ころまでの一連の諸改革の総称であり、改革を強く推進したグレゴリウス七世にちなむものである。一二世紀の半ばまでの改革を含めて「教皇改革」と呼ばれることもある。その解釈や評価についてはいまだ議論があるが、教皇を頂点とする聖職者位階制の確立、聖職者の綱紀粛正と聖俗分離、聖職者を頭とした社会の構築と信徒の指導（司牧）などはその大きな柱とされる。

当時最大勢力を誇っていたクリュニー修道院、改革派の中心だったシトー修道院やラ・グランド・シャルトルーズ修道院が、グレゴリウス改革を推進する教皇たちと近い立場にあり、綱紀粛正や逸脱の断罪などでは方向性を一つにしていて、ときとして聖俗有力者と対立しつつも、聖なる場を中心としてキリスト教世界の構築をめざしたことは前章までに述べた。

加えてグレゴリウス改革は社会のキリスト教化をめざすために、一般信徒に対する典礼や教育面での指導奉仕（司牧）、貧者や病者への救護（慈善）、社会を外敵や悪から守る行為（聖なる戦い）の承認など、教会の社会的活動をその一つの軸として推進した。そのなかでキリストや使徒の行った遍歴、説教、弱者援助などが重視され、ベネディクトゥスの『戒律』の範囲に収まらない遍歴説教者や騎士修道士など、本章で述べる新たな修道院生活が出現する。

騎士修道会が華々しく活動したのは十字軍時代から中世末期であるが、ヨハネ騎士修道会の末裔「マルタ騎士団」（正式名称は「ロードス及びマルタにおけるエルサレムの聖ヨハネ病院独立騎士修道会」）は現代も医療組織として活動し、テンプル騎士修道会は『ダ・ヴィンチ・コード』で有名になった聖杯伝説やフリーメースンの起源伝承などさまざまな伝説となって今日にもその名を残している。またテュートン（ドイツ）騎士修道会は、近代のドイツ帝国をなしたプロイセン公国の母体で、騎士たちがマントに付けていた十字架の形はのちの「鉄十字」となった。

なおグレゴリウス改革期の教皇に修道士出身者が多かったのも、この改革路線に修道院的な理念が盛り込まれた要因とも考えられる。修道士ではない教区聖職者に対して独身制が徹底されたのもこの時期で、その結果として教区聖職者のなかに共住生活や私有財産放棄などの生活を営む者が増えてくる。本章で扱う律修参事会員の運動がそれで、これは聖職者の修道士化と考えてもよいかもしれない。

1　遍歴説教者　アルブリッセルのロベール

ロベールの隠遁

一一世紀後半に新しい修道院生活を求めて、多くの隠修士が現れた。シトーの創立者モレームのロベールも、シャルトルーズの創立者ケルンのブルノも、それぞれ修道院長や高位聖職者の職をなげうって理想の地を求めた。フランス西部の隠修士たちのなかには、厳しい修行生活の傍ら遍歴説教を行う者があらわれ、アルブリッセルのロベールもその一人だった。

彼は一〇四五年頃フランス北西部のブルターニュ地方に生まれた。一〇七五年ころからパリで学んだらしいという以外、幼少時から青年期にかけてのことはほとんどわからない。伝記によれば、一〇八五年ころにブルターニュの中心都市レンヌの司教シルヴェストルに招かれて教会改革に尽力したということから、グレゴリウス改革との整合点が確認できる。「司祭たちの頭として四年間、不和を鎮め、恥ずべき俗人支配から教会を解放し、聖職者の妻帯や妾帯を解消し、聖職売買を完全になくし、あらゆる悪徳に雄々しく立ち向かった」。(第一伝記)

しかしロベールを登用し、改革の後ろ盾であったシルヴェストル司教が一〇九三年に亡くなると、彼は孤立する。絶望した彼は隠遁を決意し、アンジェの町で隠修士の暮らしをはじめ、二年後にアンジェ郊外のクランの森でゴーティエという弟子とともに本格的に厳しい生活を営む。伝記によれば、ロベールは豚の毛でできた苦行服を着用し、水なしで鬚をそり、酒を飲まず、厳しい断食を行ったということである。クランの森はシャルトルーズのような人跡未踏の僻地ではなかったため、ロベールを慕う多くの民衆が集い、ロベールは彼らにむかって説教を行った。一〇九六年にロベールは修道院を建て、フランスを訪れていた教皇ウルバヌス二世から直々に説教許可と修道院創立の認可を得た。

順調に見えたロベールの活動だが、修道院認可の二年後に突然ロベールは修道院を去る。なんらかの圧力がかかったか、あるいは自ら遍歴生活を望んでのことか、伝記はその理由を詳しく書いていない。「(ロベールは)涙のうちに修道院を去り、さまざまな地域を遍歴し、わずかの供を連れて道や四つ辻で、神の言葉をあまねく撒き始めた……直ちに多くの男女が彼に寄り添うようになった。神が望むものを誰一人遠ざけようとしなかったからである」。(第一伝記)

伝記のこの部分は、修道院を去ったのちのロベールの遍歴説教活動について、簡潔ながらも貴重な情報を提供している。ロベールが男女を問わず多くの民衆に説教を行おうとしていた熱意と、このような説教に飢えていた当時の民衆の願望が伝わってくる。教会が社会に対して、祈禱だけでなく、言葉で直接訴えかける時代がやってきた。しかし伝統を重んじる人たちに、ロベールの活動が危険に見えたのも当然のことで、そのころレンヌの司教を務めていたマルボドはロベールに直接手紙を送り、ロベールの活動は定住義務に違反するとし、弟子や信奉者を連れて遍歴するロベールの姿を次のように批判している。

「多くの人が汝の弟子の扱いを非難している。聖職者のみならず、俗世の人々も……(ロベールは)すりへって肌もあらわな苦行衣をまとい、穴のあいた古いマントを着て、すねから先をあらわにし、あご鬚を長く伸ばし、髪を頭上で丸く刈り、はだしで人々の中へと進み、見るものに奇異な印象を与える……汝に帰依するものの数は多い、長い鬚と黒い服を纏った目立つものたちが、大勢であち

こちに散っているのが見られる。彼らに何者かと問えば、師の弟子だと答え、それ以上のことは言わない」。（第一伝記）

遍歴生活を始めて三年後の一一〇一年、ロベールはアンジェとトゥールの間にあるフォントヴローに修道院を建てる。それはロワール川沿いにあり、トゥールの聖マルティヌスが没した地とされるカンドが近くにあるために、巡礼の行きかうところだった。修道院の創建は、ロベールに理解をもつ地元ポワティエの司教ピエールの誘いによるもので、先のような批判をかわす目的があったようである。

ここでロベールは自分の理想が実現されるような独自な修道院運営を行なった。ロベールは修道院長の座に就いていても、院長と呼ばれるのを嫌い、師という呼び方をさせた。そして多くの女性を迎え入れて、修道士と修道女が建物を別にして同一敷地内に共存する形式とり、生計を支えるための助修士を採用した。ロベールは修道院運営のかたわら説教活動を続け、修道士は詩編を唱えたりミサを挙げる伝統的な修道院生活に向かい、修道女は祈りの生活を主体とし、助修士は労働で彼らを助けた。

フォントヴロー修道院の全景（1699年）

遍歴説教と女性の受け入れ

フォントヴロー修道院を建てて二、三年が経つと、ロベールは修道院の運営をエルザンドとペトロニユという二人の修道女に任せ、修道院指導を続けながら主として遍歴説教活動を行うようになる。「彼は王、司教、領主、聖職者、民衆に受け入れられた……施しを行い、貧者を助け、弱者を追わず、妾や娼婦、ハンセン氏病患者を拒まなかった」。（第一伝記）

このようにロベールに対する支持はますます拡大し、一一一六年に亡くなるまでの一五年間に支院は二〇を数え、フォントヴロー修道院は三〇〇人の修道女、七〇人の修道士が居住する大所帯になった。さらにハンセン氏病の患者の住むサン・ラザール館や元娼婦の住むマドレーヌ館が付設された。

新しい試みを次々と行ったロベールだが、とくに女性に活動の場を提供し、後継者に女性を指名したことは当時としては画期的だった。現代では俗にシスターと呼ばれる修道女がたくさん活動していて、日本でも学校や養護施設を経営している事例が数多く見られる。ただロベールの時代には修道女の数は少なく、女子修道院は貴族の未亡人の隠居所のような性格も濃く、修道士や司祭の管理の下に置かれることが頻繁だった。とくにフォントヴローの近くには女子修道院が極端に少なく、ラ・シャリテ女子修道院のみであったことも、この地方の女性を一手に集めた要因と思われる。

ロベールは説教活動に専念するために修道女に修道院の運営を託したが、やがてペトロニユ修道女を正式に後任の修道院長に任命し、彼女は二代目の修道院長となった。任命の理由については「われわれの財産をよく知り、貧しく暮らすすべも、豊かに暮らすすべもよく知っている」と、高い管理能力を挙げている。

修道院人事のみならず、ロベールは日ごろから女性に分け隔てなく接していたようで、伝記にも男女の聴衆が集まったことが記され、修道院に多くの女性を受け入れたこともこれを物語っている。女性にとって数少ない社会活動の場をロベールは提供したのかもしれない。また伝記によれば、オルザンという支院の院長アグネス修道女は、ロベールの説教を聴いて財産や夫を捨てて修道女となったとある。離婚が簡単にできない時代でもあり、結婚生活に満足できない女性や、不幸な結婚に苦しむ女性が、ロベールの修道院に救いを求めた可能性もある。たとえばコンピエーニュのロスランという人がロベールの没後間もない一一二〇年頃、有名な哲学者アベラールに送った手紙にはこれを裏付ける記述がある。「（ロベールは）夫の手を逃れた妻たちを、彼らの抗議にもかかわらず受け入れ、彼女たちを帰すように命じるアンジュー司教に従わず、死ぬまで頑なに彼女たちを止めておいたのである」。（矢内義顕訳、『中世思想原典集成』第七巻所収）

フォントヴロー修道院の厨房外観

なおフォントヴロー修道院はアンジュー伯家、アキテーヌ公家をはじめとして、名だたる名家の支援を受けたが、家や社会に翻弄された身分の高い家柄の女性たちが救いを求め、修道女として入門することも多かった。たとえばアンジュー伯の娘で、ポワトゥーのギヨームに嫁ぎ、ついでブルターニュ公と再婚したエルマンガルドはロベールに助言を求めていた。彼女は最初の夫の浮気に悩むなど苦労した末、フォントヴロー修道院に入り修道女となった。ただ相談を受けた段階でロベールは、先に引用したような社会的な圧力を憂慮したためか、修道女になる決定を慎重に行う助言を手紙で送っている。クリュニーの修道院長尊者ピエールの母ランガールは、ロベールがオヴェルニュを訪れた際に面識を得て、いったんはフォントヴローで修道女になることを願ったが、最終的にクリュニーのマルシニー修道院に入ったという。

またフォントヴロー修道院には元娼婦の住む館があったこと、ロベールがルーアンの娼館から娼婦を救い出して修道院に導いた言い伝えがあることから、娼婦の救済活動にも熱心であったと思われる。ロベールの女性観と同時代の価値観との溝について、伝記は次のようなエピソードを伝えている。彼がオヴェルニュのメネレーという修道院に説教を行いに入ろうとしたところ、多くの女性が彼のあとに続くのを見て、この土地の人々はこの教会は女人禁制であるから入った女性は死ぬと言い張り、門番は守護聖人メネレーの名を大声で唱えて抵抗した。そこでロベールは次のように言い放って教会に入る。「貧しい者たちよ。そのような無駄な祈りはやめよ。聖人たちはキリストの花嫁の敵ではないのだ。お前の言ったことは浅はかで、真のカトリック信仰とは全く逆だ。救い主の足に接吻した罪深い女のことを思え。女を入れぬ教会などない」。(第二伝記)

一九世紀にフランスの歴史家ミシュレは、女性の復権が一二世紀の大きな出来事であると述べ、ロベールは愛の布教を行って奴隷を女王にしたとしてその功績を評価し、哲学者アベラールと並んで歴史を変えた人物に数えている。フォントヴロー修道院はロベールの死後も女子修道院長の管理の下で活動を続け、フランスとイングランドの王家に嫁いだアリエノール・ダキテーヌの墓所としても知られるようになった。

なおアルブリッセルのロベールだけでなく、ティロンのベルナールやサヴィニのヴィタールなど一二世紀前半の遍歴説教者は、最終的に既存の規則や修道院生活の導入を余儀なくされた。修道士の遍歴生活が簡単に認められなかったのは、シャルトルーズのギグが記していたように、ベネディクトゥスの『戒律』で忌避されたという理念的な理由のほかに、遍歴しつつ各地で自由に説教を行うことは、同地の教会の権限を侵害することにもなったからである。ロベールを聖人にする試みが成功しなかったのも、このような理由があったのかもしれない。

2　律修参事会

共同生活を行う教区聖職者たち

本来、教区聖職者は町や村の教会に住み、監督者である各地の司教（高位聖職者）のもとで一般信徒を指導する生活を行い、司祭の叙階を受けてミサなど秘跡とよばれる儀式を執行し、それは修道院長のもとで共住して定時の務めを果たす修道士たちの生活とは異なっていた。ただ彼らが修道院のような共住生活を行う試みはかなり早くから見られ、六世紀末ころから司教座である大聖堂の周辺に聖職者や信徒が共住する共同体があったことが知られている。しかしそれは、修練を経て清貧や従順の誓いを立てた修道士が『戒律』に従って生活するようなものではなく、明確な設立やその記録もないことが多いので、成立期の状況はつかみがたい。このような聖職者は、史料ではラテン語で「カノニクス」（英語ではキャノン、仏語ではシャノワン）と記載されることが多く、日本語では「参事会員」あるいは「聖堂参事会員」と訳されることが多い。

一つの転機になったのは八世紀の半ばに、カロリング朝フランク王国初代の王ピピンの時代にメッツの司教クローデガングが、司教座の聖堂参事会員のための規則を執筆し、発表したことである。これは序章に続く三四章で成り立ち、序でクローデガングは司教と聖職者が司牧のために一つになって悪習を避けてつとめることを明言している。

規則の定める参事会員の生活は、ベネディクトゥスの『戒律』が定めるような修道院の共住生活を枠組みとしながら、社会との接点の多い活動的な聖職者に適合するもので、修道士に対する規律よりは緩いものになっている。第一章と二章で参事会員が守るべき謙遜や階層を記したのち、第三章以下で参事会員全員が同じ部屋で眠り、定時の聖務日課に集まり、集会に参加し、手仕事を行うことが定められる。第一二章からは罰則について詳しく規定し、第二〇章から二三章は食事に関する規定となっている。四旬節や降誕祭前などの期間には食事は食堂で共に摂り、水曜日と金曜日は肉食が禁じられ、パンは十分食することが許され、酩酊しない範囲で葡萄酒やビールも許された。第二五章以下は役職者、衣服や履物、聖人の祝日などの規定が記され、第三一章では私有財産について規定される。

クローデガングは使徒たちが財産を共有して私有物を放棄したことを回顧しながらも、これは自分たちの時代に当てはまらず、すべてを放棄できないものには、使用するための保有権を持つことができるとした。すなわち参事会に入会するものは、財産をすべて聖パウロ教会に寄進し、改めて必要な物の使用権を得る「プレカリア契約」を結ぶことを定めた。

ピピンの子カール大帝と、そのあとのルートヴィヒ敬虔帝は、権威づけのためでなく実際の国づくりのために教会と連携し、キリスト教帝国を築いていった。第3章で述べたように、ルートヴィヒ敬虔帝は八一七年にベネディクトゥスの『戒律』を遵守すべくアーヘン教会会議を開いたが、その前年の八一六年にアーヘンで司教座聖堂参事会則を発布する。さらに巡察使を派遣して監督することで会則の適用を徹底し、帝国各地の司教座聖堂では、聖職者が司牧や聖務日課に励んでいる実態が記録されている。カロリング期のフランク王国で、修道院が文化や知識の面で開花したように、参事会員となった聖職者たちは修道士のような規律を守りながら一般信徒への奉仕に向かっていった。

グレゴリウス改革と律修参事会の成立

一一世紀のグレゴリウス改革は、聖職者独身制や信徒への司牧を各地の司教や教会に徹底することを求め、聖堂参事会にも改革を導入した。その始まりとされるのは、一〇五九年に教皇ニコラウス二世のもとで開かれたローマ教会会議で、のちにグレゴリウス七世となる枢機卿ヒルデブラントは、それまでの参事会規則が定めた私有財産についての条項は使徒的共同体の厳格さを逸脱するものとして、これを批判した。ヒルデブラントとともにグレゴリウス改革推進のリーダーだった修道士出身のペトルス・ダミアニも、聖職者たちに使徒の清貧さを説く説教を行い、文章でもこれを広めた。またこの時期にルッカ司教アンセルムスやシャルトル司教イヴも参事会改革を推進した人物としても知られている。

一〇九二年に教皇ウルバヌス二世がロッテンブーフの聖堂参事会に向けて送った書簡は、参事会改革精神をよく表現したテクストとして、その後くりかえし引用され、やがて聖職者の共同生活の法規として『グラティアヌス教令集』一二に収録されている。元クリュニー修道士で修道院生活にも造詣が深いウルバヌス二世は、俗世から離れる生活は聖堂参事会と修道院に分かれ、後者が栄えているのに対して前者が衰えてしまったことを嘆く。古くアウグスティヌスが規則を執筆し、グレゴリウス大教皇がその設置を命じたことなどを根拠に、修道士が戒律に従って生活するように、聖堂参事会員は初期の教会の生活を甦らせることを薦めている。

これらの改革努力が実って、改革を導入した聖堂参事会、いわゆる律修参事会は一二世紀までに一五〇に及んだといわれる。このように参事会改革が進展したのは、教皇たちが上から推進しただけでなく、各地の司教たちがクリュニーやシトー系列の修道院と協力しながら改革を導入したことによるもので、さらに一般信徒の積極的に指導を求める動きと合致したことも要因と考えられる。

律修参事会の共同体のなかには、母院を中心とする修道会のような形をとるグループもあった。アヴィニョンのサン・リュフ律修参事会は、一〇三九年にアヴィニョン司教座の四人の参事会員によって母院が建てられ、一二世紀に南仏を中心に発展した。またパリのサン・ヴィクトール聖堂参事会は、一一〇八年ころにパリ大聖堂の学院長シャンポーのギヨームによって建てられた共同体を起源とし、国王ルイ六世の寄進を受け、一一一四年に教皇パスカリス二世によって公認された。ギヨームの後継者ギルドゥアンは『アウグスティヌスの修道規則』をもとにした掟を執筆し、その修道院のような厳しい生活は同時期に滞在したクレルヴォーのベルナールによって讃えられた。さらに一二世紀のあいだに「新しいアウグスティヌス」と讃えられたユーグをはじめ、リシャールなど多くの学者や著作家を輩出し、これはサン・ヴィクトール学派とも称された。

パリのサン・ヴィクトール修道院（1655年）
参事会員たちは各地の教会や参事会に派遣されて、グレゴリウス改革を広めることになった。第1章でヒッポの司教アウグスティヌスが規則を執筆したことに触れたが、ウルバヌス二世はこれを書簡で参事会員の規則と述べているように、一一世紀になって律修参事会員の会則として使用されるようになった。

プレモントレ会の修道士
（ホラー画、1661年）

プレモントレ会

各地にできた律修参事会のグループのうち、最も組織的に展開して大きな影響力を持ったのは、一一二〇年にクサンテンのノルベルトが創立したプレモントレ会である。プレモントレ会は一二世紀に発展するものの中世末期にその勢力は縮小したが、宗教改革や近代の世俗化の試練を経て現在でも活動は続いている。とくに第二次世界大戦後のドイツを中心に東欧の司祭の援助や難民の問題などの取り組みは評価されている。

創立者ノルベルトについては二種類の伝記が残されていて、それによると彼は一〇八〇年代に低ライン地方のクサンテンに貴族の家系に生まれた。成長してクサンテンにあったザンクト・ヴィクトール聖堂参事会に入り、副助祭の叙階を受けた。ケルン大司教フリードリヒ一世のもとで学び、皇帝ハインリヒ五世の宮廷に仕え、一一一一年には皇帝に随行してローマを訪れた。このころ彼の中で出自を生かして高位聖職者の道を歩むのではなく、改革運動に向かう決意が芽生えたものと思われる。

一一一三年には皇帝から提供されたカンブレ大司教の座を辞退して、ケルン近くのジークブルク修道院に隠遁した。一一一五年にケルン大司教から司祭に叙階されたノルベルトは、古巣のクサンテンの聖堂参事会に厳格な生活を導入しようと試みたが同意が得られず、私有財産を放棄して遍歴説教を始めた。この時代に遍歴説教や隠遁生活にのりだした開拓者たちと同じく、ノルベルトも多くの賛同者を得る一方で、地元の教会や既存の修道院との軋轢に悩み、南仏のサン・ジルを訪れた教皇ゲラシウス二世と会見して説教活動への激励を受けた。

やがて同士が増えたノルベルトは北フランスのラン司教バルテルミからクシーの森のプレモントレという地を提供され、一一二〇年ころに四〇人ほどの仲間と共にそこを拠点と定めた。ここで彼らは『アウグスティヌスの修道規則』を守る律修参事会の生活を営み、数年で各地に支院が建てられた。一一二六年に教皇ホノリウス二世はこれを「プレモントレの生活様式に従った聖アウグスティノ律修参事会」（通称プレモントレ会。ノルベルト会と呼ばれることもある）として承認する勅書を出した。この認可の直後にノルベルトはシュパイエルの帝国議会で皇帝ロタールからドイツ北東部のマクデブルク大司教に任命され、後継の院長にフォスのフーゴーを指名して任地へ向かい、一一三四年に没するまでその座にとどまった。

聖アウグスティヌスから修道規則を受け取るノルベルト（12世紀の写本より）

創立者が去ったあとのプレモントレ会は、修道院的な生活や理念と市井で司牧を行う活動性とが社会の要請に合致したこともあって、急速に拡大した。一一三七年に第一回の総会の際に支院はすでに一二〇を超え、一二世紀末には二五〇を超えた。ノルベルトのドイツ北東部への移住は、結果としてドイツ北部におけるプレモントレ会の組織的な活動を後押しすることとなったといえよう。

ノルベルトはプレモントレ会の規則として『アウグスティヌスの修道規則』を用いていたが、一一三五年にノルベルトの後継者フォスのフーゴーがプレモントレ会特有の規則を執筆した。その多くは共同体内部の生活に関する規定であったが、改編されるたびに司牧に関する部分が増えていったのは、司牧活動に重点が置かれていったためと思われる。ノルベルトは著作を残さなかったが、彼の盟友のハーフェルベルクのアンセルムスをはじめとして、創立期から多くの著作家が出た。アンセルムスの主著の一つとして知られる『律修参事会員の身分のための弁明書簡』は、第5章で紹介したクレルヴォーのベルナールの弁明書簡のように、伝統的な修道院から新興の彼らに向けられた批判にこたえ、当時の修道院生活の危機と逸脱を指摘し、律修参事会の意義を強く主張するものである。やがてプレモントレ会の勢力は中東にまで達し、創立以来の白い会服をまとう彼らの姿は各地でみられることになった。

病院修道会

聖職者が修道士のような共同生活を営みながら司牧活動を行う律修参事会は、一一、一二世紀のグレゴリウス改革や修道院刷新運動と連動して拡大し、社会的なニーズに応えていった。ほぼ同じ時期に、聖職者たちが修道士のような生活を行いながら病人の介護活動を営む共同体（いわば病院）を作りはじめた。ベネディクトゥスの『戒律』も、修道院を訪問する巡礼者や貧者に対するもてなしを定めているが、巡礼の拡大や都市化の進行によって病人、貧者、孤児に対する教会関連の施設が増え、やがて都市内に富裕層や信心会によって施療院や慈善施設が建てられるようになる。

修道院的な病院組織のうち、十字軍に向かった騎士修道会（次節参照）を除くと、最も古いものはアントニオ修道会である。これは一一世紀末にアルルのモンマジュール修道院傘下のドフィネ教会を起源とするもので、同教会には第1章で扱ったエジプトのアントニオスの聖遺物が収められていたといわれる。病の治癒を願う巡礼者が参拝者に訪れ、とくに「聖アントニオスの火」と呼ばれた麦角《ばっかく》中毒（ライ麦の穂に寄生する菌が激しい痛みと皮膚の壊疽をもたらす病気）の患者が多かったという。参拝者のなかで息子の治癒を感謝した貴族ガストン・ド・ヴァロワールが巡礼者を保護する病院を起源とする。やがて一二九八年に教皇ボニファティウス八世はこれを『アウグスティヌスの修道規則』に従う律修参事会の一つとして認可し、組織は各地に拡大した。

一六世紀にドイツのグリューネヴァルトが描き、現在アルザスのコルマールの美術館が所蔵している有名な祭壇画は、以前は二〇キロ離れたイーゼンハイムのアントニオ修道会の聖堂に置かれていたものである。その磔刑図はきわめて強烈な印象を与えるが、アントニオスの立像と伝記の場面も描かれ、患者たちはこの祭壇画でアントニオスの加護を願い、治療を受けた。修行中に悪魔の攻撃を受け、これを撃退するアントニオスの姿は、病気を撃退するアントニオスの姿を思わせたことだろう。

イーゼンハイム祭壇画から『聖アントニオスの誘惑』（マティアス・グリューネヴァルト画、1511〜1515年）

3 騎士修道会

騎士修道会とは、一一世紀末に始まる十字軍時代に、キリスト教世界を防衛する騎士道理念と修道院の生活を融合すべく設立された修道会である。なかでもテンプル騎士修道会、ヨハネ騎士修道会、テュートン（ドイツ）騎士修道会は三大騎士修道会とされる。そのほかに、イベリア半島レオン王国のアルカンタラ騎士修道会、カスティリア王国のカストラーバ騎士修道会のように、教皇から承認されて地域を限定して活動する騎士修道会もあった。修道士ではない普通の（世俗の）騎士たちの団体も作られ、ブルゴーニュ公国の金羊毛騎士団、フランスのエトワール騎士団、イギリスのガーター騎士団などが有名である。日本では騎士の団体を聖俗にかかわらず「○○騎士団」と呼ぶ習慣があり、テンプル騎士修道会についても「テンプル騎士団」などという通称で呼ぶのが一般的である。

騎士修道会の成立と活動は十字軍と密接な関係があるが、同じころの修道士たちに敵（内面の悪、悪魔）と戦うという考え方があったこと、修道院の外でも修道士的な生活を営む共同体が現れていたことなども成立の背景として考慮されるべきである。ただ流血の戦いを任務とする修道士を教会が公認するには、流血をともなう正当な戦いを承認する必要があり、これには次のような歴史あった。

「正しい戦い」は認められるか

正当な戦いや神の兵士については、すでにアウグスティヌスの『神の国』などにも記述があり、聖書の中の戦いについての記述、トゥールのマルティヌスなど兵士出身の聖人伝の記述とともに、教会の歴史のなかでさまざまに論じられてきていた。第4章で述べたように、一一世紀ころから戦士（騎士）身分の人が死後聖人と認定される例が現れて、俗人による正当な流血が承認されるようになり、教会監督のほかに地域権力を担っていた司教は武装することがたびたびあった。しかし同じ時期の「神の平和」運動にみられるように、教会や修道院は聖なる空間として非暴力、非武装とされ、聖職者や修道士に武器の接触は異性に触れることと同一視され、これを忌避するという側面もあった。

このように「祈る人」と「戦う人」を分けて、後者に正当な流血を公認する動きがあるいっぽう、修道士たちは「剣」「砦」「敵」などの言葉を、悪魔や悪徳に対する霊的戦いのレトリックとして用いることが多かった。一二世紀には尊者ピエールがクリュニーを敵と戦う砦と表現し、クレルヴォーのベルナールも修道士を兵士に例えている。なお一二世紀を代表するこの二人の修道士は十字軍遠征を強く支援し、ベルナールはテンプル騎士修道会の創立に関わり、第二回十字軍の勧説のため各地を行脚した。

教会と戦士の関係にこのような歴史があったことを考えると、「祈る人」と「戦う人」の両面を持つ騎士修道会が誕生したことは一つの画期とみなされる。これを十字軍時代の産物ということもできるが、一一、一二世紀の修道院刷新運動との関係（とくにシトー会）で成立したという側面も無視できない。イベリア半島のアルカンタラ騎士修道会やカストラーバ騎士修道会もシトー会の影響を受けている。また騎士修道会は本国にあっては修道院や律修参事会のような組織であり、十字軍時代の中東のみならず、テンプル騎士修道会はフランスで、テュートン騎士修道会はプロイセンで所領管理や司牧的な役割が重要であったことが、現在の研究では注目されつつある。

本節では騎士修道会の成立、理念、活動実態について、最古の騎士修道会と呼ばれるヨハネ騎士修道会、解散後もフリーメーソンの起源やウンベルト・エーコの小説などで話題にのぼることの多いテンプル騎士修道会、少し遅れて成立したテュートン騎士修道会、いわゆる三大騎士修道会の歴史を中心に考察してみたい。

騎士修道会の成立

(1) ヨハネ騎士修道会

騎士修道会のなかで起源の最も古いのはヨハネ騎士修道会で、これは前節で述べた病院修道会の一つとして一一世紀後半に、イタリア南部のアマルフィの商人たちがエルサレムに建てた巡礼用の救護院（巡礼接待と病院）に始まった。同時期には女性巡礼のための女性による救護院も建てられている。一〇九九年、第一回十字軍がエルサレムを攻囲していた際、この救護院で献身的に働いた南仏出身のジェラールの功績が讃えられ、同救護院は戦後は独立した病院組織として認められた。十字軍国家としてエルサレム王国が成立すると、彼を頭とする病院に多くの寄進が送られ、一一一三年に教皇パスカリス二世はこれを「エルサレム聖ヨハネ救護修道会」として認可した。救護院の守護聖人であった洗礼者ヨハネがその名の由来とされる。

この会が軍事的性格を帯びるようになったのは、一一二〇年に初代の総長ジェラールが亡くなって、二代目レーモンが総長に就任してからであり、そこにテンプル騎士修道会の影響をみる研究もある。彼の名を冠した『レーモンの会則』は教皇エウゲニウス三世によって公認され、中東だけで

エルサレム王ボードワン２世とユーグ、ジョフロワ・ド・サントメール（13世紀）

ヨハネ騎士修道会二代目総長レーモン（ローラン・カーズ画、1725年頃）

なく西欧各地に病院、城、領地が寄進された。

⑵テンプル騎士修道会

テンプル騎士修道会は当初から騎士修道会として創設された。一一一九年ころに、シャンパーニュ地方の騎士パイヤンのユーグが友人の騎士ジョフロワ・ド・サントメールなどとともに九人で、カイファとカエサレア間という危険なパレスチナの山道で自主的にエルサレム巡礼の警護を始めたのが起源とされる。一〇九九年に第一回十字軍はエルサレムを占領し、中東全域にエルサレム王国を中心にいくつかの十字軍国家が建国されたが、多くの騎士が帰国したために兵力が不足して、巡礼は危険と隣り合わせになっていたのである。

ユーグが領地から離れた地で奉仕する姿は「さまよえる巡礼者を見守る伝説の騎士」「信仰の鎧を着た騎士」と讃えられ、その存在は中東で広く知られるようになった。ほどなく彼らはエルサレム大司教の前でこの使命に生涯を捧げることを誓い、エルサレム王ボードワン二世をはじめ十字軍関係者はこれを歓迎し、土地を寄付した。ボードワン二世は、かつてソロモン王の神殿だったという宮殿を彼らの居館として提供し、騎士たちはここで『アウグスティヌスの修道規則』に従って生活した。

ここから「ソロモン神殿（テンプル）の貧しきキリストの騎士」という呼び方が起こった。

一一二八年一月、教皇ホノリウス二世はシャンパーニュのトロワに教会会議を開き、テンプル騎士修道会を修道会として認可し、シトーやアウグスティヌスの規則を基とした独自の会則も公認された。この教会会議には教皇代理のアルバノ枢機卿マテウス以下一〇人の司教、シトー会総長スティーヴン・ハーディングなど七人の修道院長が盛装して出席し、テンプル騎士修道会からはユーグら六名が白いマントを纏って出席し、多くの傍聴者の見守るなかで騎士修道士の叙任が行われ、テンプル騎士修道会が公式に発足した。一一三六年にクレルヴォーのベルナールは激励の書『テンプル騎士修道士へ、新たな戦士たちへの賛辞』で、勝利の帰還もしくは聖地での殉教を祝福し、剣帯と修道服の腰帯をまとう彼らが霊と肉の双方で戦うことを賛美している。

(3) テュートン騎士修道会

テュートン（ドイツ）騎士修道会はヨハネ騎士修道会と同じく救護活動から軍事活動に移った組織で、第三回十字軍が遠征した一一九〇年ころ、中東のアッコンで野戦病院を組織したエルサレム聖母マリア・ドイツ病院修道会を起源とする。一一九一年にアッコン占領後にエルサレム王から土地と建物を寄進され、一一九六年に教皇ケレスティヌス三世から許可され、一一九八年教皇インノケンティウス三世から騎士修道会として公認された。ヨハネ騎士修道会はイタリア系で、テンプル騎士修道会はフランス系であったため、主としてドイツ系の騎士や巡礼の保護をする組織として活動した。

騎士修道会の組織

ヨハネ騎士修道会もテンプル騎士修道会も、中東と西欧各地に所領を拡大し、これを管区に分割して総長のもとで組織的に管理した。これは同時期のシトー会に始まる中央集権的な組織性と整合する。テンプル騎士修道会の場合、一三世紀前半にはエルサレム、トリポリ、アンティオキアの三管区のほか、フランス、イングランド、ドイツ、アラゴン、カスティリア、ポルトガル、ハンガリー、シチリア・キプロスなどの管区が設置されるにいたった。ヨハネ騎士修道会は一二世紀後半までに西欧でイベリア半島から、サン・ジル（南仏）、メッシーナ（シチリア島）、カスティリア・レオンとアンポスタ（イベリア半島）、ポルトガル、イングランドの管区ができた。テュートン騎士団が創立したのは第三回十字軍のあいだの一一九〇年であり、先の二大騎士修道会よりも後発だったために勢力範囲の拡大では後れを取った。それでも中東からヨーロッパにかけて一三の管区を持ち、中央ヨーロッパの所領に重点を置いた。そして「一三世紀のビスマルク」の異名を持つ総長ヘルマン・ザルツァのもとでハンガリー、ルーマニア、プロイセンに展開した。

テュートン騎士修道会四代目総長ヘルマン・ザルツァ（17〜18世紀）

騎士修道士は独身者で、テンプル騎士修道会とテュートン騎士修道会では騎士身分に限ったが、ヨハネ騎士修道会にはこの制限はなかった。このほかに従士や司祭が入会した。ヨハネ騎士修道会では女子修道院があり、テンプル騎士修道会とテュートン騎士修道会も修道女を受けいれた。テンプル騎士修道会では会員は成年男子（一五歳から二一歳が騎士叙任適齢）で、騎士、司祭、従士に分けられた。騎士は修道士として私有財産を放棄し、会則に従う生活を送る。

騎士たちの頂点に立つのは総長で、聖地エルサレムの城館に居住し、会員全員がこれに従う義務を持った。修道会組織はシトー会のように本部の管理が末端まで行き届いていたようだが、総長の権限は独裁的ではなく、重要事項の決定に際しては騎士修道会幹部からなる参事会を招集し、投票を行うことになっていた。テンプル騎士修道会の場合は総長の副官としてセネシャルが、さらに全軍指揮官のマレシャルという職が置かれた。さらに騎士修道会の各管区の責任者や各城館（修道院）を統率する役職コマンドゥールが置かれた。各施設では物品の管理に当たり経理を行う役職ドラピエが置かれた。ヨハネ騎士修道会の組織も役職名が異なるものの、ほぼこれと同様である。

この時代の改革派修道院で修道士の生活を支えるために助修士が採用されたように、騎士修道会では従士たちが騎士の補助戦力を構成した。従士にも階級があり、兵卒の上に下士官にあたる兵器係や風紀係などが置かれた。騎士身分にないものは騎士修道会の騎士になる資格がないため、身分上昇の機会として騎士に準ずる従士として騎士修道会に入ることもあった。このほかに騎士修道会付きの司祭もいたが、軍事的性格が強まるにつれて、その地位は低下した。

テュートン騎士修道会の総長は帝国諸侯（ライヒスヒュルスト）と同格の地位を持ち、これを補佐する五人の長官が任命されて、それぞれ軍務、財務、医療などを担当した。ここでも総長は独裁的な権限を持たず、修道会総会が総長と五人の長官を指名し、会全体の管理運営にあたった。一四世紀後半には一二管区を置き、それぞれラントコムトゥールあるいはラントマイスターと呼ばれる監督者が管理した。構成員は先の二つの組織同様に、騎士修道士、司祭、従卒などであった。

騎士としての修道生活

ヨハネ騎士修道会もテンプル騎士修道会も、最初期の段階では律修参事会と同じく『アウグスティヌスの修道規則』を使用していた。テンプル騎士修道会は一一二八年のトロワ公会議以降『アウグスティヌスの修道規則』をもとにした独自の会則を使用した。これは七二章からなり、序から最初の八章は修道士としての心構えが記されるとともに、聖務日課の祈りを唱えることが一日の生活のなかで重視された。それは神秘の奥義を極めることで戦いを恐れず、殉教者の栄冠を勝ち取るためであった。戦地にいるあいだも主の祈りを朝課に三〇回、晩課に九回、そのほかの時課では七回ずつ唱えるものとされた。

食事は一日二食だったが、ベネディクトゥス『戒律』の飲食規定とは異なり、騎士には週三回の肉食が認められ、日曜には二皿の肉を食べてよいとされた。会話も制限されて、夕食後に終課を唱えた後は完全に沈黙しなくてはならなかった。騎士のたしなみだった狩猟は娯楽とみなされて禁止されたが、ライオン狩りだけは許された。

入門志願者はベネディクトゥス『戒律』に従う修道院よりも長い修練期間を経て、既婚（婚約含む）でない、他の修道会の修道士でない、騎士の血統にある、破門宣告を受けていないなど八つの条件が問われ、そのうえで正式な入会志願をした。これを受けて総長以下一二名の審査員が夜中に会議を開き、志願者との一問一答を行い、これに合格すると総長は「汝をわれらの同士に迎え入れん」という宣言を下す。それまでの修道会では、入会式は修道院聖堂で晴れがましく行われたが、テンプル騎士修道会ではこれを夜中に幹部のみで行ったので、入会秘儀があると噂されたのかもしれない。この噂はのちにテンプル騎士修道会訴訟事件の際の訴状に用いられたり、修道会にまつわるさまざまな謎の伝説を生むことになる一一二〇年頃に総長レーモン・デュ・ピュイが起草したヨハネ騎士修道会の会則は、一九章の短いもので、清貧・貞潔・従順の修道士としての誓いに続き、祭壇での典礼、病者の受け入れ、旅先での心得が簡潔に定められる。そして喜捨を集めること、貧者に施すこと、説教の旅についての条項が続き、これに托鉢修道会に先立つ意義を認める研究もある。

やや遅れて現れたテュートン騎士修道会は、最初期にはヨハネ騎士修道会の会則を使用していたが、一一九八年に教皇インノケンティウス三世から公認された後、テンプル騎士修道会の会則に切り替え、一二四四年に独自の会則が認められた。

テンプル騎士修道士は通常シトー会の修道服と同じ白色のマントを纏い、一二世紀半ば頃からこれに赤色の十字をつけるようになった。殉教の精神を示す色を選んだとされる。なおヨハネ騎士修道士は白い十字のついた黒マントを、テュートン騎士修道会は黒い十字のついた白マントを着用した。テュートン騎士団の十字架の形は、のちにドイツ軍の鉄十字として使用される。戦時には鎖帷子と鉄帽を着用し、剣、槍、大槌、盾、小刀などの武器を備え、騎士としての完全武装をした。テンプル騎士修道会の旗は黒と白の二色で、ベルナールの「白はキリストの友のための善なるもの。黒と恐怖はその敵に」という言葉にちなむとされる。なお一二世紀半ばからこれに赤い十字を加えるようになった。

聖地での活躍

一一四六年クレルヴォーのベルナールは、ブルゴーニュ北部ヴェズレーのマドレーヌ修道院教会で、第二回十字軍の出発をうながす演説を行う。これを受けてテンプル騎士修道会はただちにパリ

1187年、クレッソンの泉の戦い（ジャン・コロンブ画、1474年頃）

アスカロン攻城戦（セバスティアン・マメロ画、1474〜75年）

で集会を開き、同会から数百人の騎士が十字軍に参加した。彼らは、前述のような重装備で馬に跨り、意気揚々と聖地へ向かったが、実際の戦争は城攻めと篭城が多く、十字軍騎士修道会による野戦はあまりなかった。戦闘のほか、拠点確保のための築城も彼らの仕事であり、中東沿岸の城が数珠繋ぎのように並んだ。ちなみに野戦はイスラーム側が巧みで、十字軍騎士修道会はイスラームの戦術に学んでいたようである。

　第二回十字軍が成果なく終わったあと、一一五〇年から一一五三年にかけてテンプル騎士修道会とヨハネ騎士修道会がエルサレム王と諸侯とともに参加したアスカロン（パレスチナ南部の海岸）攻城戦は十字軍側の勝利に終わった。進出の足掛かりを得た十字軍は両騎士修道会の積極的な働きかけでエジプト遠征へと向かった。この第二回十字軍と第三回十字軍の中間期が、両騎士団の軍事活動がもっとも活発なときだった。

　やがてエジプトに名君サラディンが現れて形勢は一挙にイスラーム側に傾き、一一八七年にエルサレムは陥落する。これに対し第三回十字軍が結成される。イギリス王とフランス王とともにドイツ皇帝フリードリヒ・バルバロッサも参加したこの遠征に際して、テュートン騎士修道会が結成された。フランス系のテンプル騎士修道会とイタリア系のヨハネ騎士修道会に対して、ドイツ系の騎士修道会が救護と軍事を目的に活動を始めたのである。

クラック・ド・シュバリエの再現図（1871年）

十字軍以後

(1) テンプル騎士修道会

第三回十字軍はエルサレム奪還に失敗し、十字軍は次第にイスラーム側によって勢力を弱めて行き、苦戦が続いて騎士たちの士気が落ちていったが、騎士修道会の規律は保たれ戦意は高かったという。やがて十字軍は一二九一年に最後の拠点を放棄して撤退する。テンプル騎士修道会も聖地を去るが、創立以来およそ二世紀にわたって西欧各地の有力者から寄進された所領は九〇〇〇か所を数えるまでになったといわれる。彼らは優れた経営手腕を持ち、所領から得た利益を貨幣に換え、蓄積した富を商業資本や金融資本に投資して利殖で大成功した。すでに第二回十字軍の際にフランス王ルイ七世はテンプル騎士修道会に多額の借金をしている。彼らは王侯から民衆までさまざまな身分を対象に、現在でいう預金、両替、貸付、農業信用金庫、為替手形取引などを行った。十字軍に参加する者や巡礼者は、送金や小切手に似たものの使用ができ、捕虜を取り戻す身代金の支払いにも活用された。

テンプル騎士修道会は先の広大な領土と莫大な財産を保有していたが、一三〇七年、フランス王フィリップ四世は国内のテンプル騎士修道士を突然逮捕する。罪状は言いがかりのようなもので、テンプル騎士修道会で行われていた秘儀が、キリストを冒瀆する行為だということだった。一三一二年に教皇クレメンス五世によるテンプル騎士修道会解散令を出させて、フィリップ四世は一三一四年に総長ジャック・ド・モレー以下のテンプル騎士を、パリセーヌ川のシテ島で火あぶりにした。莫大な財産はヨハネ騎士修道会に移された。王による強力な国内統治を進めていたフィリップ四世は国内の教会に対する支配を進めていて、小独立国のようなテンプル騎士修道会を消滅させたことはその政策の一環だったのかもしれない。教皇クレメンス五世もまたフィリップ四世の影響をうけてフランス国内にとどまることになり、七〇年近くにわたって南フランスのアヴィニョンに教皇庁が置かれる時代となる。

火刑に処されるテンプル騎士修道会総長ジャック・ド・モレー

その後ほどなくフィリップ四世は落馬で不慮の死をとげ、その子息も次々と早死にし、テンプル騎士の呪いと噂されたという。このような結末もあってか、テンプル騎士修道会についてはさまざまな逸話が語られてゆき、エルサレムの神殿からキリストの聖杯を持ち帰ったという伝説や、フリーメーソンの一部がテンプル騎士団の末裔を名乗るなど、現代にいたるまで話題にのぼってきた。

1410年、タンネンベルクの戦い（ヤン・マテイコ画、1878年）

(2) ヨハネ騎士修道会

ヨハネ騎士修道会は難攻不落の要塞クラック・ド・シュヴァリエを失い、やがて聖地からキプロス島に撤退した。ついでロードス島に移り、ロードス騎士修道会と呼ばれるようになる。西欧では二万に及ぶといわれる所領を経営し、一五世紀のオスマン・トルコ帝国の台頭後も地中海で戦いと病院活動を続けた。ヨハネ騎士修道会は本拠のロードス島が一五二二年に陥落すると、神聖ローマ皇帝カール五世からマルタ島を譲渡され、以後はマルタ騎士修道会として活動した。一八世紀に一時消滅したが、教皇レオ一三世によって一九世紀に再興し、現在でも病院経営や難民救済活動を行っている。

(3) テュートン騎士団

テュートン騎士修道会は一二九一年にヴェネツィアに撤退し、一三〇九年に本部をプロイセンのマリーエンブルクに移した。そののちはプロイセンに騎士修道会領を持ち、一四世紀後半にはリトアニアやリヴォニア方面にも拡大した。しかし一四一〇年に東プロイセンのタンネンベルクで、ロシア人・ポーランド人・リトアニア人の連合軍に敗れ、さらにポーランドとの十三年戦争にも敗れ、一四四六年のトルンの和で領土を大幅に失った。宗教改革が起こると一五二五年に総長アルプレヒト・フォン・ブランデンブルクはプロテスタントに改

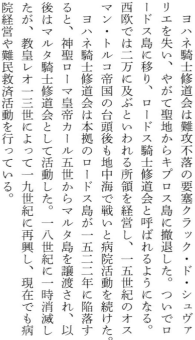

宗し、これを世俗の公領とした。

なお十字軍が終わったあとで結成されたイングランドのガーター騎士団、ブルゴーニュ公の金羊毛騎士団などはまったくの世俗組織である。ガーター騎士団の団員に与えられる勲章がガーター勲章で、日本では明治天皇以降の天皇がこれを授与されている。英語で修道会や騎士団を意味する「オーダー」が勲章を意味するようになった背景には、このような歴史があった。

一二世紀の大きな流れとして遍歴説教者、律修参事会、騎士修道会など、それまでの修道院の枠を超えるさまざまな動きがさかんになり、『戒律』は修道院の単一規則ではなくなっていった。すなわち教区聖職者（町や村の教会で信徒に奉仕する、俗にいう神父）と修道士（これまで論述の対象だった『戒律』に従う定住生活を営む修行者）の区分をまたがって活動する集団が増え、さらには戦士と修道士の枠を超えた修道会が現れた。多様な新たな動きの根底には、使徒たちの生活に回帰して、祈りと清貧とともに一般信徒への奉仕を活動的に行うという理念があり、シトー会の生活や規則を範としたものも多い。

修道院の歴史のなかで、修道士が定住生活をやめて自由な移動が認められるようになって民衆のあいだに入っていったことについては、次章で述べる一三世紀のフランシスコ会やドミニコ会など托鉢修道会をその画期とするという理解が従来から強い。そしてその原因は『戒律』に従う修道院の富裕化や堕落にあると考えられてきた。しかし現在では、本章で述べるような托鉢修道会出現前の諸勢力の役割が重視される傾向にあり、加えて前章までに述べた旧来の修道院もその影響力を中世後期まで保持していたと考えられつつある。

第8章　托鉢修道会

八世紀にカール大帝がカロリング朝の教会政策の一環としてベネディクトゥスの『戒律』を帝国内の修道院に導入してから、クリュニーやシトーが全盛を極めた一二世紀まで、ベネディクト的な定住修道院が西欧全体に定着した。

いっぽう一二世紀には、律修参事会や騎士修道会のように定住義務や生活規定の縛りが少ないアウグスティヌスの規則を用いる共同体が急増し、前者は修道士と教区司祭の使命と生活を、後者は修道士と騎士のそれを一つにした団体を形成し修道院生活は多様になった。彼らはみな聖書に描かれた使徒たちの共同生活を模範として財産の放棄、貞潔、従順などの精神は共有していたが、しだいに活動面で遍歴、説教、慈善などの側面を重視する動きが出てきた。その背景として教会と社会が転換点を迎えたことが考えられている。すなわちグレゴリウス改革によって信徒への司牧が奨励され、人口増加に伴って開拓地や市壁外地の新教区に教会施設が建てられ、教会から離れようとする異端の出現には具体的な対策が行われた。また交易拡大と十字軍にともなう移動の拡大はさまざまな領域で変化をもたらし、学問や思想では「一二世紀ルネサンス」と呼ばれる革新が進みつつあったのである。

このように教会と社会が大きな潮目を迎えていた時期に、フランシスコ会やドミニコ会に代表される「托鉢修道会」が現れた。創立時は修道会としても個人としても徹底的な無所有を貫き、遍歴説教や弱者救済を行い、異端の説得、学問探求、教育機関の設立なども行い、各分野で時代の要請に応えていった。アッシジのフランチェスコの劇的な生涯や、ウンベルト・エーコの小説『薔薇の名前』は、托鉢修道会の革新性を強く印象づけるが、本書で記したように、彼らの活動は一二世紀にさまざまに試みられた刷新的な動きの上に立つものである。いっぽうで托鉢修道士たちも、ベネディクトゥスの『戒律』に従う修道院ほどではないものの聖務日課を行い、修道会が輩出した先達の聖人への礼拝を引き続き行うなど、従来の生活を受け継いでいたのである。

1　フランシスコ会「小さき兄弟会」

アッシジのフランチェスコ

チマブエ、シモーネ・マルティーニ、ジョットといった名だたる芸術家が、半世紀余り前に亡くなったカリスマ的な聖人の姿を、その名を冠した教会の壁に描いた。とくにジョットが、ボネヴェントゥラの書いた『フランチェスコの伝記』（『大伝記』）をもとに、その劇的な生涯を描いた二八の壁画はたいへんによく知られている。

聖痕を受けるフランチェスコ（ジョット画、1325年）

フランチェスコ聖堂（アッシジ）

アッシジのフランチェスコは国や宗教を越えていまなお愛され、日本では最も知名度の高い中世の修道士かもしれない。フランチェスコの故郷で、活動の拠点でもあった中部イタリアの小都市アッシジは、巡礼や観光客が一年を通して引きもきらず、彼の墓がある聖フランチェスコ教会はジョットをはじめ草創期ルネサンスの美しいフレスコ画の宝庫としても知られている。新たな文化を生み出す気概に満ちた芸術家たちにとって、財産や名誉を一切捨てて、因習や伝統から脱却し、文字通り裸一貫でキリストを模倣したフランチェスコは、ルネサンス精神の先駆者と映ったことだろう。ルネサンスを越えてあまたの芸術家たちが現代にいたるまでフランチェスコの姿を好んで描いている。ぼろぼろの修道服を着て、わき腹と両手両足の「聖痕」と呼ばれる傷を見せる痩せこけたフランチェスコの図像を、美術館でよく眼にする。近くは二〇世紀を代表する作曲家のオリヴィエ・メシアンは、歌劇『アッシジの聖フランチェスコ』を自作の台本で一九八三年に完成させた。このように現代にいたるまで多くの芸術家がフランチェスコの生涯に感銘を受け、それぞれの希望を託してさまざまなフランチェスコ像を描いてきたといえる。

アッシジのフランチェスコの伝記

フランチェスコは存命中から熱狂的に愛され、晩年の一二二一年のフランシスコ会総会に出席した修道士は三〇〇〇名に達し、没後わずか二年後の一二二八年に聖人の位に列せられた。同時期に活動したドミニコは死後一三年、ジャンヌ・ダルクにいたっては死後五〇〇年ちかくたって聖人に列せされたことを考えると、殉教者を別として異例の速さといえるだろう。

フランチェスコの列聖の年には教皇グレゴリウス九世の依頼によってフランシスコ会修道士チェラーノのトマスによる『第一伝記』が書かれ、ほぼ二〇年後にはこれを補う『第二伝記』が書かれた。このほかにフランチェスコの三人の仲間の書いた『三人の伴侶の伝記』も残っている。やがて一二世紀末にはフランシスコ会総長ボネヴェントゥラによる『大伝記』が記され、これが正伝とされた。このように伝記が多いことは、フランチェスコの生涯を再構築するための証言が豊かにある反面、それぞれの伝記のフランチェスコ解釈には差異があるため逆に実像が捉えにくいという側面もある。とくにフランチェスコの没後、弟子たちは創立者の清貧解釈について対立し、分裂にまでいたったため、執筆者の解釈や思い入れが伝記に強く入り込んでいる可能性が高い。

現在も歴史研究者は、複数の伝記を分析し、フランチェスコ自身が書いた書簡や修道規則などと比較検討を行って、さまざまな解釈を提示している。再構築されつつあるフランチェスコの生涯を、簡潔に振り返ってみよう。

改心まで

フランチェスコは一一八一年もしくは一一八二年に、アッシジの豊かな織物商の家に生まれた。この町は交通の要衝にあって商業が栄えるとともに、当時貴族に対して平民が台頭し自由な社会が生まれつつあった。一二〇五年に都市政府の館が建てられ、都市の自治が確立するなど、フランチェスコは都市、経済、市民の自由な文化が発達する時期に生まれて育ったのである。フランチェスコは父が商用でフランス滞在中に生まれたので、フランスにちなんで「フランチェスコ」と呼んだともいわれる。これは当時としては稀な名前であったが、フランチェスコの死後ヨーロッパ中に広まった。「フランシス（英）」「フランソワ（仏）」「フランツ（独）」などと名乗る人がいまなお多いのも、フランチェスコの人気を物語っている。

フランチェスコは教会付属学校で学んだ。『三人の伴侶の伝記』は若い頃のフランチェスコについて、父よりも派手で豪華な身なりをして、仲間の一団と町をぶらついて、宴会や遊興に稼いだ金のすべてを気前よくつぎ込んでいたと記している。一二〇二年、彼は軍功を立てて騎士の身分を得るべく近隣都市ペルージャとの戦に出る。アッシジは外部勢力に対して独立をめざしていたために、武力衝突もしばしばだった。身なりが派手であったために、彼はペルージャで捕虜になってしまう。牢獄につながれたフランチェスコは、父親が身代金を払ったおかげで釈放されるが、すっかり肉体が衰弱してしまった。チェラーノのトマスの伝記は、フランチェスコが病に苦しんだ時期に人生の目標を失って悩む姿を描いている。数年後、彼は教皇軍の南イタリア遠征に従軍するが、途中のスポレトで体調を崩してしまう。すると夢の中で神のお告げを聞き、アッシジに戻って神の意図を探ることを決意したとされる。病気になって将来の栄達に暗雲が指したことで、人生の意味を考えは

ポルティウンクラ教会（アッシジ）

サン・ダミアーノ教会（アッシジ）

じめたのかもしれない。

アッシジに戻ったフランチェスコは、経済成長の傍らで貧者が増えていることや、ハンセン氏病の患者が苦しんでいることに目を留めて施しを始め、社会的な問題に対して宗教的な答えを模索して彷徨する。そして一二〇五年、アッシジの丘の中腹にあるサン・ダミアーノという荒廃した教会で、木のキリスト磔刑像の前で祈っているとき、「私の教会を建て直せ」という神の声を聞いたといわれる。これは現在サンタ・キアーラ教会に保存されている磔刑像のことだと伝えられる。このとき彼は俗世を捨てる決心をしたようで、持ち物を売り払ってサン・ダミアーノ教会に寄付し、そこに住んでしまう。息子が豹変するのを見た父親はフランチェスコを自宅に軟禁するなどして家にとどまらせようとしたが、おそらく母の助けで家を脱出する。そして一二〇六年、町の大通りで父親やアッシジ司教などの大勢の見守る前で裸になり、衣類と金を父親に返し、いまからは神のみを父として仕えると宣言する。これはジョットの壁画や、いくつかの映画で劇的に描かれてきた場面である。

初期の活動と教皇による認可

フランチェスコはハンセン氏病の施療院に住み込んで病人に奉仕

教皇インノケンティウス３世に謁見するフランチェスコの一行（ジョット画アッシジ）

し、サン・ダミアーノ教会や郊外のポルティウンクラ教会（現在のアッシジ駅近く）を手作りで修復する作業に取り組む。そしてアッシジの町を回って、石材を調達する呼びかけを行う。これが彼の説教活動の始まりといえるかもしれない。『三人の伴侶の伝記』には、彼は学識ある言葉ではなく素朴に話したとあり、誰にでもわかるような語り口であったと推察される。

二、三年が過ぎたある日、ポルティウンクラ教会のミサに出席していたときに、『マタイによる福音書』第一〇章九節～一〇節の朗読、すなわちキリストが弟子たちを何も持たせずに神の国と悔い改めを述べ伝えに派遣したという内容を聞いて、それまで着ていたものよりも粗末な衣服を纏い、貧しさのうちに巡歴説教を行う決意を固める。なおイタリアのフルゴーニという研究者は、このとき纏った頭巾つきの服や腰紐は悪魔払いの意味もあるとの解釈をしている。

フランチェスコに賛同する仲間が次第に集まるようになり、一二〇八年ころから労働と引き換えに必要な食べ物をもらいながら活動を続け、フランチェスコは簡単な修道規則を作成した。これはのちに原初会則と呼ばれる。そして一二〇九年もしくは一二一〇年にフランチェスコは、この新しい修道生活の認可を教皇に要請すべくローマへ向かう。このとき教皇の座にあったのは中世の教皇権の頂点ともいわれるインノケンティウス三世で、彼が無一文のフランチェスコと出会い、この活動を理解して会則を認可したことは、フランチェスコの生涯をさらに劇的なものにした。しかし実際にこのときの会見はアッシジの司教グイドやジョヴァンニ・コロンナ枢機卿の尽力で成功したらしく、教皇はフランチェスコの活動認可にはかなり慎重で、口頭で活動を認可し、今後の推移を観察して正式な決定をするという判断だったようである。

説教活動と修道会への発展

フランチェスコの活動は教皇に認められ、「小さき兄弟会」通称フランシスコ会が正式に発足し、その名声はアッシジからイタリア全土へと広がってゆく。彼らの熱心な活動について、当時の高名な司教枢機卿で著述家ジャック・ド・ヴィトリは、世俗の事柄に忙殺される教皇庁と対比して肯定的に記録している。

「彼らは小さき兄弟および姉妹と呼ばれ、教皇や枢機卿たちからも一目置かれています。これらの人々は世俗のことに心を煩わすことは一切なく、希望に燃え、多大な努力を払いながら、虚栄に満ちた俗世を漂っている魂をすくい上げて自分たちの仲間に招きいれようと日夜励んでいるのです……夜は隠棲所か他の人里離れた場所に行って、瞑想にふけります。一方女性たちは、都市の近くにあるいくつかの住居で一緒に暮らし、一切の寄進を拒絶して手仕事で生計をたてています」。（三森のぞみ訳『アッシジのフランチェスコ』）

ここでフランチェスコとともに働いている女性たちは、キアーラ（クララ）に導かれた人たちと

サンタ・キアーラ教会（アッシジ）

小鳥に説教する聖フランチェスコ
（ジョット画アッシジ、1305年頃）

思われる。貴族の娘だったキアーラは一八歳でフランチェスコの説教を聴いて感動し、一二一二年にポルティウンクラで活動をともにするようになる。映画『ブラザーサン・シスタームーン』ではフランチェスコとキアーラの関係がプラトニックな愛として描かれていた。キアーラとその仲間の女性たちはクララ会と呼ばれる修道会として認められ、フランチェスコの死後三〇年近く生きたキアーラは、フランチェスコの理念を守るのに大きな役割を果たした。

　このような点からも、フランチェスコの修道院は、一二世紀に清貧のうちに遍歴説教を行い、多くの女性の信奉者を得たアルブリッセルのロベール（第7章参照）と整合する部分が多い。フランチェスコもまたロベールと同じく修道院管理職の仕事に縛られるのを嫌い、自由な活動を生涯続けた。小鳥に説教をしたという有名な逸話については、伝記によってさまざまに伝えられ、場所もローマであったり、アッシジの近郊であったりと一致しない。フルゴーニは鳥が中世社会でその種類ごとにさまざまな身分を象徴していることに着目し、フランチェスコが社会の最下層に説教する意味を提示している。

　フランチェスコの活動に参加を希望する人々は後

を絶たず、一二一七年にポルティウンクラで開かれた総会では、大きくなった共同体の体制作りが進められた。説教活動を行う地域を管区ごとに分割し、イタリア以外への説教を行うことが決まった。同じ年に第五回十字軍が出発するが、フランチェスコは暴力の行使を憂い、一二一九年にエジプトに行き、十字軍に戦闘中止を呼びかける。これに失敗すると、スルタン（イスラーム王朝の君主）のマリク・アル・カミールに会見し、人々に福音を広めようとしたと伝えられる。

フランチェスコはイタリアに帰還するが、留守中に修道会が当初の自由な精神に満ちた活力を失い、規則と組織性を日常的に守っているような印象を受ける。一二二一年に彼は病に犯されながらも会則を執筆するが、これは霊的勧告のような内容だったため総会で拒否された。そこで法学者や枢機卿の助言を得て書き直し、一二二三年に法的形式を整えたものが総会で認められた。『第二会則』あるいは『公認された会則』と呼ばれるこの会則は一二章からなる短いもので、聖務、遍歴、断食、無所有、労働、総会と総長選挙、説教など修道院生活や修道会組織の最重要項目についての簡潔な条項からなり、ベネディクトゥスの『戒律』のように日々の生活を詳細に定めたものとは異なる。第三章では聖務日課を唱えること、断食の規定、遍歴する際の心得など、フランシスコ会の修道院生活にとって重要な要素がまとめられている。修道士は金銭を受け取ることが禁じられ、私有財産を一切拒否されるなど、フランチェス

スルタンの前に立つフランチェスコ（ジョット画アッシジ、1305年頃）

コの清貧の精神が会則の全体に浸透している。しかしすでに会員総数が三〇〇〇人を超える組織を維持するのに、無所有を実際に貫くのは困難になっていた。やがて清貧の掟をめぐって、厳格な順守をめざす厳格派と現実路線を選択する緩和派のあいだに軋轢が生じることとなる。この清貧をめぐる論争は、ウンベルト・エーコ『薔薇の名前』の物語の背景ともなっていた。

晩年のフランチェスコは修道会の運営を総長代行のエリーアにまかせ、隠遁所から説教活動を行うようになった。彼はグレッチョの隠遁地で、クリスマスのミサでキリスト降誕の劇を民衆に見せ、喜びを分かち合ったという。これがクリスマスに飾られる馬小屋と聖家族の模型の起源ともいわれる。フランチェスコはラ・ヴェルナ山で、キリストが十字架上で手足と脇腹に受けた傷「聖痕」を得る奇跡を受けたと言い伝えられる。フルゴーニは伝記や図像を比較検討し、フランチェスコの死の数日後に、死亡回状を記したフランシスコ会総長エリーアの記述が、聖痕に関する最初の記録としている。「聖痕」を受けたとされる年の二年後の一二二六年、フランチェスコはポルティウンクラで息を引き取った。会員は全ヨーロッパで一万人を超えるまでになっていた。

親しみやすい性格で、「太陽の歌」と呼ばれる詩を作り、鳥に説教したといわれるほど自然を愛したフランチェスコは、日本でも人気がある。フランチェスコの実像や業績に関する学問的な議論は別として、サン・ダミアーノの教会に立って素朴な静謐さと優しさに満たされる時に、「裸になって裸のキリストに」自然体で従うフランチェスコの姿こそが、数百年を経て今も人々をアッシジに向かわせていると実感する。

フランシスコ会は創立者の死後も都市の発達、学問の発達、俗人信徒の知識や地位の向上など時代の流れに乗って発展していった。すでに各地の都市には騎士修道会の修道院が建てられ、同時期に南仏でドミニコ会が成立していたので、これらの共同体と司牧や教育をめぐって競合する場面も各地でみられた。都市によっては、市壁内の修道院創建が拒否されたり、建設した修道院が追放されることもあったほどである。

2　ドミニコ会「説教者兄弟会」

説教と学問に生きる修道士

アッシジのフランチェスコが衝撃的なデビューを果たしたころ、オスマのドミニコが南フランスで清貧と説教活動を営む修道院生活を始めた。

ドミニコ会の創立者、聖ドミニコ（1515年）

元来ドミニコは南フランスを中心に勢力を広げつつあった異端アルビジョワ派（カタリ派）を説得する司祭だったのだが、真理を解くにはまず自分が模範となることが必要だと考え、フランチェスコのような徹底した無所有生活を送りながら、トゥールーズなどラングドックの町で説教活動を行い、成果をあげていった。やがてドミニコは同志とともにローマにおもむき、一二一六年に教皇ホノリウス三世から「説教者兄弟会」として正式な認可を受けた。通称ドミニコ会の誕生である。

既存の教会組織を不満とする異端と呼ばれる動き

は一二世紀の半ば頃から（一部ではもう少し早くから）、ヨーロッパ各地で起こっていた。とくにリヨンのワルド派や南フランスのアルビジョワ派（カタリ派）と呼ばれる人たちは、教会の認可を受けずに清貧の生活を営みながら民衆に熱心に教えを説き、既存の教会を批判し、民衆や領主層の支持を得て、教会にとっては脅威になった。教皇庁にとって托鉢修道会の説教師を各地に派遣することは、公認された教えを民衆に伝え、民衆を教会にとどまらせる意図もあったと思われる。

ドミニコ会はフランシスコ会とならんで、それまでのベネディクトゥスの『戒律』の定住生活から脱却して、清貧の理念を守りつつ信徒に直接説教を行って絶大な支持を得て、やがては学問の世界にも大きな貢献を果たしてゆく。『神学大全』を執筆したトマス・アクィナスはパリで教鞭をとるドミニコ会修道士だった。

一三世紀後半にはさらにアウグスティノ隠修士会とカルメル会が新たに認可され、フランシスコ会とドミニコ会と共に、これらは「托鉢修道会」と総称される。

異端を説得するドミニコ

一一七〇年頃、ドミニコはスペインのカスティリア地方に貴族の三男として生まれた。フランチェスコより一〇歳ほど年上ということになる。一四、五歳から一〇年間バレンシアの司教座付属学校で司祭になる勉強を修める。第二代ドミニコ会総長ザクセンのヨルダンは『説教者兄弟会創立小史』で、ドミニコの学生生活について次のように記している。「彼は、世俗の学問を十分に学んだと判断すると、その勉強を放棄した。それは現世の短い人生を、大した成果もないこれらの学問に浪費するのを恐れたためであったようである……その後彼は、さっそく神学の研究に移り、聖書をむさぼるように研究したが……研究に取り組むと疲れることを知らなかった」。（岳野慶作訳『聖ドミニコ』）

フランチェスコが隠遁を決意したときに初等教育を受けただけの一般信徒だったことを考えると、聖職者をめざして学んだドミニコの経歴との差異は大きいように思えるが、伝記に記されたドミニコの研究姿勢にもひたむきに神に向かうフランチェスコのような姿勢がうかがえる。さらにドミニコは学生時代に貧者に施すために大切な写本をはじめ全財産を売却したエピソードが伝えられている。このことはたいへんに評判になったらしく、オスマ司教マルティノは一一九四年にドミニコを司祭に叙階すると、彼をさっそく司教座参事会員に抜擢する。一二〇一年、新たな司教ディエゴが着任するとドミニコは参事会長に任ぜられる。次期司教の最有力候補となったが、彼は祈りと勉学にいそしんでいたと、ザクセンのヨルダンは伝えている。

一二〇三年、ディエゴ司教に同行してデンマークに向かって出発したドミニコは、南フランスで異端アルビジョワ派（カタリ派）の活動を目のあたりにして衝撃を受ける。すでにトゥールーズとその周辺でアルビジョワ派に帰依した人やこれに賛同する人に出会い、トゥールーズでドミニコが宿泊した家の主人もアルビジョワ派の信奉者だった。彼らは自分たちこそ使徒の正統な後継者と自称し、教会で行われている洗礼や懺悔など七つの秘跡を否定し、完徳者と呼ばれる修行者の按手《あんしゅ》によって清められる儀式を行っていた。ドミニコは異端を信じる下宿の主人を説得し、改心させることに成功する。意見の違う者を暴力によらずに論理によって納得させることを、彼はこのとき自分の使命と思ったのかもしれない。

伝記によれば、ドミニコのよき理解者ディエゴ司教は、そのころ教皇使節団のシトー会修道士たちに対して、次のように言ったとされる。「何よりも異端者らの実際の生き方を信用している民を言葉だけで信仰に引き戻そうとしても、それは不可能だ。異端者どもをみるがよい。彼らは真に純朴なる民の心を把握しているではないか。偽りとはいえ、福音書の清貧と簡素な生活の範例をもって純朴なる民の心を把握しているではないか。彼らと正反対の暮らしぶりを見せる限り、彼らの教化はできまい」。（ザクセンのヨルダン「創立小史」渡邊昌美『異端審問』）キリストや使徒のように清貧に生きるというのが、正統や異端を問わず、この時代の新たな宗教運動がめざしたところだった。

ディエゴ司教と離れてドミニコは南フランスに残り、使徒のように財布を持たず、日々の糧を托鉢で得ながら、仲間とともに遍歴説教を行った。またフランチェスコと同じく女性の参画を認め、アルビジョワ派から改宗した貴族の女性たち九人の女子修道院が建てられた。こうして一二〇五年から一二〇七年の間に、のちの説教者兄弟会の土台となる小さな共同体が芽吹いた。

一二〇八年、教皇使節のシトー会修道士ピエール・ド・カステルノーが暗殺される事件が起こり、トゥールーズ伯の関与を疑った教皇はフランス王に討伐軍の派遣を命じ、アルビジョワ十字軍が西南フランスに向かった。一二〇九年には地中海岸のベジエの町で、教皇特使でシトー会修道士のアルノー・アモーリが発した「すべて殺せ」の命の下、空前の殺戮が行われた。アルビジョワ十字軍は、地元の諸侯が抵抗を続けるナルボンヌ、カルカソンヌ、ミルポワなどの城塞都市を次々と陥落させ、アルビジョワ派と支持者は追い詰められていった。

そのあいだドミニコはトゥールーズ司教の援助の下で危険にさらされながら活動を続け、一二一五年に司教から正式な活動認可を獲得し、翌年には教皇ホノリウス三世から修道会としての認可を得た。そのときフランチェスコとドミニコが出会い、平和の抱擁を交わしたという言い伝えがある。ドミニコは説教者として活動を続け、一二一七年に一六名の会員を各地の都市に派遣するとともに、

教皇インノケンティウス３世に破門されるアルビジョワ派㊧とアルビジョワ派を虐殺する十字軍（いずれも『聖ドニ年代記』、14世紀より）

修道女会と信徒の会を設立した。やがてローマのほかパリやボローニャなどの大学を有する都市に修道院が建てられ、一二二〇年には第一回修道会総会が開かれた。そこでは清貧を理念とし、学問と観想と説教を行うことが確認された。一二二一年の総会では説教に必要な学問を修めることが決められ、会則の基礎が固まり、管区制度も定められた。会則はドミニコと初期の修道士が『アウグスティヌスの修道規則』に独自な規約を追加したものが基盤となり、二代目総長ザクセンのヨルダンが原初会則としてまとめた。ドミニコは同年に没し、一二三四年に聖人に列せられた。

この半世紀ほど後に、ドミニコ会修道士でスコラ哲学者として名高いトマス・アクイナスは、『神学大全』第二部一八八章でドミニコ会の意義と目的について記している。ドミニコ会修道士はベネディクトゥスの『戒律』に従うような神に専念する観想生活と、説教や聴罪など「魂の霊的救済に属する行為」すなわち隣人に向かう活動的生活の双方を行うことを強調している。活動的生活のうち、説教や教育などを「観想の充溢から発する活動」とし、「観想の実りを他に伝えることは観想だけよりも優れている」と述べる。

主の犬

「ドミニコ会修道士」という意味のラテン語「ドミニカーニス」を分解して、これを「ドミニ」すなわち「主の」、「カーニス」すなわち「犬」として、ドミニコ会修道士を「主の犬」と称する習慣が古くからある。これは一見皮肉な呼び方にも見えるが、その由来は、文字通り神の真理を擁護する番犬とも、ドミニコの母が見た篝火《かがりび》をもって世界を巡る犬の夢ともいわれ、必ずしも異端審問に奔走するドミニコ会修道士への皮肉とは言い切れないようである。

第二代総長ザクセンのヨルダンは「聖なる生活をし、学び、教える」ことを使命とし、各修道院を学校組織とすべく神学教師と学監を配属し、そのうえ各地域（管区）の拠点修道院に管区神学校を置いて教師の養成を担った。さらにストゥディウム・ゲネラーレと呼ばれる修道院付属の学院が設置され、高い知識を身に付けた修道士は大学で神学を学んだ。一二一八年にパリのサン・ジャック修道院に置かれた学院は、一二二九年頃にパリ大学神学部の二講座を確保するまでに発展した。フランス語でドミニコ会修道士をジャコバンと通称するのは、このサン・ジャックという名に由来するもので、革命期の政治結社ジャコバン派の名も彼らがこの場所に本拠地を置いたことによる。なお、フランシスコ会士の通称としてフランスで用いられたコルドリエという言葉は、三つの結び紐のある腰ひもにちなむといわれる。

やがてドミニコ会の学院はヨーロッパの主要大学がある都市、ボローニャ、モンプリエ、ケルン、オックスフォード、ナポリ、トゥールーズ、プラハなどに置かれ、一四世紀初頭には全管区に高等学院が設置された。修道士は一定の修道院（学院）や管区に恒久的にとどまらず、総長の命令で各地に派遣されるため、学問を深め、広範な説教を行うための国際的な活動が可能となった。一二五九年に教育制度を記した学事規定が定められ、これにはアルベルトゥス・マグヌスやトマス・アクイナスなど当時のドミニコ会の名だたる五名の神学者が作成にあたった。これは当時最も進んだ教育規定として、修道会外部にも大きな影響をあたえた。教育の内容は神学を軸として自由学、自然学、倫理学、哲学も含むもので、外国宣教も視野に入れてアラビア語やヘブライ語を学ぶ学院も設置された。

いっぽうでドミニコ会が多くの修道士を大学に送るようになったことに対し、ドミニコ会以外の教師や学生とのあいだに対立が生じるようになった。パリ大学ではドミニコ会とフランシスコ会の修道士が教授職を永続的に保持したことが軋轢のきっかけになった。また托鉢修道会が上記のような独自の教育システムをもっていたことも、反感を生むことになった。一二五二年にパリ大学がストライキを断行した際に、托鉢修道士が同調しなかったことが対立を激化させたため、大学は托鉢修道士を大学から追放した。これに対して修道会側が教皇に直訴したため、教皇を巻き込んだ長期

アルベルトゥス・マグナス(16世紀)

トマス・アクイナス（カルロ・クリヴェッリ画、1435〜95年頃)

トゥールーズのジャコバン修道院聖堂

サント・セシル大聖堂（アルビ）

の全面対決に発展したのである。教皇とフランス王の支持を得た托鉢修道会は、一二六一年に大学のポストを回復するが、オックスフォードなど他の大学でも同じような問題が生じた。

またドミニコ会は修道院での説教や施療院での慈善活動で、一般信徒に奉仕した。都市では人の集まりやすい城壁や市場の近くに施設を建てることが多く、ドミニコ自身が拠点としたこともあるトゥールーズでは多くの信徒を収容する修道院聖堂が建てられた。これはアルビジョワ十字軍終了後に南仏に建てられた独特のゴシック建築の一つに数えられ、同時期に流行した写本芸術同様、ドミニコ会による共通の様式がうかがわれる。

異端審問

アルビジョワ派などの異端が勢力を拡大したのに対し、一一八四年に教皇ルキウス三世はヴェローナ教会会議で勅令を出し、司教による異端審問の制度を定めた。すなわち各司教は自分の教区内で異端者がいると思われる地方を少なくとも年一回巡察し、世俗の君主はこれを援助することになった。一三世紀になって南フランスのアルビジョワ派が教会にとって脅威となり、武力討伐されるが、その処理をする段階で教皇直属の異端審問制度が出現する。一二三三年、ときの教皇グレゴリウス九世はすべての司教に宛てて次のような勅令を出す。「卿らの日ごろの重荷の一端を他にわかつのを適当と考え、説教者の兄弟たちをして異端者に対抗せしむべく、フランス並びにその隣接諸国へ派遣することに決した。されば卿らに懇願し、勧告し、指示する。彼らを受け入れて懇切に遇し、好意と助言を与え、もって彼らをして任務を完遂せしむるように」。（渡邊昌美『異端審問』）

加えてドミニコ会に宛てて勅令を出す。「いづこの地においてであれ、聖職者が異端の庇護を止めない場合には、その職を永久に剝奪し、彼ら並びにその者を訴追する権限を汝らに与える。この場合、上級者の承認を得る必要はない。その際、必要であれば世俗の腕の支援を求め、また妨害を排除せよ。この場合にも上級者の承認を得る必要はない」。（渡邊昌美、前掲書）

ドミニコ会修道士が強い権限をもった審問官として各地を巡回することになり、アルビジョワ派討伐後のラングドックにはピエール・セラ、ギヨーム・アルノー、アルノー・カタラといったドミニコ会修道士が審問官として派遣された。ギヨーム・ペリッソンの年代記は次のように伝えている。「彼（アルノー・カタラ）は最善を尽くして説き、異端審問を実行した。しかし異端者どもはさしあたり何も言わず、ひたすら無視することを申し合わせていた。彼が行きながら断罪できた異端者は二人だけだった。彼はすでに死亡している者をも断罪し、墓から掘り起こして焼き捨てさせたために、アルビの市民が騒ぎたて、彼を捕らえてタルン河に投げ込もうとした」。（渡邊昌美、前掲書）

この時期の審問官は死体焼却をたびたび行い、住民にあたえる衝撃は大きかったという。これは単なる脅かしなどではなく、審問官側が死体を法的に審理する有効性を明文化していることに注目すべきである。もちろん生きながら火刑に処された者もあったわけだが、死を免除されて贖罪の巡礼を命じられた者もあった。ピエール・セラは一二四一年の待降節から翌年の昇天祭までの約半年に、九か所で七二四件（七三二件とも）の審理を行い、結果として火刑や投獄となった者はなく、多くは遠方への巡礼と命じられた。四二七名がサンティアゴ・デ・コンポステーラ、一〇八名がカンタベリー、二名がローマ、七九名が聖地へのそれぞれ巡礼地へ向かった。そして一二四〇年代のいくつかの教会会議で異端審問はますます組織的に整備され、やがて一四世紀初頭にベルナール・ギーが『異端審問官の手引き』を執筆した。同じころドミニコ会修道士ニコラウス・エメリックが『異端審問官の指針』を記し、マニュアルができあがった。

一五世紀前半、英仏百年戦争の末期にフランスの救世主として活躍したジャンヌ・ダルクは敵方に捉えられ、裁判の結果火あぶりになるが、これは異端審問裁判であった。ジャンヌの聞いた声が悪魔のささやきとみなされ、男装したことが神の秩序にそむいたとされ、異端者と断定されたようである。俗に「魔女狩り」と呼ばれるものは、異端審問と同じ形式で行われることもあり、一五世紀ころから一七世紀ころにかけて実際に西ヨーロッパとアメリカ大陸でも行われた。魔女狩りというと中世に行われたと思われがちだが、多くは中世末期から近世初頭に行われた。また一七世紀に地動説を唱えたガリレオに対して行われたのも、異端審問の裁判であった。

本章で扱った一三世紀は、前章で述べた一二世紀の変革が加速した時期であった。貨幣経済の発達と都市化、領主階層に代わって市民の台頭、大学や都市の学校の発展と学問の進化に対して、教会はグレゴリウス改革に代わる新たな対応に迫られた。フランシスコ会とドミニコ会に代表される托鉢修道会は、このような時代の申し子として現れた。都市を拠点として活動し、説教や奉仕で市民たちの要求にこたえ、女性の活動を受け入れ、教会に背く異端者たちを説得し、学校を建てて教育と学問の発展に貢献した。

彼らの自由な活動はルネサンスや、さらにその先の近代へ向かうものでもあったが、清貧の徹底などフランチェスコの抱いていた原初の理想は現実に適合すべく緩和されるなど、あくまでも托鉢修道士は「正統信仰」を擁護する教皇を頂点とする教会組織の一員であった。彼らは最後の中世人だったのか、最初の近代人だったのか、考えてみる価値はある。

それでは修道院はルネサンス、宗教改革、大航海時代をどのように迎え、近代に入っていったのか、一五世紀のフィレンツェの修道院、宗教改革期のドイツの修道院、そして近代的修道会のさきがけイエズス会の成立と発展を次章で考察してみよう。

第9章　ルネサンス、宗教改革、そして近代へ

一般に中世という時代はゲルマン民族の移動で始まり、ルネサンスや宗教改革で終わって近代が始まると思われることが多い。歴史をこのように古代、中世、近代と分ける三区分法は、あながち間違いではないのだが、ある事件を境にそれまでの社会や文化が根こそぎ無くなってしまうという極端な断絶論を唱える人は、いまはほとんどいない。本書でも、古代と中世の移行期に修道院が宗教だけでなく、文化、言語、制度などローマの遺産を次の世代に伝える役割を果たしたことを見てきた。第1章から第3章にかけての時期を「古代中世移行期」という一つの時代として考える研究者もある。中世から近代への移行についても、中世の修道士たちが営々と築き上げてきたものをルネサンスや宗教改革が根こそぎ破壊して、中世とはまったく別の時代を始めたとは言い切れず、まして暗黒の中世が克服されてゆくという単純な発展論もいまでは通用しない。一方で修道士や修道院がルネサンスや宗教改革に果たした役割も見逃すことができない。

本章では近代へ移行して行く橋渡しの時代に修道院がどのような働きをしたか、修道院文化がどのように近代を通して現代に受け継がれたかを探ってゆきたい。なお西洋史の研究者のあいだでは、地域によって差はあるが一六世紀から一八世紀くらいの時期を近世と呼んで、中世から近代への移行期と考える傾向がある。

1　修道院とルネサンス

フィレンツェの街

花の都の修道院

列車がフィレンツェの駅に近づくと、車窓から大聖堂の赤い丸屋根が目に入ってきて、ルネサンスの都にやってきたという実感が湧いてくる。一三世紀の後半から一六世紀にいたるまで、そこでは百花繚乱の芸術家たちが技を競い合った。それはジョットに始まり、フラ・アンジェリコやボッティチェリを経て、レオナルド・ダ・ヴィンチやミケランジェロにいたるまで、あまたの天才たちの輩出をみた絢爛豪華な時代だった。一六世紀にルネサンス芸術家の『列伝』を記したヴァザーリは、フィレンツェの天才たちが中世の稚拙な技術を克服し、中世のあいだ忘れられていた古代ギリシア、ローマの美を再現しつつ、新たな創作の息吹を芸術に吹き込んだことを強調した。それ以降、この古代の美を復興した文化運動、すなわちルネサンスは、中世と決別して近代の到来を告げるものとみなされてきた。

しかしながらフィレンツェの町を歩いてみると、ルネサンス様式で立てられた教会の多くは、中世の修道院文化を礎とするものであることに気づく。たとえばフィレンツェ駅前のサンタ・マリア・ノヴェッラ修道院はドミニコ会の、町の東側のサンタ・クローチェ修道院はフランシスコ会の、それぞれ創立期に建てられた修道院であると同時に有力市民たちが寄進したルネサンス芸術の宝庫であり、なかば美術館のように多くの見学者をひきつけるともに現在も活動中の修道院として祈りを捧げる信徒も多い。

またフラ・アンジェリコの壁画で有名なサン・マルコ美術館は、もとはベネディクト修道院であったものがメディチ家の意向でドミニコ会の修道院になったものである。アルノ川の対岸にあるサンタ・マリア・デル・カルミネ教会は、托鉢修道会の一つカルメル会の修道院である。それらは有力市民の寄付によって建てられ、名だたる芸術家が制作した絵画や彫刻が魂の救済のために寄進され、しばしば寄進者の姿が描かれている。これだけでも、ルネサンスは新しい芸術である一方、中世の修道院が育んでいた文化や信仰を苗床として成長したという側面が認められよう。

とくに一三世紀のはじめに誕生した托鉢修道会、フランシスコ会とドミニコ会は、フィレンツェの市民生活や精神と密接な関係を持っていた。フランチェスコの故郷アッシジはフィレンツェから一〇〇キロ余りとさほど遠くないこともあって、フランシスコ会はフランチェスコの存命中の一二二〇年に礼拝堂を作っている。またドミニコ会も同時期の一二二一年に説教と教育活動を始めて、市民たちの知的欲求に応えていった。都市に進出して行こうとする両修道会が、まさに経済成長を続けるフィレンツェで活動する機会を得たのである。本章ではルネサンス期フィレンツェのフランシスコ会とドミニコ会の修道院の歴史を振り返ってみたい。

サンタ・クローチェ修道院

一二二〇年にフランシスコ会はフィレンツェの町の東のはずれ、現在サンタ・クローチェ修道院がある場所に礼拝堂を作った。創立者アッシジのフランチェスコは存命中で、修道会の創立期にあたる。そのころのフィレンツェは市民のあいだで貧富の格差が広がりつつあった。サンタ・クローチェ修道院は貧しい人が住んでいた地区にあり、そこで苦しい生活を送る人々にとっては、貧しい生活の中にこそ救いを見出すアッシジのフランチェスコの教えは、心の支えとなったかもしれない。

サンタ・クローチェ修道院（聖堂正面）

フランシスコ会修道士の活動は初期の段階からフィレンツェに定着し、サンタ・クローチェ修道院の建立から四〇年余り過ぎた一二六二年には広い土地を取得し、一二九四年には大きな聖堂が着工した。これが現在も残る聖堂であるが、主要部が完成を見たのはそれから一〇〇年のときを経た一三八五年のことであった。

サンタ・クローチェ、すなわちイタリア語で「聖なる十字架」という名は、キリストが磔になった十字架を礼拝するフランシスコ会の信仰を示したものといえる。中世の西欧ではキリストの十字架に関する物語はさまざまに伝えられ、十字架はエデンの園に生えていた「生命の木」から作られたもので、やがて四世紀にキリスト教を公認したローマ帝国皇帝コンスタンティヌス帝の母ヘレナがこれを

サンタ・クローチェ修道院食堂の壁画より
（タッデーオ・ガッディ画、1328〜38年）

聖地エルサレムで発見した、というように話が膨らんでいった。十字架礼拝は第4章でクリュニー修道院の例を紹介したように、ふるくから修道院礼拝でも重きを置かれていて、カール大帝をはじめとする王侯貴族もこれを宝物のように求め、「真の十字架」の欠片を持つ教会は多くの巡礼者を集めた。フランシスコ会修道士を重用していたフランス王ルイ九世が、巨額の代金を払って十字架片をはじめとする受難の聖遺物を購入し、サント・シャペルを王宮内に建てたのもこの時期であった。

サンタ・クローチェ聖堂の主祭壇の壁には、十字架発見の物語がアニョーロ・ガッディによって描かれている。また初期のフランシスコ会の神学者で三代目の総長をつとめたボネヴェントゥラが『生命の木』という著作を記し、一四世紀半ばには修道院食堂の壁画に画家タッデーオ・ガッディがこの書物の内容をわかりやすく図像化して描いている。現在も鑑賞することができるこの作品の中央にはキリストの十字架磔刑図が描かれ、十字架すなわち生命の木から一二の枝が伸びている。三つのテーマすなわちキリストの生涯、キリストの受難、キリスト賛美がそれぞれ下から四本の枝ごとに記され、十字架の根元には、十字架を抱くアッシジのフランチェスコが描かれている。キリストの受難の苦しみが救済の中心にあるという、フランチェスコの教えを集約した図像といえる。

貧しい人々のみでなく有力市民の支持もあり、バルディ家、ペルッツィ家、メディチ家、パッツィ家など裕福な人々は修道院聖堂の中にそれぞれの家のための私的礼拝堂を作り、そこにフランシスコ会の理念を示す芸術を寄進した。有名なものとしては、ペルッツィ家とバルディ家の礼拝堂に、ルネサンスの先駆者ジョットが最晩年に描いたフランチェスコ伝の壁画である。ジョットは立体的で質感のある人間や、ありのままの自然を描き、絵画を刷新したことで知られるが、フランチェスコの生涯とその理想はジョットにとって単なる描く対称ではなく、創作意欲の源泉だったのかもしれない。新しい境地を切り開き、人間や自然を愛したフランチェスコは、ジョットのみならず、ルネサンスの芸術家や芸術を愛好した人々にとって、人間の理想像であったのだろう。

やがてミケランジェロ、マキアベリ、のちにはロッシーニといったフィレツェゆかりの著名人の墓が修道院聖堂に安置されるようになり、サンタ・クローチェ修道院は、フィレンツェのパンテオンという異名を持つほどになった。有力者の修道院への埋葬願望、もしくは修道院に埋葬されるステータスは近代になっても変わらないようである。なおサンタ・クローチェ修道院教会の前には大きな広場があり、古式サッカーのような祭りが一六世紀以来いまでも行われている。

サンタ・マリア・ノヴェッラ修道院

フィレンツェの駅を出ると、すぐ正面にサンタ・マリア・ノヴェッラ修道院の塔と屋根が見える。これはドミニコ会の活動拠点で、その起源は一二二一年に遡るが、現在の教会は一二七九年に工事が始まり、一四二〇年に献堂式が行われたものである。この教会も市民たちの寄進によってルネサンス芸術の宝庫となったが、ドミニコ会の精神を反映した作品も多い。とくに聖堂の奥のほうに進

サンタ・マリア・ノヴェッラ修道院（聖堂正面）

んで左側の回廊に入ったところにある「スペイン人の礼拝堂」にある、一四世紀なかばにアンドレア・ディ・ブオナイウートが描いた一連の壁画は、ドミニコ会の活動と理想をよく示している。「戦う教会と勝利の教会」という壁画の下半分には、多くのドミニコ会修道士たちが懺悔を聞き、異端を説得し、議論する姿が描かれ、上半分にはドミニコ会修道士によって救われて天国に上がる人たちと聖人たちが、最上部には天使に囲まれた玉座のキリストが描かれている。なお最下段にひしめいているたくさんの白い犬は、ドミニコ会修道士を象徴するものであろう。説教師として知られた修道院長ヤコポ・パッサバンティの著書『真実の悔い改めの鏡』に同じようなモティーフがあるので、画家はここから構想を得た可能性が指摘されている。また「カトリックの教えの勝利」という壁画では、中央部分にドミニコ会修道士で中世を代表する神学者トマス・アクイナスが書物を広げて座し、左右には彼が注釈書を記した旧約聖書の預言者が並んでいる。下半分には諸学問を象徴する一四人の女性の着座像が描かれている。

「スペイン人の礼拝堂」という名の由来は、一六世紀にフィレンツェの君主だったトスカーナ大公コジモ一世の后でスペイン出身のエレオノーラがこの礼拝堂をスペイン出身者のために整備したためと言われる。このほかにサンタ・クローチェのようにバルディ家、ストロッツィ家など有力市民

サンタ・マリア・ノヴェッラ修道院壁画「戦う教会と勝利の教会」（アンドレア・ディ・ブオナイウート画、1350年）

の礼拝堂が建てられた。

サン・マルコ修道院

フィレンツェを代表する名門で、ルネサンスのパトロンとしても知られるメディチ家は、他の有力な家門と同じく教会に多額の寄付を行い、信心会を主催するなど、宗教的な活動にも積極的だった。メディチ家は一四世紀にはフィレンツェ近郊にかなりの土地を所有するようになり、やがて利益をもとに金融業で莫大な財をなして、居並ぶ老舗を次々と追い抜いてゆく。そして一四世紀後半に当主ジョヴァンニ・ディ・ビッチのもとで、教皇庁御用達銀行を務め、毛織物業にまで事業をひろげた。その息子のコジモの代に支店をイタリア

コジモ・デ・メディチ（15世紀）

以外のブリュージュ、ロンドン、アヴィニョン、リヨンなど大都市に拡大し、彼は祖国の父とまで呼ばれるようになった。フィレンツェは形のうえでは共和制をとっていて、政治は有力者の合議で行われた。フィレンツェの街中にあり、高い塔を備えたパラッツォ・ヴェッキオすなわちヴェッキオ宮殿は、このフィレンツェ共和国の政庁が置かれていたところである。露骨な独裁支配を行って市民の反感を買うことを恐れたのか、コジモは役職に付くことを嫌い、一市民としての立場に身をおくことを心がけた。

一四三六年、コジモはベネディクト系修道院だったサン・マルコ修道院を獲得し、ここをドミニコ会修道院とし、建物を改築造営した。一四三九年、修道院長に就任したアントニーノ・ピエロッツィは、修道士フラ・アンジェリコに修道院内部の壁画制作を依頼する。

修道士に与えられた四三の個室の壁面にはキリスト受難のさまざまな場面が描かれ、それは黙想を助ける絵画による説教だった。壁画のなかにはドミニコや、殉教したドミニコ会修道士が描かれているものもある。なおコジモは自分用の個室を確保し、そこにはメディチ家が好んだ東方三博士が描かれた壁画と、コジモの守護聖人であるコスマスとダミアヌスを伴った磔刑図がある。またコジモに危機が迫った場合を想定した隠し部屋も作られていた。これら修道士の個室は二階部分に中庭を囲むように並んでいるが、二階への階段を上りきったところに有名な「受胎告知」が描かれて

『受胎告知』（フラ・アンジェリコ画、1437〜46年頃。サン・マルコ美術館蔵）

サン・マルコ旧修道院の入口

いる。この絵の下に「前を通って汚れなき処女のお姿を仰ぐとき、アヴェ・マリアの祈りを唱えることを忘れぬよう」とラテン語で記されているのは、ここが祈りの場であったことを思わせる。なおコジモは修道院に八百冊の図書を寄付して一般公開し、これは史上初の公開図書館ともいわれる。

一四六四年にコジモが亡くなり、息子ピエロの代を経て、一四六九年にロレンツォが当主となり、メディチ家の黄金時代がおとずれる。一四七八年にパッツィ家による暗殺未遂を危機一髪免れたロレンツォは、徹底した報復措置に出て政敵を追い落とし、実質的な独裁体制をとる。サン・マルコ修道院には若い芸術家が溢れ、ルネサンス美術学校の様相を呈したという。

このようなメディチ支配のさなかの一四八二年、サン・マルコ修道院の神学教師として赴任したのがジロラモ・サヴォナローラだった。これはロレンツォの友人だった思想家ピコ・デラ・ミランドーラの招きによるものといわれる。サヴォナローラはフィレンツェ市内のさまざまな教会でも説教を行い、やがて「悪魔に抑えられている聖なる教会を救いたまえ」という詩を執筆し、教会批判や神罰の予言を行った。あまりにも過激な説教をした彼は一四八七年にいったんフィレンツェを去り、ボ

ジロラモ・サヴォナローラ（モレット・ダ・ブレシア画、1524年）

ローニャのドミニコ会修道院で研究活動に向かう。

ほどなく一四九〇年、ロレンツォの招きでサヴォナローラはフィレンツェへ戻ってくる。彼はヨハネの黙示録の終末論について説教し、神が堕落した聖職者とイタリアを罰すると予言し、メディチ家に敵対する内容の説教も行う。市民の共感を得た彼は、翌一四九一年に大聖堂での説教を認められ、フィレンツェ政庁でも説教をし、フィレンツェの「悪しき首領」を暴君として批判する。同年サン・マルコ修道院長に着任すると、パトロンであるメディチ家への挨拶を拒否し、修道士には清貧の理想を尊重して食事や衣服を質素にするように命じ、外に向けては世俗的な芸術や豊かな市民生活を批判した。

サヴォナローラの神政政治と終末論

翌一四九二年、サヴォナローラの預言が「実現」する。四月にフィレンツェ大聖堂の丸屋根に落雷があり、その三日後にメディチ家のロレンツォが急死する。さらに六月には教皇インノケンティウス八世が病死してアレクサンデル六世が即位した。サヴォナローラはアルプスの彼方から「キュロス王のごとき王」が到来してフィレンツェを支配すると予言したところ、二年後の一四九四年に四万の軍勢を率いたフランス王シャルル八世が到来した。メディチ家の当主ピエロは多額の軍資金を支払って屈服したため、市民の反感を買って失脚し、メディチ家の支配が終わりを告げる。サヴォナローラの言う「キュロス王の到来」というのは旧約聖書に出てくるキュロス王のことで、古代ペルシャを建国したキュロス王がバビロニアを攻め滅ぼし、バビロニアに支配されていたユダヤ民族を解放したという故事にちなむものであろう。異国の王による解放を言い当てたサヴォナローラは預言者として市民の信頼を得て、フィレンツェ新体制の中核となった。

一四九五年、フィレンツェ新共和国が発足したが、サヴォナローラは極端な風紀の取り締まりを行って、流行音楽、賭博、舞踏、居酒屋、競馬などを禁止したため、市民の反感を買った。さらに教皇アレクサンデル六世の召還命令を拒否したために教皇とも対立してしまい、次第に立場が危うくなってゆく。

ますます自説に頑なになったサヴォナローラは、一四九七年二月の四旬節を前にして、政庁前で装身具や美術品など「虚栄の品」を焼却する。五月に教皇はサヴォナローラを破門すると、反サヴォナローラ派はフランシスコ会を抱き込んで勢いづいた。一四九八年、サヴォナローラは『フィレンツェ統治および統治政体論』を発表する、それは彼の提唱する神政政治の結晶だった。そこで彼はキリスト教本来の理念を基盤とする政体をフィレンツェの歴史や市民の気質に最もふさわしい共和制で行うように推奨し、暴君が現れないような合議制の政体を論理的に提示している。そして広く信じられていた千年王国説に基づいて、世紀末の民衆の恐怖心を利用しようとした。サヴォナローラだけでなく当時のフィレンツェの人々のなかで、宗教と世俗、信仰と理性が入り混じっているのを見ると、理性が重んじられる近代はまだ先のように思われる。

なお、このころまでにレオナルド・ダ・ヴィンチはその名を知られており、ミケランジェロ、ラファエロが若手として台頭しつつあった。ルネサンスは全盛期を迎えようとしているが、宗教的な熱狂が市民たちを突き動かすというのも、中世と近代の境目にあるルネサンス都市の特徴であろう。

一方でサヴォナローラの著作は、そのころ技術開発が進んだ活版印刷を駆使して出版され、多くの読者を獲得した。一四九五年から彼が死ぬ一四九八年までのあいだに、彼の著作は二週間に一冊の割合で出版されたという計算ができる。中世を通して写本の作成は修道士の大きな勤めだったが、修道士自らが印刷と説教で主張を民衆に伝えるという側面では、新しい時代に入ったことを意味している。

シニョーリア広場

とうとう教皇はフィレンツェ政庁にサヴォナローラの護送を命じ、四月八日に群集がサン・マルコ修道院に押しかけ、サヴォナローラと二人の修道士を逮捕、拷問の上、五月二三日に政庁前のシニョーリア広場で絞首ののちに火あぶりとなった。現在でもサヴォナローラが処刑された場所の舗石には、碑文の刻まれた丸い真鍮が埋め込まれている。遺骨と遺灰は直ちにフィレンツェを流れるアルノに流されたが、ひそかにこれを集めようと川辺に信奉者が集まったといわれる。

現在サン・マルコ修道院は美術館になっていて、フラ・アンジェリコが壁画を描いた修道士たちの部屋はすべて公開されている。その一角にサヴォナローラが修道院長時代に使用していた部屋があり、重厚な木製の机や扉が往時を忍ばせる。現在にいたるまでサヴォナローラに対してさまざまな評価が下されているが、その静謐な空間にたたずんでいると、祈りにふけり、説教の準備に没頭する一人の修道士としてのサヴォナローラの姿が脳裏に浮かぶばかりである。

2　宗教改革と修道院

フィレンツェでサヴォナローラが処刑されてから約二〇年後の一五一七年、アルプスを越えたドイツの地で、マルティン・ルターが宗教改革運動を始めた。彼は教皇から破門状を突きつけられ、皇帝から帝国議会で喚問されるなど幾多の苦難に見舞われるが、多くの支持者の助けもあって、新しい教会をつくることに成功する。ドイツ、スイス、オランダ、北欧、イングランドなどの教会がローマ教会と袂を分かって、一般にプロテスタント教会と呼ばれる教派を形成する。カトリック側も対抗宗教改革を行い、プロテスタントに対する巻き返しを行ってヨーロッパの南半分を確保するとともに、世界中に宣教師を派遣し、西欧各地に学校を作るなど内部刷新を進めた。

こうして時代は新たになってゆくが、ルネサンスと同じように、宗教改革や対抗宗教改革も中世の修道院文化を苗床として生まれた側面があり、修道士たちと密接に関わりつつ展開したことを忘れてはならない。マルティン・ルターは托鉢修道会の一つアウグスティノ隠修士会の修道士であり、対抗宗教改革の中心勢力はこの時代に誕生したイエズス会の修道士たちであった。

マルティン・ルターの宗教改革

ルターがドイツのアイスレーベンで生まれたのは一四八三年、ドミニコ会修道士サヴォナローラがフィレンツェで活動を始めたころである。彼は成長するとエアフルト大学に進んで修士号を取得し、法律の専門的な勉強に向かった。あるとき帰省先からエアフルトに戻る途中で落雷に遭い、とっさに「お助けください、聖アンナ様。わたしは修道士になります」と叫び、修道士になる決意をしたといわれる。

彼は厳しい規律で知られるアウグスティノ隠修士会の修道士となり、一五〇六年には司祭に叙階された。この修道会はフランシコ会やドミニコ会と並んで、一三世紀に公認された托鉢修道会の一つで、修道士は貧しい生活を送りつつ説教活動や研究活動に向かっていた。やがてルターは修道会総長の命で、設立間もないヴィッテンベルク大学に派遣され、倫理哲学や神学を講義する。一五一二年には神学博士の称号を得て、翌年には神学教授となり、修道院の学問指導と教会での説教も行って、ヴィッテンベルクの町の指導的人物となった。

この時期の彼は名声に満足するどころか、内面の葛藤の最中にあったようである。修道院の規則に従って生活し、教会の定めたとおり罪を告白し、ミサを行い、祈りを唱えることが本当に救いにつながるかどうか悩み、ついに「塔の体験」と呼ばれるインスピレーションを得る。すなわち使徒パウロの『ローマの信徒への手紙』にある「人は信仰によって義とされる」という記述に着想を得て、神は良い行いに応じて人を救うのではなく、その人の信仰ゆえに無償で救いを与えるのであるという結論に達した。

この教えによるならば、教会に寄付をしたり、教会で罪を告白したり、巡礼を行うことは、必ずしも救済に結びつかなくなった。必然的に神や使徒の権能を受け継いで救いを代行するような教会組織は否定され、規則に従って修道院生活を行うことの意味は疑問とされる。

一五一七年、俗に免罪符と呼ばれる贖宥状が公示されると、ルターはこれに反対し、有名な「九五ヵ条の論題」を発表する。宗教改革の始まりである。一五二一年にルターは破門宣告を受け、ヴォルムス帝国議会では皇帝の面前で自説撤回を拒否する。いっぽう彼は自分の主張を著作にまとめるとともに聖書をドイツ語に翻訳し、当時の最新技術である活版印刷技術を駆使して出版して広めた。初版は二、三週間で完売し、二年で一五版を数えるほどの反響ぶりだった。このあいだザクセン侯を初めとするドイツ諸侯が命の危険にさらされたルターを守り、その活動を支援した。

ルター以前にも多くの修道士たちが改革を叫び、聖書の原典にたちかえる改革運動を行ってきた。シトー会のベルナール、アッシジのフランチェスコ、フィレンツェのサヴォナローラなどは、聖職者や修道士の堕落を憂い、人々に悔い改めを訴えたが、ローマ教会の組織そのものを否定することはなかった。これに対してルターは既存の教会の改革にとどまらず、純粋な信仰のあり方を模索し、宗教改革運動を進めたのである。

マルティン・ルター（ルーカス・クラナッハ画、1529年）

宗教改革、すなわちプロテスタントがめざした点、それまでのキリスト教と違うところは、大きく三つに集約して説明されよう。第一点は、人は信仰によってのみ神の前に義とされるということである。すなわちよい行いをしたり、罪の告白やミサに通うなど教会の儀式に参加したり、修道院で修行生活をしたりしても、救われるかどうか人間には判断できず、神を信頼する心すなわち信仰のみが救いにつながる。

第二点は、信仰のよりどころとなるのは聖書のみだ、ということである。ルターが聖書をドイツ語に翻訳したのには、多くの人に聖書の内容を理解させる目的があり、書物や公文書をラテン語に限定していたそれまでの教会とは大きな違いが生じた。それまでも聖書を現代語に訳したために、教会から断罪された人もいた。たとえば日本のお寺で耳にするサンスクリット語や漢文で書かれたお経は、多くの人には意味が分からないように、ラテン語すなわち古代ローマの言葉で行なわれる中世の教会の儀式に参加している民衆の雰囲気も同じようだったと推察される。いっぽうで、お経もミサも口語でなく呪文のようなのだからこそありがたいという側面も否めないのが、人間の不思議なところかもしれない。

プロテスタントのめざした第三点は、洗礼を受けたキリスト教徒はみんな平等で、聖職者（神父）や修道士と一般信徒のあいだに区別はない、という点である。だからプロテスタント教会の牧師は、カトリック教会の神父や修道士と違って、独身を守ったり修道規則にしたがったりする必要はない。ここにグレゴリウス改革が築き上げた独身聖職者が指導する教会組織は否定されることになる。第7章で紹介したアルブリッセルのロベールやアッシジのフランチェスコなどは、活動初期の段階で民衆に接近しすぎて批判されたが、最終的には教会のなかに組み込まれ、アルビジョワ派（カタリ派）やワルド派のように異端として断罪されることはなかった。ルターはこのような中世の水脈から出でて、自ら主張を当時の最新のメディアである印刷で流布し、諸侯の支持を得て、教会に対する民衆の積年の不満を味方につけて宗教改革を果たしていった。

カルヴァンやツヴィングリなど宗教改革者が次々と現れ、ドイツ、スイス、ネーデルラント、イングランド、北欧諸国がカトリック教会から離反して行った。その後カトリックは盛りかえすが、西ヨーロッパのキリスト教は大きく二分することになり、現在にいたっている。なお東ヨーロッパはギリシア正教会やロシア正教会など正教会（オーソドックス、東方教会）が支配的で、その教義はカトリックに近い面もあるが、伝統的な儀式や習慣をより忠実に保っている。

修道士たちの宗教改革への対応

宗教改革を受け入れた地域では修道院は解散となり、修道士は還俗した。ルターも修道服を脱ぎ、一五二五年に元シトー会修道女カタリーナ・フォン・ボラと結婚し、子宝に恵まれた。すすんで修道院を出る修道士がいた一方で、留まろうとした修道士が殺害されたり、修道院が破壊されるといった事例もあった。たとえば離婚問題が引き金となってローマ教皇と袂を分かち、国教会の首長となったイングランド王ヘンリー八世は、王命に抵抗する修道院を弾圧し、修道士の投獄や処刑を行った。

宗教改革という新たな波が押し寄せ、カトリック教会内部でも刷新が迫られるなか、中世に根ざした伝統的な修道院組織はすたれてしまったかというと、決してそうではない。時代の大きな変わり目にあって伝統的な修道生活を守りながら、本格的な教会改革の準備作業を地道に行っていた修道士たちがたくさんいた。その一例として、宗教改革が展開したドイツの地で、出版活動によって自分たちの主張を訴えたシャルトルーズ修道士たちの活動を紹介したい。

シャルトルーズ修道士と都市住民の信心

第6章で紹介したシャルトルーズ（カルトゥジア）修道会は、一〇八四年のラ・グランド・シャルトルーズ修道院創立以来の精神を守り、修道院に定住して共同生活を営みながら、個室に住んで孤独や沈黙の要素が濃い規律を守っていた。一三世紀以降はフランシスコ会やドミニコ会など、托鉢修道会が都市を中心に拡大するいっぽう、厳しい生活を守り続けていたシャルトルーズ修道会は中世の後半に修道院の数が増え、とくにドイツやネーデルラントなどに多くの支院が建てられた。一一世紀から一三世紀にかけて同修道会の修道院として建てられたのは七四であったのに対し、一四、一五世紀で一四四の修道院が建てられ、全盛期を迎えていたのである。

またベネディクトゥスの『戒律』をもとに定住する修道院は都市や集落から離れて創建されることが多かったが、この時代にドイツやネーデルラントでは、シャルトルーズ修道院は都市内部もしくは近郊に建てられることが増え、一三三四年にケルン大司教が誘致したケルンの修道院をはじめ、トリール、マインツ、ストラスブール、バーゼル、エアフルト、ダンツィヒなどに修道院が建てられた。これらの都市の多くには有力な大学があり、高学歴の入門者が増えると同時に、知識人との交流が持たれて、宗教改革前夜のドイツ、ネーデルラントにおける精神世界に影響を与えるようになった。

シャルトルーズ修道院では、ベネディクトゥスの『戒律』の定めた共住生活と砂漠の隠修士の孤独な生活を融合させた生活が営まれ、修道士は説教活動や大学での教授活動を行うことは許されなかったが、著作や書簡を通して、あるいは直接知識人を修道院に招くことによって、外部の人々との交流を行った。シャルトルーズ修道士が修道院の個室で営んできた祈りの方法は、中世末期に個人で行う信心行が流行するとともに、注目されるようになった。たとえばキリストやマリアの生涯をいくつかの場面に分け、その苦しみや歓びを分かち合いながら個人で祈る方法は、一般信徒にもわかりやすかったため、「ロザリオの祈り」や「十字架の道行き」という信心行にも取り入れられ、たいへんに流行した。これらは近代以降も盛んに行われ、現代のカトリック諸国の習慣に残っている。

一四世紀から一六世紀にかけて、ネーデルラントやドイツの芸術では、キリストやマリアの苦しむ表情や、キリストの傷跡を生々しく表現する描写が増えるが、シャルトルーズの修道士は祈りのマニュアルでもってこれを広めたともいわれる。たとえばマインツのシャルトルーズ修道士ルドルフ・フォン・ザクセンの書いた『キリストの生涯』は、ルネサンス絵画のキリスト像の手本とされ、のちにイグナティウス・ロヨラの『霊操』という祈りの手引きに影響を与えた。またこの時期に低地ライン地方とネーデルラントで、俗人の信心会を作ってこれを広めたヘールト・フローテという人は、アルンハイムのシャルトルーズ修道院で指導を受けた経験があった。彼の運動は「新しい信心」デヴォティオ・モデルナと呼ばれ、ルターやエラスムスなど宗教改革や人文主義との関係もあったとする研究もある。

いずれにせよ宗教改革もルネサンスも、それまで聖職者が独占していた宗教や学問に、都市住民を中心とする俗人たちが積極的に関与してゆく動きの一つであったとするなら、ベネディクトゥス『戒律』を基盤とするシャルトルーズ修道士がこれを支えていた側面があるのはたいへん興味深い。

ケルンのシャルトルーズ修道院

宗教改革が起こると、ルターの膝元ドイツではシャルトルーズ修道院にも大きな影響があった。領主が宗教改革を受け入れた地域では修道院が消滅し、そのほかの地域でも数多くの修道士が去った。ドイツのシャルトルーズ修道院の中心的地位にあったケルンの修道院はこの状態を前に、修道会の復興とカトリック全体の改革に貢献しようと、方法を模索した。優れた人材に恵まれていた同修道院は、ドイツ各地の修道院に人材を派遣し、危機的な修道院を救ってゆく。なにより彼らは出版活動に着目し、一六世紀を通して数多くの書物を出版して、メッセージを伝え続けた。修道院に定住義務を持つ彼らにとって、印刷技術の発明は、主張を広めるうってつけの手段だったのである。ケルンのシャルトルーズ修道士の活動を出版物の内容から三つの時期に分けて紹介する。

第一期は一五〇七年から一五四一年である。八一点の書物が刊行され、そのうち宗教改革前の刊行は八点のみであるのは、宗教改革が出版を促進したことを示唆している。大きなものとしては一五世紀のシャルトルーズ修道士ディオニジウスの著作全集と一六世紀のシャルトルーズ修道士ランツベルクの著作集である。とくにランツベルクは一般信徒でもできるような祈りの手引き書を多く記した修道士で、著書で個人の改心が信仰の分裂を打開すると執筆意図を明記している。ランツベルクの著作の一六パーセントがラテン語でなくドイツ語で書かれたことも、広く流布させる願いがうかがえる。

第二期は一五四二年から一五八八年で、刊行された書物は二七点と前後の時期に比べて件数は少ないが、何冊にもわたった大型の全集ものが多いのが特徴である。すなわちライン地方の神秘家タウラー、ルースブルーク、ゾイゼの著作、シャルトルーズ修道士のランツベルクの全集、さらに史料編纂や聖人伝が出た。ランツベルクの著作は第一期のものと併せて、一九世紀にいたるまでのべ一六〇版を重ね、うちラテン語は四五パーセントで、のこりは各国の言語に訳され、広まった。またスリウスが編集した聖人伝は、当時頻繁に使用された。

第三期は一五八九年から一六二一年で四八点が刊行された。テルトゥリアヌス、教皇レオ一世、グレゴリウス一世など教父たち、シャルトルーズ会の殉教伝、シャルトルーズ会の年代記などである。カトリックとシャルトルーズ会の伝統を示そうとした意図であろう。これ以降の時期、シャルトルーズ修道士が盛んに出版活動を行うことはなくなり、彼らは沈黙の生活に戻った。

これらの書物は教皇、皇帝、そのほかの有力者に献呈された。冒頭には献呈の言葉が記されていて、そこには出版した側の意図が示されている。たとえば一五三四年に修道院長ブロメヴェーンはディオニジウス著作集で、教皇クレメンス七世への献呈辞で次のように改革を訴え、公会議の開催を求めている。

「全身分が協力しなくてはなりません。他の身分を、他の職業を、他の人を告発するのは多いのですが、自ら改心するものは一人もいません。みな他人のせいにして、誰も自らを責めません。みなが改革を望んでいます。では誰がすすんで改革を始めるのでしょう。みなが堕落していて、自ら立ち上がろうとしないのだから。わたしたちは教皇猊下とともに、教会それぞれの身分がいかに癒されるか協議するために集まりましょう。みなは公会議を求めています」。

出版を行うシャルトルーズ修道士たちは、修道院の危機に直面して、他人を非難するのではなく、個々人が内面で改心をすることの重要性を折に触れて記している。ブロメヴェーン修道院長のあとを継いだカルクブレンナー修道院長は、創立したばかりのイエズス会に注目し、イエズス会修道士ファーブルをケルンに招き、ドイツではじめてのイエズス会修道院が建てられた。カルクブレンナーは一五四四年のシャルトルーズ会総会でイエズス会を賞賛する演説を行うとともに、イグネティウス・ロヨラに書簡を送り、ケルンにイエズス会学院を創設することを願っている。同学院の創立は一五五六年に実現する。

シャルトルーズ修道士の出版活動とイエズス会への協力は、ベネディクトゥスの『戒律』を基本とする伝統的な修道院が、自らの本分を守りつつ新しい時代に貢献していったことといってよい。宗教改革と対抗宗教改革が、ともに修道院を苗床として、養分を吸い上げて、新たな芽を拭いたのである。

イエズス会の活動

宗教改革の時代に、カトリックの改革を推進し、その劣勢を巻き返すのに貢献した修道会として、スペインのイグナティウス・ロヨラが創立したイエズス会の存在がよく知られている。イエズス会は一五三四年にイグナティウスが六人の同志とともにパリのモン・マルトルで誓いを立て、創立した。一五四〇年に教皇パウルス三世はこれを公的に認可し、イグナティウスが初代総長に選出され、本部はローマにおかれた。イグナティウスの指導の下で修道士たちは青少年の教育活動と宣教活動に向かい、わずか七名ではじまったイエズス会は、彼の没した一五五六年には一〇〇〇人に達し、管区も一一を数えるまでになった。

修道会の組織はイグナティウスが執筆した『会憲』に基づき、強い権限をもつ総長のもと管区に分けられ、管区長やその下の修道院長は総長が任命した。修練士の養成は、イグナティウスの祈りの書『霊操』を手引きとして行われ、誓願を立てた後は自己の霊的成長と他者の救済をめざした。

『会憲』は会の目的と教育の重要性について第四部に次のように定めている。

「本会の目指す目的は、自分の霊魂と隣人の霊魂がその想像された最高目的を達成するよう助けることにある。そのために、生活の模範と共に教えかつ説明する方法を必要とするので、修練を終えた者は自己放棄と諸徳において要求される進歩にふさわしい基礎を固め、学識の修得と活用の方法を配慮しなければならない。それは私たちの創造主にして主なる神をいっそう知り、神により一層奉仕する助けとなるからである。それゆえ本会は学院またしばしば大学を尊重するのである」。（鈴木宣明訳、『宗教改革著作集　第一三巻』所収）

イエズス会修道士は観想と活動の生活を両立させ、多くは聖職者（司祭）として、教育や宣教など直接社会での活動を行ってゆく目的が宣言された。西欧の修道院の歴史のなかでさまざまに展開してきた祈りと司牧、定住と遍歴をめぐる模索は、ここに近代的な昇華をみせたのである。

先に述べたようにイエズス会の学校は創立まもない一五四〇年代にヨーロッパ各地に建てられ、一五七九年にはヨーロッパのほかアジアと中南米にあわせて一四四校を数えた。一五九九年に公布された『イエズス会学事規定』は一八世紀まで使われ、下級課程ではギリシア語やラテン語の文法や修辞が、上級課程では神学や哲学が学ばれた。教鞭をとったイエズス会士のなかには、グレゴリウス暦導入に関わった天文学者クラヴィウス、哲学者のスアレスなど、同時期を代表する知識人が多かった。

一七世紀には貴族の子弟教育のための学寮も付設され、イエズス会修道士の教育のみならずデカルトをはじめとする近代を代表する知識人を育ん

イグナティウス・ロヨラ（ペーテル・パウル・リューベンス画、17世紀）

でいった。一六四〇年にイエズス会学院は五二一校に上った。演劇をカリキュラムのなかで重視し、教育と精神鍛錬のために、聖書の物語や聖人の生涯などを生徒に上演させたことは、近代の芸術に大きな影響を与えることになる。この「イエズス会劇」はバロック的な音楽、演劇、舞踏を取り入れ、公共の場でも上演するようになり、やがてオーストリアではオーケストラをともなう本格的な作品も生まれた。イエズス会の学校からモリエール、コルネイユ、ヴォルテールなどの劇作家が輩出したのはその結実であろう。

イエズス会修道士は大航海時代の波に乗ってアジア、中南米、アフリカなど世界中で活発な宣教活動を行った。このとき日本にやってきたフランシスコ・ザビエルは、イグナティウス・ロヨラとともにイエズス会の創立メンバーの一人だった修道士で、インド、東南アジアでも宣教し、遺体はインドのゴアに納められている。

ヨーロッパ人の中南米の進出にともなってイエズス会修道士も宣教活動を行っていった。植民地化にともなう先住民との対立や流血を嘆いたイエズス会修道士も多かった。ルイス・デ・バルディビアは、一六〇六年のペルーでの虐殺に際してスペイン本国で先住民の人権を訴え、一六一一年に南米に戻って一万人の捕囚を釈放した。また同じころアントニオ・ヴィエラはブラジル北部で苦しむ先住民奴隷を擁護する著作を執筆したが、リスボンの異端審問所に召喚されてしまった。北米ではとくにカナダでの宣教に力を入れたが、ここでは多くの殉教者を出しながら、一八世紀にかけて拠点を拡大していった。

上記のイエズス会劇では、日本でのイエズス会修道士の活動や殉教の物語をテーマにした作品も生まれるようになった。イエズス会修道士と深いかかわりのあったキリシタン大名高山右近をテーマにしたものが、一八世紀のドイツやオーストリアで好んで作成された。

新たな時代の源の一つとなったフィレンツェの街で、市民と芸術家たちが重なる政争やペスト襲来をものともせず、経済や文化を百花繚乱に開花させていった。彼らが古代の学芸《ルネサンス》を再生することは、キリスト教文化をはじめ中世に培われた遺産を放棄するのではなかったことは、フランシスコ会とドミニコ会の修道院が市民たちにとって物心両面で大きな役割を果たしていたことからもお分かりいただけるであろう。そこで昇華した豊かな芸術と学問は、飛躍する市民たち、托鉢修道士の霊性、古代文化の伝統がなす化学反応だったのかもしれない。

大航海時代が進み、宗教改革が起きた一六世紀。時代の要請に応えて成立したイエズス会が世界宣教と教育活動に乗り出してゆき、近代の修道院のさきがけとなる一方で、ラ・グランド・シャルトルーズ修道院のように伝統的な定住生活を連綿と続けてゆく修道院もあった。このような二つの流れが対立することなく互いに尊重していたことは、宗教改革が起こったドイツの地で後者が前者の誘致活動を積極的に行ったことにも現れている。

本書では、エジプトのアントニオスに始まり、ベネディクトゥスの『戒律』を経て、托鉢修道会さらにはイエズス会にいたるまで、さまざまな修道院の形が現れたことを紹介してきたが、次々と生まれる新しい修道院の理念や組織はそれ以前のものを否定して誕生するのではなく、長く培われた遺産のうえに重層的に積み上げられてきたことを見てきた。それは昆虫が脱皮するように成長する姿よりは、鍾乳石のように徐々に一つの柱が積まれてゆくのに似ているようである。キリスト教の修道院は、使徒や『戒律』の精神を軸としながら、歴史のなかで先達の遺産を積み重ねて厚みと豊かさを増していったのである。

このように社会から一歩引いて充実した時間と空間を営んできた修道院に、社会はそれぞれの時代ごとにさまざまな期待を寄せ、修道院もこれに応えてきた。修道院は時代に背を向けて存在するように見えるかもしれないが、むしろ移ろいゆく時代の申し子であり、修道院の歴史を通してヨーロッパ史の一端を理解できることは、本書を通してお分かりいただけたかと思う。

修道院の門をくぐった人々の多くが、それぞれの時代をリードする階層出身だったのも、修道院と社会に密接なつながりをもたらすことになった。ローマ帝国では貴族や軍人が、古代中世移行期には王国貴族が、ロマネスクやゴシックの時代には領主や戦士と呼ばれる階層の人々が、中世後期からルネサンスの時代をむかえると市民たちが、男女を問わず修道院の門をくぐり、社会の指導層と共に時代を導いていった。大航海時代をへて修道院は全世界に建てられて、現在では多民族、多言語の共同体となっている。

修道院で生産された農作物、乳製品、葡萄酒、工芸品、医薬品などは、ふるくから外部に広く出回り、生活を潤してきた。書物の制作や執筆、教育や学問など知的分野は、西ローマ帝国滅亡後の学校衰退期や、書物が羊皮紙に手書きされていた時代、ルネサンス以降の市民学校が要請された時代には、修道院の貢献は多大だった。

カロリング期から修道院が寄進と引き換えに典礼や祈禱を行う場になったために、司祭の資格を持った修道士が典礼を執行する聖堂は巨大で美しいものとなり、ロマネスクやゴシックの芸術が開花していった。楽譜が発達して宗教音楽は多声化し、ルネサンスの時代には世俗音楽も豊かになり、イエズス会の音楽劇はオペラの成立へと至るのである。

また修道院聖堂に埋葬されることは有力者のステータスとなり、パリ近郊のサン・ドニ修道院はフランス歴代国王の墓所となり、フィレンツェのサンタ・クローチェ修道院は「イタリアのパンテオン」と呼ばれるほどになった。日本では東大寺のお水取りで寄進者の過去帳が読み上げられるように、修道院でも寄進者や聖人は命日に追悼され、有力家系の「菩提寺」のような役割を果たした。一八世紀末に起こったフランス革命では、第三身分である民衆が第二身分（貴族）と第一身分（聖職者）の双方を攻撃して、城館だけでなく修道院や教会を破壊したのは、この二つの身分が一つとなって長く社会をリードしてきたことを示している。

ただし修道院はエジプトのアントニオス以来、貧しい人や助けを求める人を拒まず、施療院や救護所を建て、現代でいう慈善活動を行ってきた側面も忘れてはならない。本書で紹介した修道院の建物の多くには、貧者や旅人を迎える部屋があり、ベネディクトゥスの『戒律』にもその記載がある。観光地としても知られるフランスのモン・サン・ミシェル修道院は、岩山に建つ構造という限られた空間ながら、旅人をもてなす部屋と施しを行う場が確保されていて、後者は現在では観光客向けの大きな売店になっている。多くの修道院がフランス革命で深刻な打撃を受けたものの、一九世紀に再建されたことは、それだけ修道院と社会のつながりが長く、深かったことの証しかもしれない。

あとがき

二〇一〇年の七月、私はファンジョーという南西フランスの小さな集落で開かれた研究集会に出席した。ファンジョーはトゥールーズから南に一〇〇キロほど離れた田園地帯のただなかにある丘で、城塞都市として有名な観光地カルカソンヌも近く、町のはずれからは豊かな田園地帯を三六〇度眺望でき、一面に咲き誇ったヒマワリのまぶしいほどの黄色の輝きが印象的だった。この研究集会は南フランスの中世宗教史のテーマについて、毎年同じ時期に三、四日のあいだ行われるもので、ドミニコ会の修道院が運営に関わっている。出席者のほとんどは研究者だが、修道士たちの姿も会場で散見され、会場近くにある旧修道院の一角が、いわば宿坊として参加者の宿舎にあてられた。ファンジョーは一三世紀初頭に異端カタリ派への対応に走り回ったオスマのドミニコが修道院を建てた地であり、のちに全ヨーロッパに拡大するドミニコ会の出発点の一つであった。

客人用の食堂で修道女たちのもてなしをうけて朝食をとった後、夏のラングドックのまばゆい朝日に誘われて中庭へ出た。それは聖堂と居住区に接した静かな空間で、手入れの整った草花が訪れるものを優しく出迎え、鳥のさえずりと虫の声だけが聞こえる心洗われる場であった。静寂のなかに祈りながら行き交う旅人をもてなす修道女たちの姿に、ドミニコの精神が八〇〇年の時を越えて生きていることを感じた。それはまた、エジプトのアントニオスにはじまり、ヌルシアのベネディクトゥスを経て、西ヨーロッパで開花した修道院生活の賜物が積み重なり、百花繚乱の花となってその庭園に咲き誇っているかのようであった。

聖堂で行う典礼に『戒律』の聖務日課が、修道院の静寂にはアントニオスの孤独やシャルトルーズの沈黙が、清貧の精神に満ちた生活にはシトー会修道士の厳しさが、もてなしと優しさにはフランチェスコの温かさが、修道士たちの知的な語らいにはドミニコの学識が重なってみえた。日常の雑踏を離れて、静寂のなかで時の流れと自然の恵みに身を任せたことで、ほんのわずかではあるが、修道士たちが享受してきた至福を垣間見られたような気がした。

庭園で思いにふけっていると、客人たちの世話に笑顔で励む東洋系の年輩の修道女が語らう明い声が屋内から聞こえてきた。いまではヨーロッパの修道院や教会でお目にかかる修道士や修道女は、決して欧米系のみとは限らない。修道会本部の多くはヨーロッパにあっても、現代の修道院は全世界に建てられている。日本でも修道院が運営に関与しているカトリック系の学校は少なくない。修道院の歴史というと遠い異国のことに思えてしまうかもしれないが、修道院は意外にも身近な存在なのである。

創元社編集部の堂本誠二さんから、修道院の歴史を通史として執筆してほしいと依頼されたのは、二〇一三年の初夏であった。日本語で読める修道院の通史は、これまでにも多く出版されている。教養書としては今野国雄『修道院』(近藤出版社、一九七一年)と『修道院——祈り・禁欲・労働の源流』(岩波新書、一九八一年)、朝倉文市『修道院——禁欲と観想の中世』(講談社現代新書、一九九五年)があり、これらはいまなお読み継がれている名著である。翻訳としては、デヴィッド・ノウルズ

（朝倉文市訳）『修道院』（平凡社、一九七二年）やカール・ズーゾー・フランク（戸田聡訳）『修道院の歴史――砂漠の隠者からテゼ共同体まで』（教文館、二〇〇二年）があり、修道会ごとに分かれた論述ではディンツェルバッハー、ホッグ（朝倉文市監訳）『修道院文化史事典』（八坂書房、二〇〇八年）などがある。また近年出された専門書として桑原直己『東西修道霊性の歴史――愛に捉えられた人々』（知泉書館、二〇〇八年）、クリュニー修道院を専門的に論じながらこれを古代から近代までの修道制に位置づけた関口武彦『クリュニー修道制の研究』（南窓社、二〇〇五年）などがある。

このように大著が居並ぶなかで拙著を出す隙間があるかどうか不安に思ったが、朝倉先生の前掲書が上梓されてから二〇年が過ぎていることや、ファンジョーの研究集会など現地で新たな理解や議論を目の当たりにして、本書の執筆を思い立った。筆者はこれまでにNHKラジオのテクストとして『ヨーロッパ中世の修道院文化』（NHK出版、二〇〇六年）、学位論文『一二世紀の修道院と社会』（原書房、一九九九年、改訂版二〇〇五年）を出しているので、これらの拙著を加筆修正しながら、古代から近代にいたる通史を試みた。筆者の専門が一一、一二世紀のベネディクト系修道院なので、論述にムラが生じてしまったことをご理解いただければ幸いである。最後に、お世話になった創元社の堂本誠二さんと、仲介いただいた中央大学名誉教授阪口修平先生に感謝申し上げる。

杉崎泰一郎

参考文献

まず修道院の歴史に関する新しく網羅的な文献情報が得られる書籍を紹介する。

P・ディンツェルバッハー、J・L・ホッグ編／朝倉文市監訳『修道院文化史事典』（八坂書房、二〇〇八年）は各会派に関する記述の後に、欧文と邦文の豊富な参考文献表がある。また Vauchez, A., Caby, C., *L'histoire des moines, chanoines et religieux au Moyen Âge*, l'atelier du médiéviste 9. (Brepols, 2003) は、研究入門であるとともに、会派ごとに文献案内をまとめている。

欧米では教会や修道院についての機関誌も多く出版されていて、最新の情報はそこから得ることができる。代表的なものとして、*Revue Mabillon. Nouvelle Série.* (Brepols) や *Revue d'histoire ecclésiastique.* (Université catholique de Louvain) などが挙げられる。二〇一二年に Brepols 社が英語の年刊誌 *The Journal of Medieval Monastic Studies* を発刊した。シトー会、フランシスコ会、イエズス会など各会派による定期的な研究会開催や機関誌の発行はきわめて多い。

近年は研究機関によって、豊富な文献情報やデータベースを持つウェブサイトも数多く開設されている。ドイツのミュンスター大学の初期中世研究所（Institut für Frühmittelalterforschung）のクリュニー修道院関連の研究サイト（http://www.uni-muenster.de/Fruehmittelalter/Projekte/Cluny/）では、常時更新されている文献情報ページや一〇世紀から一三世紀までの証書のデータベースに無料でアクセスすることができる。二〇〇五年にアイヒシュテットのカトリック大学に創設され、二〇一〇年以降ドレスデン工科大学に本拠地を移し、Gert Melville が主宰する Forschungsstelle für Vergleichende Ordensgeschichte（FOVOG-Dresden）は、修道院（会）の歴史について多くの研究プロジェクトを進めるとともに、叢書 *Vita Regularis* を刊行している。フランスではサンテティエンヌ大学の Centre Européen de Recherches sur les Congrégations et les Ordres Religieux（CERCOR）も同様の活動をしている。一九六五年に南仏トゥールーズの聖堂参事会員のドラリュエル（Étienne Delaruelle）師とドミニコ会修道士ヴィケール（Marie-Humbert Vicaire）師が中心になって設立した Centre d'Études Historiques de Fanjeaux は毎年七月に南仏のドミニコ会や教会についての研究集会を開き、報告原稿を集めた *Cahiers de Fanjeaux* を刊行している。オセールの中世研究所は定期的に研究集会を開き、年刊の機関誌 *Bulletin du centre d'études médiévales d'Auxerre*（*BUCEMA*）は同研究所のサイト上で無料アクセスできる。

辞典類として、日本語では上智学院新カトリック大事典編纂委員会編『新カトリック大事典』全四巻（研究社、一九九六〜二〇〇九年）が詳しいが、旧版の上智大学編『カトリック大辞典』全五巻（冨山房、一九四〇〜一九六〇年）も参考になる。

欧文では *New Catholic Encyclopedia* 15 vols.,（Detroit Gale, in association with the Catholic University of America, 2003-2009）, *Lexikon für Theologie und Kirche* 11 Bde,（Herder, 1993-2001）, *Dictionnaire d'archéologie chrétienne et de liturgie*, 15 vols.,（Paris, 1907-1953）, Dictionnaire de spiritualité: ascétique et mystique, doctrine et histoire, 17 vols.,（Bauchesne, 1937-95）などが代表的である。Gerhards, A., *Dictionnaire historique des ordres religieux.*（Fayard, 1998）は修道院の会派、人物、タームについての事項を収め、参考文献も豊富である。

前述のP・ディンツェルバッハー、J・L・ホッグ編／朝倉文市監訳『修道院文化史事典』（八坂書房、二〇〇八年）は成立順に各会派の詳しい解説が載っている。Heimbucher, M., *Die Orden und Kongregationen der katholischen Kirche,* 2Bde, 4. Aufl.（Paderborn, 1980）も会派ごとの記述である。

次に修道院の歴史を理解するうえで欠かせない史料を紹介する。各会派の修道規則や修道士の著作などは、上智大学中世思想研究所編『中世思想原典集成』全二〇巻（平凡社、一九九二〜二〇〇二年）に日本語訳が数多く収められている。

ベネディクトゥスの『戒律』は校訂版や研究も多く、邦訳も上記に収録されたもの以外に古田暁訳『聖ベネディクトの戒律』（すえもりブックス、二〇〇〇年）をはじめ複数ある。欧文でも長く定番とされている *La Règle de saint Benoît,* introduction, traduction, et notes par Adalbert de Vogüé; texte établi et présenté par Jean Neufville, *Sources chrétiennes*, no 181-186. Textes monastiques d'Occident; no 34-39,（Édition du Cerf, 1971-1977）をはじめ、*Die Benediktsregel: eine Anleitung zu christlichem Leben; der vollständige Text der Regel lateinisch-deutsch*, übersetzt und erklärt von Georg Holzherr, 2. Aufl.（Zürich, 1982）など各国語で出版されている。

シトー会の規則や年代記について、灯台の聖母トラピスト大修道院訳『シトー修道会初期文書集』（中央出版社、一九八九年）などがある。クレルヴォーのベルナールの著作の校訂や研究は数多く、とくにBernhard von Clairvaux, Sämtliche Werke: lateinisch/deutsch, 10 Bde. (Tyrolia-Verlag, 1990-1999) は、ラテン語とドイツ語の対訳形式の著作全集で、解説も詳しい。

遍歴説教者で修道院創立者アルブリッセルのロベールの複数の伝記や関連史料の校訂とフランス語訳が近年出された。Dalarun, J., et al., *Les deux vies de Robert d'Arbrissel fondateur de Fontevraud: légendes, écrits et témoignages = The two lives of Robert of Arbrissel founder of Fontevraud: legends, writings, and testimonies.* (Brepols, 2006)

騎士修道会、聖堂参事会、ドミニコ会などで用いられた『アウグスティヌスの修道規則』については、山口正美訳・解説『ヒッポの司教聖アウグスチノの会則——今日の修道共同体の霊性を求めて』（サンパウロ、二〇〇二年）がある。

アッシジのフランチェスコについては現地でいまなお研究が盛んで、史料の校訂も行われている。フランシスコ会創立八〇〇年を記念して、二〇〇九年にフランチェスコの著作と複数の伝記やフランシスコ会会則、さらにフランチェスコに関連する年代記や教皇勅書などのフランス語訳が刊行された。*François d'Assise: écrits, vies, témoignages*, sous la direction de Jacques Dalarun; avec la collaboration de Gisèle Besson et al. (Éditions franciscaines, 2010)

一三世紀に書かれたフランチェスコの伝記は日本語でも読める。

チェラーノのトマス／石井健吾訳『聖フランシスコの第一伝記』（あかし書房、一九八五年）

チェラノのトマス／小平正寿、フランソア・ゲング共訳『アッシジの聖フランシスコの第二伝記』（あかし書房、一九九二年）

ボナヴェントゥラ／聖フランシスコ会監修／宮沢邦子訳『聖ボナヴェントゥラによるアッシジの聖フランシスコ大伝記』（あかし書房、一九八一年）

イエズス会についてはイエズス会日本管区編訳『イエズス会会憲——付会憲補足規定』（南窓社、二〇一一年）が出版された。創立者イグナティウスの『霊操』については門脇佳吉による訳・解説（岩波文庫、一九九五年）をはじめ日本語でも数版あり、フランシスコ・ザビエルの書簡の全訳も出版された。河野純徳訳『聖フランシスコ・ザビエル全書簡』（平凡社、一九八五年）

修道院の通史的記述として日本語で読めるものは、出版年代順に次のようなものがある。
今野国雄『修道院』世界史研究双書七（近藤出版社、一九七一年）
D・ノウルズ／朝倉文市訳『修道院』（平凡社、一九七二年）
今野国雄『修道院――祈り・禁欲・労働の源流』（岩波新書、一九八一年）
朝倉文市『修道院――禁欲と観想の中世』（講談社現代新書、一九九五年）
K・S・フランク／戸田聡訳『修道院の歴史――砂漠の隠者からテゼ共同体まで』（教文館、二〇〇二年）。
杉崎泰一郎『ヨーロッパ中世の修道院文化』（NHK出版、二〇〇六年）
また教会史の通史である上智大学中世思想研究所編訳『キリスト教史』全一一巻（平凡社ライブラリー、一九九六～一九九七年）にも修道院に関連する多くの記述がある。上智大学中世思想研究所翻訳・監修『キリスト教神秘思想史』全三巻（平凡社、一九九六～一九九八年）は初代教会から一七世紀までのキリスト教信仰、思想、教育などの通史で、多くの部分が修道院や修道士の記述に向けられている。上記二つの日本語訳の通史は文献目録も豊富。
専門的な論文（集）としては、
今野国雄『西欧中世の社会と教会』（岩波書店、一九七三年）
上智大学中世思想研究所編『中世の修道制』（創文社、一九九一年）
豊田浩志編『キリスト教修道制――周縁性と社会性の狭間で』（Sophia University Press、二〇〇三年）。
桑原直己『東西修道霊性の歴史――愛に捉えられた人々』（知泉書館、二〇〇八年）は初期修道制から托鉢修道会までの修道霊性の歴史について愛をタームとして論述したもの。
W・ブラウンフェルス／渡辺鴻訳『図説　西欧の修道院建築』（八坂書房、二〇〇九年）は表題の通り修道院建築と生活空間についての貴重な通史。
欧文の修道院通史として、
Lawrence, C.H., *Medieval Monasticism: Forms of Religious Life in Western Europe in the Middle Ages.* (London: Longman, 1984)
Melville, G., *Die Welt der mittelalterlichen Klöster: Geschichte und Lebensformen.* (C.H. Beck, 2012) 巻末の文献一覧は古代から中世末期までの修道院研究や刊行史料を、新しいものを中心にドイツ語を主体として英仏伊語も含んで数多く集めた貴重なもの。
欧文の新しい教会史の通史はとして代表的なものは、

Histoire du christianisme: des origines à nos jours,sous la direction de Jean-Marie Mayeur et al.vols.14.（Desclée: Fayard, 1990-2000）ドイツ語版は *Die Geschichte Christentums Religion, Politik, Kultur.*（Herder, 1992-2005）
The Cambridge History of Christianity, vols.9.（Cambridge University Press, 2008-2009）

各会派や個別の修道院についての研究は膨大にあるので、ここでは新しいもののうち比較的広い視野で記述されたものを紹介する。

テーマや時代を絞った研究のうち日本語で読めるものとして、

山形孝夫『砂漠の修道院』（平凡社ライブラリー、一九九八年）
戸田聡『キリスト教修道制の成立』（創文社、二〇〇八年）
佐藤彰一『禁欲のヨーロッパ――修道院の起源』（中公新書、二〇一四年）。
K・A・スミス／井本晌二、山下陽子訳『中世の戦争と修道院文化の形成』（法政大学出版局、二〇一四年）
G・コンスタブル／高山博監訳『十二世紀宗教改革』（慶応大学出版会、二〇一四年）
F・フェルテン／甚野尚志編『中世ヨーロッパの教会と俗世』（山川出版社、二〇一〇年）
M・H・ヴィケール／朝倉文市監訳／渡辺隆司、梅津教孝訳『中世修道院の世界――使徒の模倣者たち』（八坂書房、二〇〇四年）
L・J・R・ミリス／武内信一訳『天使のような修道士たち――修道院と中世社会に対するその意味』（新評論、二〇〇一年）
J・ルクレール／神崎忠昭、矢内義顕訳『修道院文化入門――学問への愛と神への希求』（知泉書館、二〇〇四年）

アイルランド修道制について、古い研究の復刻であるが Ryan, J., *Irish Monasticism, Origins and Early Development: New Introduction and Bibliography.*（Cornell University Press, 1972）

修道院を含む中世前半の聖堂や墓地など建物や空間が果たした聖なる場所の社会的機能について、

Lauwers, M., *Naissance du cimetière, lieux sacrés et terre des morts dans l'Occident médiéval.*（Aubier, Paris, 2005）
Iogna-Prat, D., *La Maison Dieu -Une histoire monumentale de l'Eglise au Moyen Âge*（v.800-v.1200）,（Paris, 2006）

中世の前半ではほぼ独占的な勢力であったベネディクト修道院の紹介として、

中世思想研究所編『聖ベネディクトゥスと修道院文化』（創文社、一九九八年）

Davril, A., Palazzo, E., *La vie des moines au temps des grandes abbayes Xe-XIIIe siècles.*（Paris: Hachette Littératures, 2000）

クリュニー修道院は創立一一〇〇年を迎えた二〇一〇年を機に多くの国際学会が開かれた。その成果として代表的なものは、

Stratford, N., Atsma H., et al.,*Cluny, 910-2010, onze siècles de rayonnement.*（Centre des monuments nationaux, 2010）

Méhu,D.,*Cluny après Cluny: constructions, reconstructions et commémorations, 1790-2010: actes du colloque de Cluny, 13-15 mai 2010.*（Presses Universitaires de Rennes, 2013）

Iogna-Prat, D., Lauwers, M., Mazel, F., et Rosé,D.,*Cluny les moines et la société au premier âge féodal.*（Presses Universitaires de Rennes, Collection «Art & société», 2013）

日本では関口武彦『クリュニー修道制の研究』（南窓社、二〇〇五年）がある。

シトー修道会については、さまざまな視点から多くの研究が発表されている。

L・J・レッカイ／朝倉文市、函館トラピスチヌ訳『シトー会修道院』（平凡社、一九八九年）

L・プレスイール／杉崎泰一郎監修／遠藤ゆかり訳『シトー会』（創元社、二〇一二年）

Bouchard, C., *Sword, Miter and Cloister: Nobility and the Church in Burgundy.*（Cornell University Press, 1987）

Bouchard, C., *Holy Entrepreneurs: Cistercians, Knights, and Economic Exchange in Twelfth-Century Burgundy.*（Ithaca, N.Y.: Cornell University Press , 1991）

Berman, C., *The Cistercian Evolution: The Invention of a Religious Order in Twelfth-Century Europe.*（University of Pennsylvania Press, 2000）

Sternberg, M.,*Cistercian Architecture and Medieval Society.*（Leiden, 2013）

Burton, J. and Kerr, J., *The Cistercians in the Middle Ages.*（Woodbridge: Boydell, 2011）

Lester, A.E., *Creating Cistercian Nuns: the Women's Religious Movement and its Reform in Thirteenth-century Champagne.*（Ithaca: Cornell University Press, 2011）

隠修士運動について

Leyser, H., *Hermits and the New Monasticism: a Study of Religious Communities in Western Europe 1000-1150*, New Studies in Medieval History.（Macmillan, 1984）

Dalarun, J., *L'impossible sainteté: la vie retrouvée de Robert d'Arbrissel*（*v. 1045-1116*）*fondateur de Fontevraud.*（Éditions du Cerf, 1985）

Ermites de France et d'Italie（*XIe-XVe siècle*）, sous la direction d'André Vauchez, Collection de l'École française de Rome, 313.（École française de Rome, 2003）

騎士修道会はテンプル騎士修道会を筆頭に十字軍との関係で論じられることが多いが、近年になって農村や都市の所領や地域の有力者との関係に関心が集まっている。また他の会派同様に修道女について関心が高まっている。

橋口倫介『十字軍騎士団』（講談社学術文庫、一九九四年）

レジーヌ・ペルヌー／池上俊一監修／南條郁子訳『テンプル騎士団の謎』（創元社、二〇〇二年）

Demurger, A., *Vie et mort de l'ordre du Temple: 1118-1314.*（Paris: Seuil, 1989）

Bériou N., et Josser Ph., *Prier et combattre, Dictionnaire européen des ordres militaires au Moyen Âge.*（Paris: Fayard , 2009）

Schenk, J., *Templar Families: Landowning Families and the Order of the Temple in France, c.1120-1307.*（Cambridge University Press, 2012）

Sarnowsky, J., *Die Johanniter: ein geistlicher Ritterorden in Mittelalter und Neuzeit.*（München, 2011）

Barber, M., *The New Knighthood: a History of the Order of the Temple.*（Cambridge University Press, 2012）

Bom, M. M., *Women in the Military Orders of the Crusades.*（New York: Palgrave Macmillan , 2012）

修道女の研究として新しいものとしては Melville,G., Müller, A., *Female vita religiosa between Late Antiquity and the High Middle Ages: Structures, Developments and Spatial Contexts, Vita regularis* 47.（Berlin, 2011）

プレモントレ会について新しい研究集成として、Crusius, I., Flachenecker, H. hrsg.,*Studien zum Prämonstratenserorden.*（Göttingen, 2003）

托鉢修道会については日本でもフランシスコ個人をはじめとして、フランシスコ会とドミニコ会に関する書籍は多く、近年カルメル会も関心を集めつつある。

坂口昂吉『中世の人間観と歴史――フランシスコ・ヨアキム・ボナヴェントゥラ』（創文社、一九九九年）

C・フルゴーニ／三森のぞみ訳『アッシジのフランチェスコ――ひとりの人間の生涯』（白水社、二〇〇四年）

C・エッサー／フランシスコ会日本管区訳『聖フランシスコの会則と遺言――フランシスコに従う現代人のための講話』フランシスカン叢書二（教友社、二〇〇九年）

J・ルゴフ／池上俊一、梶原洋一訳『アッシジの聖フランチェスコ』（岩波書店、二〇一〇年）

E・グラウ／宮沢みどり訳『アシジの聖クララ、伝記と文献』（八王子・聖クララ会修道院（印刷）、一九八七年）

M・バルトリ／アルフォンソ・プポ、宮本順子共訳『聖クララ伝――沈黙と記憶のはざまで』（サンパウロ、二〇〇八年）

W・A・ヒネブッシュ／中田婦美子訳『聖ドミニコの霊聖――原理と実践』（サンパウロ、一九九五年）

P・T・ロアバック／女子カルメル会訳『カリットへの旅――カルメル会の歴史』（サンパウロ、二〇〇三年）

Robson, M., *The Franciscans in the Middle Ages.* (Boydell Press, 2006)

Frances, A., *The Other friars: the Carmelite, Augustinian, Sack and Pied Friars in the Middle Ages.* (Boydell Press, 2006)

ルネサンスから近世、近代へ

J・カトレット／高橋敦子訳『イエズス会の歴史』（新世社、一九九一年）

Ph・レクリヴァン／鈴木宣明監修／垂水洋子訳『イエズス会――世界宣教の旅』（創元社、一九九六年）

W・バンガート／上智大学中世思想研究所監修／岡安喜代、村井則夫訳『イエズス会の歴史』（原書房、二〇〇四年）

河原温、池上俊一編『ヨーロッパ中近世の兄弟会』（東京大学出版会、二〇一四年）

人名索引

▶ま行

▶や・ら・わ行

▶た・な行

▶は行

▶さ行

索　引

事項索引

杉崎泰一郎（すぎざき・たいいちろう）
1959年東京都生まれ。上智大学文学部史学科卒業、同大学院文学研究科史学専攻博士後期課程修了。藤女子短期大学一般教育助教授等を経て、現在、中央大学文学部教授。博士（史学）。著書:『12世紀の修道院と社会　改訂版』『欧州百鬼夜行抄』（原書房）、『ヨーロッパ中世の修道院文化』（NHK出版）、『「聖性」から読み解く西欧中世――聖人・聖遺物・聖域』（創元社）ほか共著多数。訳書：パトリック・ギアリ著『死者と生きる中世――ヨーロッパ封建社会における死生観の変遷』（白水社）、ジョルジュ・デュビィ『ヨーロッパの中世――芸術と社会』（藤原書店、共訳）、ジャン・ドリュモー著『千年の幸福』（新評論、共訳）ほか。

修道院《しゅうどういん》の歴史《れきし》
聖《せい》アントニオスからイエズス会《かい》まで

2015年5月20日　第1版第1刷発行
2025年6月20日　第1版第6刷発行

著者……杉崎泰一郎
発行者……矢部敬一
発行所……株式会社 創元社
https://www.sogensha.co.jp/
〒541-0047 大阪市中央区淡路町4-3-6
Tel.06-6231-9010㈹
印刷所……株式会社 フジプラス

ISBN978-4-422-20339-3 C1322